KB212913

초기·부파불교연구

서성원(법경)

도서출판 오타쿠

차례

약부호

ⓢ - 산스끄리뜨어, ⓟ - 빠알리어, ⓣ - 티벳어, Ⓕ - 프랑스어

(산스끄리뜨어와 빠알리어가 혼재된 논문에 한하여 ⓢ, ⓟ를 표기하였다)

DN. - Dīgha Nikāya　MN. - Majjhima Nikāya

SN. - Saṃyutta Nikāya　AN. - Aṅguttara Nikāya

大正 - 大正新修大藏經(대정신수대장경)

T. - 대경(大經) 번호

K. - 권수(卷數)

No. - 소경(小經) 번호

『잡아함』에 나타난 Vatsagotra의 질문*

Ⅰ. 서언

Ⅱ. 다양한 무기(無記)의 명제

Ⅲ. Vatsagotra 경군(經群)

1. Jīva와 Śarīra
2. 여래의 사후(死後) 존속
3. 붓다의 침묵(Attā의 유무의 문제)
4. 무아(無我)와 견(見, 견해)
5. 요소와 존재 문제

* 『불교사상논총』, 1991.

I. 서언

불교철학의 주요 관심사이면서 의문으로 계속 남아 있는 문제들 가운데 하나가, 이른바 붓다 자신이 해명하지 않고 남겨두었다는 '무기(無記)의 주제(avyākṛta-vastuⓢ)'이다. 우리에게 가장 잘 알려진 패턴은 10무기 또는 14무기로 정리된 것이며, Vacchagottaⓟ의 질문과 Mālunkyāputtaⓟ의 질문이 대표적이라 할 수 있다.

실제로 원시 불교경전에는 상당히 다양한 문맥 속에서 이 무기 문제가 나타나고 있으며, 특히 Vacchagotta의 질문을 중심으로 기술된 경(經)들 가운데 이 질문들을 담고 있는 일련 8개의 Sutta(경No.957[p.244a]~경No.964[p.247c])가 일군(一群)을 이루고 있다. 이들 경은 빠알리(Pāli)경 여러 곳에 산재해 있는 Vacchagotta와 관계되는 Suttaⓟ(經, 경)의 중요 내용을 한 곳에 집성, 편찬한 것처럼 보인다. 빠알리경에는 SN.Ⅳ의 마지막 장 Avyākata-saṃyuttaⓟ에서 무기 문제가 취급되고 있는데, 이들 중에 후반부 5경(pp.391-403)은 모두 Vacchagotta가 주인공으로 기술되어 있는 경으로서 앞에서 말한 『잡아함(雜阿含)』의 경전들 중, 경(經) No.957-961에 직접 해당하는 경들이다.

그리고 MN.I의 72 및 73경(pp.483-497) 역시 『잡아함』의 경 No.962 및 964에 해당된다. 이 외에도 SN.Ⅲ에 Vacchagotta-saṃyutta라는 일군의 경들이 있는데, 그 내용은 획일적으로 무기 문제를 주제로 취급하는 것이지만 별로 새로운 정보를 제공해 주지 못하는 극히 단조로운 경들이며 부분적으로 『잡아함』의 내용과 겹치고 있다. 특히 Aññāṇā(pp.257-260)경은 『잡아함』의 경N o.963에 해당된다.

우리가 여기서 연구할 경은 위에서 언급했던 『잡아함』의 8개 Sūtra가 중심이 될 것이며 해당 『별역잡아함(別譯雜阿含)』 및 빠알리경도 참고하게 될 것이다.[1] 본 논고에서 우선 무기(無記) 문제가 어떻게 제기되고 있는지 그 패턴을 간단히 살펴보고, Vacchagotta의 질문을 중심으로 하여, 각 Sūtraⓢ(經, 경) 별로 문제의 소재를 고찰하게 될 것이다. 다소 포괄적인 문제 언급이 되겠으나 불교전통 내에서 어떤 해결책과 문제들이 계속 남아있는지 살펴봄으로써 무기 문제에 대한 새로운 해석 및 현대적 이해의 가능성을 시도해 보는 하나의 서설적 연구가 되었으면 한다.

Ⅱ.다양한 무기(無記)의 명제

일반적으로 10무기 또는 14무기(caturdaśāvyākṛta vastūniⓢ)로 알려진 무기의 명제는 원시경전에서 상당히 다양한 형태로 나타나고 있는데 크게 다음과 같은 유형으로 구분해 볼 수 있다.

i) 첫째로 가장 간단한 유형은 ①명(命, jīva)과 육체(śarīra)의 동이(同異) 문제[2], 또는 아(我, ātmanⓢ)의 유무(有無) 문제[3], ② 여래(또는 성존자[聖尊者])의 사후(死後) 존속 문제[4]에 대한 질문

1) 大正2, T.99, K.34, pp.244a-247c ; 『別譯雜阿含』, 大正2, T.100, K.10, pp.443-447.
2) 大正2(No.957), K.34, p.244.
3) 大正2(No.961), K.34, p.244 ; SN.Ⅳ, p.400.

이 각각 별개의 경에 기술되어 있는 예이다.

ii) 다음으로 원시경전(특히 빠알리경)에 아주 빈번히 나타나는 형태로서 무기명제의 기본모델이 될 수 있는 것은 4류(類) 10문(問)의 형식을 갖춘 다음과 같은 내용이다.[5)]

제1류: ①세계는 상주하는가(sassato loko㉰), ②세계는 상주하지 않는가(asassato loko).

제2류: ③세계는 유한한가(antavā loko), ④세계는 무한한가(an antavā loko).

제3류: ⑤명(命)과 육체는 동일한가(taṃ jīvaṃ taṃ sarīraṃ), ⑥命과 육체는 별개인가(aññaṃ jīvaṃ aññaṃ sarīraṃ).

제4류: ⑦여래는 사후(死後)에 존속하는가(hoti tathāgato para ṃ matranā), ⑧여래는 사후에 존속하지 않는가(na hoti thatāgat o paraṃ maraṇā), ⑨여래는 사후에 존속하며 존속하지 않는가(h oti ca na ca hoti tathāgato paraṃ maraṇā) ⑩여래는 사후에 존속하는 것도 아니고 존속하지 않는 것도 아닌가(neva hoti na na hoti tathāgato paraṃ marana).

iii) 대개의 경우 빠알리경에는 10무기로 기술되고 있는 데 비해 해당 한역 Āgama㉧에서는 14무기의 형식으로 나타나고 있다. 대표적인 예로 『잡아함』의 경(經)No.962, p,245(MN.I, p.484에 해당) 및 경No.936, p.246(SN.Ⅲ, p.258에 해당)[6)]등을 지적할 수

---

4) 大正2(No.957), K.34, p.244 ; (No.959), K.34, pp.244c-245a ; SN.Ⅳ, pp.401-402.

5) DN.I, pp.187-188., MN.I, p.158, 426, 484. SN.Ⅲ, pp.258-259 ; Ⅳ, pp.391-392 ; Ⅴ, p.418, AN.Ⅴ, p.186, T.26, No.221(『箭喩經』), p.804b etc..

6) '世間의 (1)常 (2)無常 (3)常無常 (4)非常非無常, (5)有邊 (6)無邊 (7)邊無

있다. 즉 한역 『잡아함』에는 위의 기본 10문 형의 제1류 및 2류에 ⓐ"동시에 긍정과 부정", ⓑ"긍정과 부정의 동시 부정"의 형식이 각각 첨가되어 4류(類) 14문(問)의 형태로 나타난다.

iv) 더욱이 『잡아함』의 『포타파루경(布吒婆樓經)』(T.1, p.111a)에는 기본 10문(問) 형의 제1류, 2류 및 3류 모두에 '동시에 모든 긍정과 부정' 및 '긍정과 부정의 동시부정'의 형식이 각각 첨가되어 4류 16문으로 구성된 예도 볼 수 있다. 여기서는 사구(四句)의 긍·부정 논리 형식이 4류에 모두 적용된 것이다. 또한 이 경에서는 기본형 제1류, 2류의 Loka 앞에 Ātman이 첨가되어 명제 자체의 변형이 이루어져 있기도 하다. 즉 "아(我)와 세간(世間)이 유상(有常)하냐(sassto attā ca loko ca …)?" 등등이다. 이런 현상은 빠알리경 DN.I, p.16, DN.Ⅲ, p.137 및 MN.Ⅱ, p.233 등에서도 볼 수 있다.

v) 끝으로 상례를 벗어난 형태라고 할 수 있는 예가 『증일아함(增一阿含)』의 한 경(T.125, K.43, p.784b)에 나타나는데 여기서는 13문(問)의 구성 형태를 가지고 있다. 기본 10문 형에서 보았을 때 ⓐ'Ātmanⓢ이 있느냐?(爲有我耶, 위유아야)' , ⓑ'Ātman이 없느냐?(爲無我耶 위무아야)' ,ⓒ'Ātman이 있기도 하고 없기도 하느냐?(有我無我耶, 유아무아야)'라는 3문(問)이 선행하며, 기본 10문에서 ⑨, ⑩이 삭제되고 ⓓ'죽음이 있느냐?(爲有死耶, 위유사야)', ⓔ'죽음이 없느냐?(爲無死耶, 위무사야)'의 2문이 첨가

邊 (8)非邊非無邊, (9)命卽是身 (10)命異身異, 如來의 (11)死後有 (12)死後無 (13)死後有無 (14)死後非有非無'와 같은 형식이 다음의 經에도 나타난다.: T.99, No.968, K.34, p.248 ; No.408, K.16, pp.109a-b ; 『別譯雜阿含』, T.100, No.196, K.10, p.445a ; No.202, K.11, p.448c 등.

되어 13문의 형식[7]을 이루고 있다.

위에서 유행 별로 살펴본 바에 의하면, 가장 간단한 형식은 '영혼(jīva)과 육체(śarīra)의 동이(同異)' 에 관한 물음이고, 4류(類) 10문(問) 또는 14문은 처음 1, 2류는 세계(loka)[8]에 관한 물음, 뒤의 3, 4류는 자아 문제를 둘러 싼 물음이며 이것이 무기(無記) 문제의 기본을 이루고 있다고 할 수 있다. 『포타파루경(布吒婆樓經)』 16문은 무기의 명제가 세분화한 확대형에 불과하며 Loka와 Ātman을 묶어 함께 취급하고 있는 것이 특징이라고 할 수 있다. 상례를 벗어난 『증일아함』의 예문은 Ātman의 유무 문제가 무기의, 기본형 첫머리에 크게 부각되어 나온 것이며, 마지막으로 여래의 죽음 문제가 제기되고 있으나 여기서는 사후의 존속 문제가 아니고 '여래가 죽느냐, 죽지 않느냐(如來死耶 如來不死耶, 여래사야 여래불사야)?'라는 물음이며 이어서 "죽음이 있느냐, 없느냐?"라는 질문으로 이어지고 있다.

위에서 본 여러 유형은 차후 별도로 심도 있는 고찰을 해야 할 과제이지만, 우선 이렇게 전체적으로 살펴보았을 때, 각기 물음의 형식에 있어서 다양성 또는 강조점의 차이에도 불구하고 중요 관심사는 자아 유무 문제를 둘러싼 내용으로 세계 속의 영혼, 또는 해탈한 자의 존속 문제에 집중되어 있음을 알 수 있다. 우리가 문

7) ⑴爲有我耶 ⑵爲無我耶 ⑶有我無我耶, ⑷世有常耶 ⑸世無常耶 ⑹世有邊耶 ⑺世無邊耶, ⑻命是身耶 ⑼爲命異身異耶, ⑽如來死耶 ⑾如來不死耶 ⑿爲有死耶 ⒀爲無死耶 (p.784b).

8) Loka는 일반적으로 世界, world, universe를 의미하고, Sattva loka(衆生世間)와 Bhājana loka(器世間)로 크게 나누어진다. 그러나 Kośa(by Poussin) Ⅸ, p.267: Loka는 Ātman 또는 Saṃsāra를 의미하기도 한다.

제로 삼을 8개 Sūtraⓢ(Suttaⓟ)의 경우, 특히 Vatsagotraⓢ(Vacchagottaⓟ)의 질문은 바로 이 문제에 초점이 맞추어져 있으며, 무기(無記)의 유형 i), ii), iii)의 카테고리에 한정되어 있다고 할 수 있다.

Ⅲ. Vatsagotra 경군(經群)

개별적인 Sūtra의 고찰을 시작하기 전에 우선 전체적인 구성을 일별해 보면, Vatsagotraⓢ가 주인공으로 나오는 『잡아함(雜阿含)』의 8경(經)은 모두 왕사성 Kalandaka 죽원(竹園)을 대화의 장소로 선택하고 있으며[9] 그의 대화 상대는 두 경에서 마하목갈라나와 사비야까띠야야나가 각각 한번씩 나오고 그 외에는 모두 붓다와 직접 대면하여 대화를 나누었던 것으로 기술되고 있다. 경No. 957에서 단순한 주제인 Jīva와 Śarīra의 동이(同異)문제로부터 시작하여 점차 복잡화되어 가고 있으며, 경No.362 및 963에는 14무기의 형식을 갖춘 내용이 나타나고 있다. 끝으로 경No.964에서는 Vatsagotra가 긴 대화를 나눈 후에 붓다에 귀의하여 출가하는 내용으로 기술되어 있다. Vatsagotra는 한역 Āgama에서 파차종(婆蹉種) 또는 독자(犢子)로 음사 또는 번역되고 있으며, 흔히 파차종출가(婆蹉種出家) 또는 독자범지(犢子梵志)로 불리고 있다.

---

9) 빠알리經에는 장소가 다양하다. Kutūhalasāla(모든 종파의 논사들이 토론하기 위해 모이는 장소라고도 한다. cf. Kindred Sayings, Ⅳ, 279 n. 1), Ñatika에 있는 '벽돌집' 또는 Sāvatthi Jetavana(MN.I. 經72), 王舍城의 Veluvana(MN.I. 經73) 등이다.

Theragāthā 주석서에 의하면 그는 Vaccha족의 부유한 브라만 가문 출신이며 브라만의 가르침에 정통하고 있었으나 만족하지 못해 유행자(遊行者)로서 생활하고 있었다[10]고 한다. 『대지도론(大智度論)』에 의하면, 그는 왕사성의 대논사들 중 한 사람으로 이름나 있었으며 Vatsagotra는 그의 성이고 이름은 Śreṇika(先尼婆蹉衢多羅, 선니파차구다라)로 알려져 있다.[11]

1. Jīva와 Śarīra

『신명경(身命經)』(No.957, p.244a)과 해당 빠알리경 Kutūhalasālā(SN.Ⅳ, p.398)는 Vatsagotra가 붓다를 방문하고 영혼과 육체의 동이(同異)문제에 대해 질문하는 것으로 시작된다.

> 문: 고타마여, 명(命, jīva)이 곧 몸(śarīra)입니까?
> 답: 명이 곧 몸이라는 그런 것은 말할 수 없다.
> 문: 그러면, 고타마여, 명은 몸과 다릅니까?
> 답: 명이 몸과 다르다는 그런 것은 말할 수 없다.[12]

Vatsagotra는 여기서 위와 같은 대답이 어떻게 윤회, 전생을 설명할 수 있겠느냐는 물음으로 문제를 끌고 간다. 즉 붓다가 공공연히 받아들이는 윤회이론과 모순이 되지 않겠느냐는 것이다. Vatsgotra는, '[부처님께서] 어떤 제자가 여기서 목숨을 마치고 어디

---

10) Dictionary of Pāli Proper Names Ⅱ, pp.805-806.
11) 『大智度論』, T.1509, p.61b ; tr. E. Lamotte, p.46.
12) "云何瞿曇 命卽身耶 佛告婆蹉出家 命卽身者 此是無記 云何瞿 爲命異身異耶 佛告婆蹉出家 命異身異者 此亦無記."

어디에 다시 태어났다.'고 말씀하신 적이 있는데 이때 명(命)은 몸과 다른 것이 아니냐고 묻는다. 붓다는 이 물음에 대해 공중을 나는 불의 비유를 들어 답하고 있다. 마치 공중을 나는 불길이 바람을 의지하기 때문에 머물고 바람에 의지해서 타는 것처럼, (몸을 버린 중생이) 애욕(愛欲, taṇhā㉫)을 의지처로 해서 머물고, 다시 태어난다는 것이다. 불길이 연료 없이 일시적으로 바람만 의지해서 이동할 수 있다는 비유는 Taṇhā를 의지처(upādāna)로 하여 윤회적인 삶이 한순간에서 다른 순간으로 이어지면서 되풀이될 수 있으며, 거기에는 고정불변하는 주체로서 Jīva(영혼) 같은 것을 예상할 필요는 없다[13]는 것을 간접적으로 말하고 있는 것이다.

이 경에서 실제 문제의 핵심은 영혼과 육체의 동이(同異) 문제로 집약되어 무기(無記) 문제가 제기되고 있다. 명(命)이 곧 몸이라고 긍정했을 경우, 육체의 노쇠 및 파괴와 더불어 우리의 영혼도 함께 자동적으로 파괴된다고 하는 단멸론(斷滅論)에 이르게 되고 명과 몸은 별개의 것이라고 한다면 몸은 파괴되어도 명은 언제나 존재한다고 하는 상주론(常住論)의 입장이 된다. 붓다는

---

13) 『別譯雜阿含』에서는 문제 제기와 대답이 더욱 명확하다: "犢子言 瞿曇 火尚可爾 人則不然 所以者何 身死於此 意生於彼 於其重間 誰爲其取 佛言 當於爾時 以愛爲取 愛取因緣 衆生受生"(T.100, pp.443a-b) ; 빠알리經은 불의 비유와 함께 다음과 같이 요약하고 있다: "Yasmiṃ kho Vaccha samaye acci vātena khittāto dūram pi gacchati/ tam ahaṃ Vātupādānam vādāmi vāto hissa Vaccha tasmiṃ samaye upādānam hotī // Yasmiñ ca pana bha Gotama samaye imñ ca kāyam nikkhipati sattoca aññatraṃ kāyam anuppanno hoti // imassa pana bhavaṃ Gotamo kim upādānasmin paññāpetīti // Yasmin kho Vaccha samaye imañ ca kāyam nikkhipati satto ca aññataram kāyam anuppno hoti // tam ahaṃ taṇhupādānaṃ vadā mi // taṇhā hissa Vaccha tasmiṃ samaye upādānaṃ hoti ti //" (SN.Ⅳ, pp.399-400).

위의 물음에 딜레마가 있음을 알고 있었으므로 무기의 태도를 취했던 것이다. 그러나 윤회문제와 관련시켰을 때 Taṇhā를 의지해서 윤회하는 음(陰)의 상속(相續) 같은 것을 여기서 묵시적으로 인정하고 있었는지는 분명하지 않으며, 더욱이 이 불의 비유는 나중에 'Série(F)(상속)설'과 대립하는 Pudgala 주장자들에게 특별한 의미로 받아들여져서 중요한 논쟁점의 하나로 남게 될 소지를 가지고 있다.14)

2. 여래의 사후(死後) 존속

『목련경(目連經)』(No.968, p.244b)은 여래의 사후 존속 여부에 대해, 또는 해당 빠알리경(SN.Ⅳ, p.391)에서는 무기의 10문 모두에 대해 문제를 삼고 있으며, 특히 여기서 답을 주지 않는 이유(hetu)와 원인(pratyaya)이 무엇이냐는 것이 Vatsagotra의 질문 요지이다. 즉, 다른 출가자들은 이런 질문을 받았을 때, 긍정 또는 부정적으로 어떤 대답을 주고 있는데 왜 고타마만은 대답을 하지 않느냐는 것이다. 목갈라나의 해명이 간접적인 답을 대신하고 있다. '"다른 사문이나 바라문은 눈(眼)에 대해 이러한 견해를 갖는다: 이것은 내 것이다. 나는 이것이다. 이것은 나의 것이다." 이와 같이 역시 이(耳), 비(鼻), 설(舌), 의(意)를 본다. 그렇기 때문에 그들은 질문을 받고 그와 같이 대답을 주고 있다. 그러나 여래는 그렇게 보지 않으므로 그런 대답을 하지 않는다.'는 것이다.

---

14) Kośa(by Poussin) Ⅸ, pp.232-238, 271 ; A. Bareau: Les sectes bouddhiques du Petit Vehicule, Paris, 1955, pp.144-126.

『잡아함』에서는 인간존재의 구성 요소인 오온(五蘊, skandha)을 주제로 하여 답하지 않는 이유를 이렇게 설명하고 있다. 즉, '색(色), 수(受), 상(想), 행(行), 식(識)'의 '원인(集, 집), 소멸(滅, 멸), 근심(患, 환), 벗어남(出要, 출요)'을 참답게(如實, 여실) 알지 못하므로 여래의 사후(死後)에 대한 온갖 견해를 내게 되어 거기에 집착을 하며, 따라서 그것들에 대한 다양한 대답이 있을 수 있다는 것이다. 그러나 여래는 오온의 원인, 소멸 등을 참답게 알고 거기에 집착을 하지 않는다는 것이다. 이와 같이 제법 분류 및 요소들의 문제로 관점을 돌리고 있으며, 요소들의 실상을 제대로 알지 못하기 때문에 그런 질문이 있게 된다는 것이 간접적인 해답이라 할 수 있다. 그럼에도 불구하고 끝으로 이런 대답을 덧붙이고 있다. 여래에 대해서 '사후에 존속한다.'고 해도 옳지 않고, '사후에 존속하지 않는다.'고, '존속하기도 하고, 존속하지 않기도 한다.'거나 '존속하는 것도 아니며 존속하지 않는 것도 아니다.'라고 해도 옳지 않다는 것이다. 그것은 "매우 깊고 광대(廣大)하여 한량이 없고 셈할 수도 없으며 모두가 적멸이다."[15]라고 하여 대답이 간접적으로 이중화되어 있다. 목갈라나의 이런 대답이 다른 제자들은 물론 붓다의 직접적인 대답과도 일치하고 있음을 경No.959(p.244c) 및 No.960(p.245a) 그리고 해당 빠알리경에서 되풀이하면서 강조되어 있다.

3. 붓다의 침묵(Attā⒫의 유무[有無]의 문제)

15) "於如來有後死 卽不然 (…) 非有非無後死 卽不然 甚深廣大無數 皆悉寂滅."(T.99, No.958, p.244c) ; cf. T.100, No.191, p.443c.

『유아경(有我經)』(No.961, p.245b)과 빠알리경 Ānanda(또는 Attahatto, SN.Ⅳ, p.400)은 원시경전 가운데 형이학적인 문제에 대한 붓다의 침묵으로 유명한 경이다. 『잡아함』과 빠알리경에는 Vatsagotraⓢ의 질문형식에 있어 약간의 차이가 난다. 즉;

Ⓐ『잡아함』.
"어떻게 생각하십니까, 고타마여 Ātmanⓢ이 있습니까?"
이때 세존은 침묵하고 대답하지 않는다. 이렇게 두 번 세 번 [물었으나], 세존은 역시 대답하지 않는다."(云何瞿曇 爲有我耶 爾時世尊黙然不答 如是再三 爾時世尊 亦再三不答)
ⒷSaṃyutta-Nikāya.
"존자 고타마여, 자아(attāⓟ)가 있습니까?" 이 물음에 대해 세존은 침묵을 지킨다. "존자 고타마여, 그러면 자아가 없습니까?" 두 번째에도 역시 세존은 침묵을 지켰다.
(Kiṃ nu kho bho Gotama atthattāti // Evaṃ vutte Bhagavā tuṇhī ahosi // Kiṃ pana bho Gotama natthattā ti // Dutiyam pi kho Bhagavā tuṇhī ahosi //)

대답을 얻지 못한 Vatsagotra는 그만 일어나서 가버린다. 그가 떠나간 후 붓다는 아난다에게 자기의 침묵에 대한 정당성을 다음과 같이 두 방법으로 설명한다.

ⓐ 그의 물음에 대해, 내가 만일 "자아가 있다."고 대답했다면, 그것은 내가 상주론(常住論, sassatavādā) 편에 있는 것이 될 것이요(saddhim abhavissa), 내가 만일 "자아란 없다."고 대답했다면, 그것은 바로 단멸론(斷滅論, ucchedavādā) 편에 있는 것이 될 것이다.
ⓑ 또 "자아가 있습니까?"라는 그의 물음에 대해 내가 "있다."라고 대답했

다면 그런 대답이 "일체 법은 무아(無我)이다."(sabbe dhammā anattā)라는 지식을 그에게 내게 하는데 적합하겠느냐. 만일 "자아가 없습니까?"라는 그의 물음에 대해 "없다."라고 대답했다면, 이미 혼란에 빠진 그에게 혼란을 가중시켜 그로 하여금 "나의 자아가 전에는 있었으나 지금은 갖고 있지 않다!"16)라고 생각하게 할 것이다.

Pāli경에 나타난 붓다의 해명을 위와 같이 두 단계로 요약해 보았을 때, ⓐ1차적으로 그는 당시 사상계의 일반적 대립 요인인 상(常)·단(斷) 어느 편에도 서기를 거부하며 입장표명을 유보하고 있다는 것을 알 수 있다. 그러나 ⓑ다음 단계에서 그가 대답하지 않는 이유, 침묵의 진의가 무엇인지 드러나고 있다. 그의 묵설적(默說的)인 태도에도 불구하고 근본문제에서 '일체가 무아(無我)'임을 명백히 하고 있으며, 부수적으로 실용적인 면에서 질문자의 의도와 심리적 상태가 참작되고 고려되었음을 보여주고 있다.

『잡아함』의 『견경(見輕)』에서는 침묵의 이유가 다음과 같이 설명되고 있다: 만일 붓다가 유아(有我)라고 대답했다면 Vatsagotra에게 전부터 가지고 있던 사견(邪見, 즉 상견[常見])을 더 가중시킬 것이요, 무아(無我)라고 대답했다면 그를 단견(斷見)에 빠지게 했을 것이다. 그리고 붓다는 두 극단을 떠나 중도에서 설법을 한다(離於二邊處中說法). 즉 "이것이 있을 때 이것이 있고, 이것이 일어날 때 이것이 생긴다(是事有故是事有生, 是事起故是事生),

16) "Ahañ c'ānanda Vacchagottassa paribbājakassa Atthattā ti puṭṭho samāno Attattā ti vyākareyyaṃ // api nu me tam anuloman abhviss a nāṇassa upādāya Sabbe dhammā anattāti // No hetam bhante Ah añ c'ānanda Vcchagottassa paribbājakassa Nattattātati puṭṭho samān o Natthattāti vyākareyyaṃ // sammulḥassa ānanda Vacchagottssa b hīyyo sammohāya abhavissa ahu vā me nūna pubbe atta // so etar ahi natthiti //" (SN.Ⅳ, p.401).

이른바 무명(無明)을 조건으로 하여 행(行)이 있고 … 내지 생로병사우비뇌고(生老病死憂悲惱苦)가 멸한다."라고 결론짓고 있으며, 여기서 말하는 중도(中道)는 연기법(緣起法)임을 분명히 하고 있다. 『별역잡아함(別譯雜阿含)』에서도 붓다는 일체경(一切經)에서 무아(無我)를 설했다(一切諸法 皆無我故)고 강조하고 이변(二邊)을 떠난 중도를 상기시킨다(如來說法 離二邊 會於中道). 이어서 모든 법은 파괴되기 때문에 불상(不常)이며, 상속(相續)하기 때문에 부단(不斷)이라는 불상부단(不常不斷)의 의미를 밝히고, 결론적으로 "이것이 있으므로 저것이 있고 …" 등 연기공식으로 시작하여 12연기의 순관(順觀), 역관(逆觀)을 설하고 있다.

4. 무아(無我)와 견(見, 견해)

『견경(見輕)』(No.962, p.245b)에서는 14무기(無記), 해당 빠알리경(MN.I, pp.483-489)에서는 10무기가, 경의 전반부에서 종합적인 주제로서 제시되어 있다. Vatsagotra는 이것들에 대한 붓다의 견해(見解)[17]를 요구한다. 그러나 붓다는 이 주장들이 잘못된 견해들로서 고(苦)를 제거하는 데 아무런 도움이 안 되고, 도리어 고뇌(苦惱)에 얽어매게 된다고 하며 직접적인 대답은 회피한다. 그 대신 사제(四諦)를 알고 봄으로써 일체 소견을 끊고 적정, 안은(安隱) 해탈을 실현할 수 있다는 실천적인 방향으로 주의를 돌린다. Pāli경에서 Diṭṭhi(見)의 유해하고 무익함이 지적되고 있

17) "此是倒見 此是觀察見 此是重搖見 此是垢見 此是結見."(T.99, No.962, p.245c).

다.[18] 붓다 자신은 어떤(사변적) 견해(diṭṭhigataⓟ)도 갖고 있지 않으며, 오온(skandha)과 오온의 생성, 소멸을 보았고, 그들로 인해 생기는 온갖 견해, "나는 행위주다, 행위주는 나다." 등의 생각을 버리고 집착 없는 해탈을 실현했다고 한다.[19] 이어서 여래의 사후(死後) 존속 문제와 동일한 카테고리에서 마음이 해탈한(vimuttacittoⓟ) 비구 또는 아라한에 대해서 질문이 제기된다. 붓다는 그런 물음이 옳지 않다(na upeti)고 되풀이한다. 그러나 결국 붓다는 여기서 Vatsagotra의 이해를 돕기 위해 불의 소멸 및 심해(深海)의 비유를 들게 되는데, 사실상 이 비유에는 다의적인 뉘앙스를 포함하고 있다. ①'꺼진 불에 대해 어떤 사람이 묻기를 "조금 전에는 불이 타고 있었는데 지금 어디로 갔겠는가 동방으로 갔는가, 서남북방으로 갔는가?"라고 한다면 어떻게 말할 수 있겠는가, 풀과 나무의 공급으로 불이 타고 있었지만, 연료가 더 이상 없기 때문에 불이 꺼진 것이므로 그것이 어디로 갔느냐라고 묻는다는 것은 옳지 않다.'는 대답이다. 마찬가지로 여래에 있어서도 더 이상 물질, 정신적 요소 등 이름 붙일 어떤 개념요소(Skandha)도 없이 해탈했다는 것이며, ②여래는 "대해(大海)처럼 아주 깊고 헤아릴 수 없고 측량할 수 없다."[20] 그러므로 여래 또는 해탈

18) "n'eva hoti nana hoti tathagato param maraṇā ti kho Vaccha diṭṭhigatam etaṃ ditthigahanaṃ diṭṭikantāraṃ diṭṭhivisūkaṃ diṭṭivipphanditaṃ diṭṭhisaṃ yojanaṃ sadukkham savighātaṃ saupāyāsaṃ saparilāhaṃ na nibbidāya na virāgāya na nirodhāya na upasamāya, naabbhiññya na sambodhāya na nibbānāya saṃvttati //" (MN.I, p.486)

19) "Atthi pana bhoto Gotamassa kiñci diṭṭhigatanti diṭṭhigatanti kho Vaccha apanītam etaṃ Tathāgatassa." (MN.I, p.486)

20) "… rūpasaṅkhāvimutto kho Vaccha tathāgato, gambhī개 appameyyo dupparīyogāho seyyathā pi mahā samuddo …" (MN.I, p.487) cf. T.99, No.962, p.246a ; "… 若至東方 南西北方 是則不然 甚深廣大無

한 자에 대해 그가 사후(死後)에 '있다' '없다' 등을 논의하는 것은 옳지 않다는 것이다.

우리 텍스트에는 대해(大海)의 비유가 간단히 요약되어 언급되었지만, Khemātherī(SN.Ⅳ, pp.374-380)에는 Kosala국 왕인 Pasenadi와 비구니 Khemā사이에 있었던 대화를 상세히 전하고 있는데, 여래 사후 유무의 문제에 대해, Khemā는 반대 질문을 하면서 이렇게 비유를 든다: 왕은 갠지스강의 모래알을 다 셀 수 있고 또 대해의 물을 측량해 낼 수 있는 그런 산수에 능한 자 또는 회계관을 궁중에 두고 있느냐고 묻는다. 그러나 왕은 대해는 광대하고 깊어서 헤아릴 수 없고 측량할 수 없다(appameyyo duppariyogāho)고 대답한다. 그러자 Khemā는 그와 마찬가지로 물질적 형태로 [또는 수상행식(受想行識)으로] 여래를 이해하려고 한다면 그와 마찬가지라는 결론을 내린다.

5. 요소와 존재문제

『무지경(無知經)』(No.963, p.246a) 및 해당 빠알리경에 Aññāṇā(SN.Ⅲ, pp.257-260)는 각각 10 또는 14무기가 나열되어 있고, 왜 이와 같은 다양한 견해(aneka-vihitāni diṭṭhigatāni)가 생기게 되는가 하는 질문으로 시작되어 그 원인이 오온(五蘊)에 대한 무지 때문이라는 근본불교의 기본 입장으로 대답이 유도되고 있다. 즉 색수상행식(色受想行識)에 대한 무지(ajñāṇa) 때문에 이것은 진실이고 다른 것은 거짓(虛妄, 허망)이라는 그런 견해와 그런 말

數永滅."

(如是見 如是說, 여시견 여시설)이 있게 된다고 한다. 빠알리경은 오온을 하나하나 예로 들면서 그것에 대한 무지(ajñāṇa), 일어남(samudaya), 소멸(nirodha) 내지 멸하는 길에 대한 무지 때문에 이와 같은 여러 견해가 생긴다고 밝히고 있다.

오온(skandhaⓢ, khandhaⓟ)설은 인간존재의 구성요소와 실상을 분석하고 무아(無我)임을 밝히는 것이며 Samskṛta dharma(ⓢ 유위법)의 기본적인 분류법임을 원시불교 경전을 통해 수 없이 볼 수 있는 내용이다. 즉 오온의 요소를 하나하나 예로 들며 "이것은 내 것이다. 나는 이것이다, 이것은 나의 아뜨만이다(etaṃ mama eso'ham asmi eso me attāⓟ)."라고 할 수 없음을 밝히고 있다.[21)]

"오 비구들이여, 모든 색(色, rūpa)은 과거, 현재, 미래, 내적이거나 외적이거나 조잡하거나, 미세하거나 높거나 낮거나, 먼 것이거나 가까운 것이거나 이 모든 색은 내 것이 아니요. 나는 그것이 아니요, 그것은 나의 자아가 아니다. 이것이 정지(正智)로서 진실되게 보는 것이다." (같은 방식으로 수·상·행·식에도 되풀이하고 있다.) 인간 존재가 이와 같이 오온 제법의 결합관계에서 분석되고 관찰되며, 자아의 절대적인 존재 문제가 배제되고 있는데, 영혼과 육체가 동일한 것이냐, 별개의 것이냐 등에 대해 묻는다는 것은 터무니없는 질문인 것이다.

***

21) Vin.I, pp.13-14 ; MN.I, pp.138-139 ; Ⅲ, pp.19-20 ; SN.Ⅱ, pp.124-125 ; Ⅲ, pp.47-48, 88-89, 94, 111, 138, 148-149 etc..

오온의 교설은 일견 간단 명확하며 수없이 되풀이되는 항목임에도 불구하고 예나 지금이나 다양한 해석과 오해의 소지를 가지고 있다. 멀리는 부파불교 시대의 Pudgala설의 주장자들로부터 현대에 와서도 일부 학자들은 붓다가 Skandha는 부정했지만 Ātman을 공공연하게 부정하지는 않았다는 주장을 계속하고 있다. 사실 고대경(古代經)에서도 오온의 용어 자체에 내재하는 문제가 있다. 즉 오온이 오취온(五取蘊, upādāna skandha)로 자주 나타나는데, 취(取) 또는 취착(取着)의 의미를 갖는 Upādāna는 Upādātṛ(取者, 취자)를 예상할 수 있게 하고 있으며, 이것은 Skandha를 단순히 요소들의 모임만으로 받아들이기에는 어려움이 있음을 보여주는 것이라 할 수 있다.22)

요소를 중심으로 설해진 일군의 Sutta가 SN.Ⅲ의 전반부 전체를 차지하고 있는데, 이들 중에 해석상 문제가 있고 가장 흥미로운 경(經)은, "짐(bhāra)과 짐진 자(bhārahāra)" 로 유명한 Bhārasutta(SN.Ⅲ, pp.25-26)와 Yamakasutta(SN.Ⅲ, pp.109-115)일 것이다. 여기서 해탈한 자의 사후(死後) 존속 문제와 Skandha에 관련된 내용을 담고 있는 Yamakasutta만을 요약, 인용하기로 한다. Yamaka는 다음과 같은 견해(惡見, 악견, pāpaka-ditthi)를 낸다: "번뇌(āsava)에서 해탈한 비구는 육체가 무너졌을 때 파괴하고 소멸되며 사후에 더 이상 존재하지 않는다(na hoti)." 이것이 붓다의 가르침이라고 주장한다. Śāriputraⓢ은 다음과 같은 대화로 그를 각성시킨다.

22) 후에 중관철학(中觀哲學)에서 이것을 다시 문제 삼고 세밀히 분석한다. cf. Prasannapadā의 Ch.Ⅸ(J. May, Candrakīrti의 Prasannapadā Madhyamakavṛtti, pp.158-168).

> "Yamaka여, 너는 어떻게 생각하느냐, 네가 여래에 대해 말할 때 물질적인 몸을 의미하느냐, 물질 안에 있는 어떤 것을, 물질 밖에 있는 어떤 것을 말하느냐, 수상행식(受想行識)에 대해서 말하느냐, 이것들 안에 있는 혹은 밖에 있는 어떤 것을 의미하느냐, 이 모든 것을 모은 어떤 것을 의미하느냐? 또 무형상(색), 수, 상, 행, 식이 없는 것으로서 여래를 의미하느냐?" [요약]

이와 같은 Śāriputra의 물음에 대해 Yamaka는 모두 아니라고 대답한다. 그때 Śāriputra는 이렇게 결론을 이끌어낸다.

> "그러니 Yamaka 친구여, 바로 이 세상에도 여래가 진실로, 실제로(실제 존재하는 것으로서) 너에게 파악되지 않는구나."(Ettha ca te āvuso Yamaka diṭṭheva dhamme saccato thetato tathāgato anupalabbhiyamāno)

위 인용문은 전체 대화의 문맥은 물론 saccato thetato의 해석 차이에서 정반대의 의미를 도출해 낼 수 있다고 보는 문구이다. 즉 Upaniṣad의 어떤 초월적인 Ātman⑤의 의미로 여래를 긍정적으로 보려는 편과 이 문구에서 여래 자체의 부정을 발견할 수 있다고 보는 편이 맞서고 있다. 해탈자 또는 여래가 사후에 소멸되려면 그보다 앞서 진실로 실제로서 존재해야만 하는데 그런 실제적 존재가 처음부터 없다는 것이다.[23] 오늘날은 이 후자의 해석에 많은 학자들이 동감을 하고 있는 한편 계속해서 전자(前者)의 초월적인 Ātman의 의미를 따르는 일부 학자들이 있음을 간과할

23) 이 문제에 관심을 가지고 계속 문제 삼았던 대표적인 학자: H. Oldenberg(Buddha sein leben … p.296), L. De la Vallée Poussin(le bouddhisme, p.172; Nirvāṇa, p.104), K.Bhattacharya(L'atman-Brahman dans le buddhisme ancien, p.67), E. Frauwallner(Philosoohie des Buddhismus, p.63) etc..

수 없다.

우리는 위에서 Vatsagotra의 질문에 대해 붓다는 비유로서 간접적으로 답을 대신하고 있는 것을 보았다. 특히 '불의 소멸'과 '대해(大海)' 비유는, 여래의 사후 존속 문제와 함께, 다양한 해석이 가능하겠지만 다음과 같이 그 의미를 요약해 볼 수 있을 것이다. 여래의 존재는 대해처럼 광대하고 깊어 측량하기 불가능하다는 것, 한정된 인간의 언어와 사고는 그런 심원한 바닥을 남김없이 구명하여 정의할 능력이 없다는 것이다. 존재 비존재는 한정된 세계의 범위와 개념 안에서의 문제이지 그 이상의 무제한적인 어떤 것에 대해서는 적용할 수도 없고 적당하지도 않다는 것이다. 마치 대해나 갠지스강의 모래알 또는 심해(深海)의 물방울을 세려고 하는 것이 불가능한 것과 같다는 것이다.

그러나 여기서도 여전히 의문은 제기될 수 있다. ①하나는, 여래 또는 해탈자가 어떤 형식(또는 말할 수 없는 어떤 것)으로 있지만, 마치 대해나 갠지스강의 모래알처럼 너무 깊고 광대해서 우리의 인식 능력의 한계 때문에 파악되지 않으며, 무엇이라 말할 수 없다는 것이고, ②다른 하나는, 해탈자에게는 측량할 만하고 계산할 수 있는 어떤 것도 이제 더 이상 없다는 것, 더 정확히 말하면 인식되고 묘사될 어떤 것도 남아 있지 않다는 의미로 받아들여질 수 있다는 것이다. 이런 이중적 의미는 '불의 소멸' 비유에서 더욱 잘 나타난다. 불의 꺼짐은 완전 무(無)의 상태로 돌아간 것, 이름 그대로 멸화(滅火) 또는 멸진(滅盡)을 의미할 수 있을 것이다. 그러나 동시에 그것은 멸화(滅火)라기보다 불의 사라짐으로서, 불이 나타나기 이전의 보이지 않은 원초적인 것으로 되돌아감을 의미하는 우빠니샤드적 해석[24]도 가능하겠다. 수따니

빠다의 표현을 빌리자면 무엇이라고 정의할 수 없고(na upeti san khaṃ) 측량할 길이 없다(na pamāṇam atthi)[25]라고 한다. 이것은 그 깊이를 헤아릴 수 없고 측량할 수 없다(appameyyo)는 대해의 비유와도 일치하고 있다.

---

24) L. De la Vallée Poussin: Nirvāṇa, pp.146-147 ; A.B. Keith: Buddhist Philosophy, pp.65-66.
25) Suttanipata. vs.1074, 1076.

Vātsīputrīya 학파의 출현과 그 배경*

* 『가산학보』, 1992.

I. 서론

부파불교의 주된 논제이며, 초기 대승불교 특히 중관학파(中觀學派)에서까지 논쟁의 표적이 되어온 문제 중의 하나가 이른바 Pudgala(補特伽羅, 보특가라)의 실제적 존재를 주장하는 학설이다. 이 주장을 하는 대표적인 학파는 Vātsīputrīya(犢子部, 독자부)로서 부파불교의 학자들을 끊임없이 자극하면서 불교사상사에서 중요한 역할을 했던 것으로 보인다.[1] 그러나 이 학파의 역사적 배경이나 그 연원이 어떻게 되는지 그 문제는 지금까지 부분적으로 학자들에 의해 언급되었을 뿐, 그 실상에 대해서는 막연하게 알려지고 있을 뿐이다.[2] 이것은 물론 이 학파에 대한 자료들이 거의 망실된 데 기인한다. 그럼에도 불구하고 본 논고를 통해 현재까지 부분적으로 알려지고, 학자들에 의해 취급된 연구와 부속 자료들을 이용해서, 이 학파의 연원을 부파불교의 배경 속에서 좀 더 상세히 정리해서 밝혀보려고 한다.

Vātsīputrīya는 창시자의 이름 Vātsīputra에서 유래한다고 알려져 있다.[3] Tāranātha에 의하면 Kaśmīr에 Vatsa(Gnas-pa①)라고

---

1) Kathā-vatthu, tr. by Shwe Zan Aung, pp.8-63: L'Abhidharma Kośa de Vasubandhu, tr. by L. de la Vallée Possin, Ch.IX, pp.227-302 ; Vasumitra의 Samayabhedo-paracanacakra, tr. by Bareau(J.A., 1954), pp.257-259 etc..

2) Conze와 Bareau 교수에 의해 부분적으로 소개되고 있다. cf. A. Bareau의 Les sectes bouddhiques du petit Véhicule(Paris, 1955), pp.114-120 ; E. Conze의 Buddhist thought in india(London, 1962), pp.122-134 ; L. de la Vallée Poussin의 KośaI (intro) XXXIII-XXXVII, LX-LXI.

3) E. Lamotte의 Histoire du Bouddhisme Indien(Louvain, 1958), p.575 ; A. Bareau의 Les Religions de L'inde III(Paris, 1966), pp.84-85 ;

불리는 어떤 브라흐만이 있었는데, 그가 Aśoka왕 시대(kālāśoka)에 불법에 귀의하여 영혼 이론(靈魂 理論, ātmakavāda⑤을 폈던 것이 Vātsīputrīya학파의 원천일 것이라고 한다.[4] 지리적 중요성에 따른 관점에서 Kausāmbī 지역의 주민(住民) 또는 Vatsa의 수도인 Kausāmbī 승려들을 지칭하는 것이라고 보려는 학자들도 있다.[5] 또 상승 계열로서는 Śāriputra-Rāhula-Vātsīputra⑤의 계보를 주장하기도 했다. 그러나 계보에 따른 이와 같은 관점은 초기 불교시대부터 이 학파가 있었다[6]는 결과를 낳으므로 이 주장은 후기의 인위적인 가탁으로 보인다.

실론 전통에서는 Vātsīputrīya⑤란 용어를 응당 Pāli화된 용어 Vacchīputtaka⑫로 표현해야 함에도 불구하고 Vajjiputtaka⑫로 표기함으로써 Vaiśālī⑤결집의 직접적인 동기를 만든 Vṛjiputraka ⑤ 즉 Vajjiputtaka⑫와 동일화될 수 있다는 문제를 야기시키고 있다.[7] 학자들 사이에 상당한 오해를 불러일으키기도 했으나, 이 명칭문제는 음성학적으로 그 차이가 쉽게 설명될 수 있을 뿐 아니라 실론 전통 자체에서도 Vaiśālī의 Vṛji⑤, Vajji⑫족 승려들과 Vajjiputtaka⑫를 분명히 구별하고 있다. 다른 학파들의 전통에 나타난 계보에서도 이 학파의 이름이 충분히 구분되고 있다는 사실로 볼 때, 두 명칭의 동일화 또는 직접 관련성은 부정되었던 것

E. J. Thomas의 The history of Buddhist Thought(London, 1959), p. 291.

4) Tāranātha's History of Buddhism in India, tr. by Lama Chimpa(1970), pp.71-72.

5) J. Przyluski의 Le Cuoncile de Rājagṛha(Paris, 1926), p.330; E.J.Thomas, op.cit., pp.38-39.

6) E. Lamotte, op.cit., p.576 ; Przyluski, op.cit., p.73.

7) Dīpavaṃsa V, 서두 ; Mahāvaṃsa V, 서두.

이다. 차후에 더 상세히 구명(究明)해 보겠지만 Vātsīputrīya는 기원전 280년, 즉 불멸 200년경에 Vātsīputraⓢ가 인설(人說, personnalismeⒻ, pudgalavāda)을 제창함으로써 많은 논쟁을 불러일으키다가, 상좌부에서 가장 먼저 지말(支末) 분열을 해 나온 학파로[8] 그의 영향력이 대승불교의 흥기까지 계속되고 있었던 것 같다.

그러면 이 학파가 어느 시기에 어떻게 출현하게 되었는가 하는 문제를 탐구하기 위해 우선 첫째로 초기경전으로 간주되는 율장을 중심으로 학파문제를 먼저 살펴보고, 이어서 후기의 가상적인 역사서 또는 사서(史書) 및 논서들에 실린 학파 관계의 자료를 검토해 보도록 한다. 이렇게 하여 Vātsīputrīya학파의 역사적 배경을 살펴보고, 나아가 이 학파의 주요 학설 등에 대해서 좀 더 상세히 정리해 볼 것이다.

Ⅱ. Vaiśālī결집과 근본분열 문제

Saṅgha의 최초 분열은 상좌부(Sthaviraⓢ, Theravādaⓟ)와 대중부(Mahāsāṅghika)로 갈라진 것이며, 이것을 일반적으로 근본분열이라고 한다. 그런데 이 최초의 2대 분열을 Vaiśālī결집의 직접적인 결과로 보는 주장이 부파불교사에 있어 상당히 널리 인정되고 있다. 근본분열을 Vaiśālī결집과 직접 연계된 사건으로 간주하는

8) A. Bareau의 Les Sectes, op.cit., p.33 ; Le Traité de la Grande Vetu de Sagessw de Nāgārjuna, TomeⅣ (Louvain, 1976), pp.2009-2010.

편의 일반적인 주장은 Vaiśālī결집 때 10사(事)를 비법(非法)으로 판정함에 따라 이에 승복하지 않는 무리들이 불만을 품고 다시 모여 대결집(大結集)을 함으로써 대중부가 탄생하게 된 것이라는 것이다. 그러나 근본분열의 배경에는 여러 가지 모순된 내용들(연대, 장소, 인원, 논쟁점 등)이 있으며, 학자들 간에 아직도 의견의 일치를 보지 못하고 있는 것이 사실이다.[9] 여기서 다시 이 문제를 길게 논하려면 시간도, 지면도 허락되지 않으므로, 근본분열에 관한 몇 가지 핵심문제를 간략히 고찰하려고 한다.

Vaiśālī결집 사실은 초기경전으로 간주되는 경율 중에서 주로 율장 속에 전해지고 있다. 내용을 요약하면, 불멸 100년 혹은 110년경에[10] Vaiśālī비구들은 계율에 위배되는 10가지 사항을 합법이라 주장하며 실행하고 있었다. 그 가운데에서도 중요한 것은 금은(金銀)을 수납할 수 있다는 조항인데 이것은 이 사건의 근본동기가 되었다. 장로인 Yaśas가 베살리에 주석하던 중, 이 사실을 보고 비법(非法)임을 지적하였지만 받아들여지지 않고, 도리어 대중들은 그에게 '자격정지' 또는 '일시적 축출'의 벌(擧羯磨, 거갈

9) 결집에 대한 중요 연구서로는 다음과 같다: L. de la Vallée Poussin의 Councils, in Encyclopaedia of Religion and Ethics(Edinburgh, 1908-1921) T, Ⅳ pp.179-184 ; Les deux premiers concils, Muséon, Sér. Ⅵ(1905), pp.213-323 ; The five points of Mahādeva and the Kathāvatthu(JRAS, 1910), p.13 sq ; J. Przyluski의 Le Concile de Rājagṛha(Paris, 1926) ; M. Hofinger의 Étude sur le Concile de Vaiśālī(Louvain, 1946) ; P. Demieville의 A propros du concile de Vaiśālī, TR.XL, pp.239-296; E. Frauwallner의 Die Buddhistische Konzile, ZDMG, C Ⅱ(1952), pp.240-261 ; A. Bareau의 Les premiers Conciles Bouddhiques(Paris, 1955).

10) Theravādin, Mahīśāsaka, Dharmaguptaka, Haimavata는 佛滅後 100년 ; Sarvāstivādin, Mūlasarvāstivādin은 佛滅後 110년 ; Mahāsāṅghika는 年代를 明示하지 않고 '佛槃泥洹後'라고만 기술하고 있다.

마, utkṣepanīyakarmanⓈ)을 가하게 된다. 그래서 그는 서방(西方)의 장로 비구들에게 이런 비법의 사실을 알려 동의를 구하였으며, 결국 이 문제를 해결하기 위해 700명의 비구가 Vaiśālī에 모인다. 이 모임에서 10사를 심의하여 이것이 계율에 위배된다는 결정을 내렸던 것이다.11) 현존하는 율장에 의하면 다소 차이가 있기는 하지만 결론적으로 10사를 위법으로 규정하는 데는 모두가 일치하고 있으며, 이 결정에 아무도 이의를 제기한 일이 없이, 참석 대중이 모두 승복한 것으로 기술되어 있다.

그런데 Vaiśālī결집 사건을 근본분열에 연계시킨 것은 실론의 사서(史書)인 DīpavamsaⓅ(島史, 도사)이다.12) 이 텍스트는 제1, 2차 결집 사건을 기술한 후(DPV. IV, 1-26 ; V, 1-15 ; IV, 47-53 ; V, 16-29) 새로운 중요한 사실을 도입하고 있으니, 즉 불멸 100년 Vaiśālī결집 결과에 불만을 품은 Vajji족 비구들, 즉 VajjiputtakaⓅ들이 따로 다시 모여, 대결집을 시행했다는 것이다. 이들은 고경전(古經典)의 순서를 뒤바꾸고 혼란시키면서 새로운 해석을 도입, 고전의 일부를 첨삭하는 등 새로운 결집을 했다고 전한다. 이때 모인 대중이 10,000명이라고 하며, 이들의 모임을 사서에서 대결집(Mahāsaṃgīti), 대결집파(Mahāsaṃgītika)라고 한다. 이들이 야기시킨 분열을 시작으로 그 후 18개 대립학파가 발생했다는 것이다(DPV. V, 30-54). 이와 같이 Dīpavaṃsa는 Vaiś

11) M. Hofingerdm, Étude., op.cit., pp.151-159 ; A. Bareau의 Concile., op.cit., pp.34-38.

12) Dīpavaṃsa, V30-39, p.36: "Nikkaḍḍhitvâ pâpabhikkhû therehi Vajjiputtakâ / aṅṅaṃpakkhaṃ labhitvâna ahammavâdî bahû janâ / dasa sahassi samâgantvâ akaṃ dhammasaṃgahaṃ, / tasmāyaṃ dhammasaṃgîti Mahâsamgîti vuccati / (…) pubbaṃgamā bhinnavādâ Mahâsaṃgîtikârakâ, / tesañ ca anukârena bhinnavādā bahū ahū."

ālī결집의 결과로서 상좌부와 대중부의 근본분열이 이루어졌다는 새로운 주장을 하고 있다.

실론의 사서들 중에 유일하게 Dīpavaṃsa만이 제2 결집의 결과를 근본분열 문제와 연계시키고 있으며, 반대 결집에 모인 사람이 10,000명이라는 가공적인 숫자까지 제시하고 있는 것이다.

다른 실론의 사서 Mahāvaṃsaⓟ(大史, 대사)나 Samantapāsādikā(一切善見律註, 일체선견율주)에는 기술되지도 않는 Mahāsaṃgītika의 분열설은 신빙성을 결여하고 있다. 사실상 Dīpavaṃsa는 사서라고 하기에는 부적합할 정도로 많은 전설적 이야기를 혼돈 상태로 싣고 있다. 제1, 2차 결집 사건도 이중화시켜 혼란을 빚고 있을 뿐 아니라, 가공적인 세부기록은 물론, 잘 분류되지도 못한 혼돈된 집합체로 이루어져 있다. 더욱이 Dīpavaṃsa는 기원후 4세기경, 즉 Vaiśālī결집으로부터 약 700년 후에 실론에서 성립된, 정전(正典)과는 거리가 먼 텍스트이다. Dīpavaṃsa의 이런 분열에 대한 일방적인 주장은, 한편 다분히 Vaiśālī결집과는 전혀 다른 Pātaliputraⓢ결집 결과로 생긴 분열 사실을 Vaiśālī결집사건으로 혼동했을 가능성이 크다.[13] 이런 사실은 북방 계통에서도 일어났으니, 길장(吉藏), 진제(眞諦), 현장(玄奘) 등이 Rājagṛhaⓢ결집의 결과로써 Kāśyapa의 Sthaviraⓢ(상좌부)와 Bāṣpa의 Mahāsāṇghika(대중부)로의 분열을 기술하는 것과 비슷하다. 아무튼 Dīpavaṃsaⓟ의 이와 같은 1회적인 기록을, 그것도 수 세기 후에 작성된 가상적 사서의 기록을 우리는 역사적인 사실로 믿기 힘들다는 것이며, 이 텍스트에 근거한 Vaiśālī결집 결과에 대한 우리의 인식

13) A. Bareau, Concile, op.cit., p.103.

도 수정되어야 한다고 본다.

Vaiśālī결집사건과 근본분열의 실마리를 주고 있는 또 다른 근거는 Mahāsāṅghika Vinaya(율장) 자체의 결집에 대한 입장이 다른 학파에 비해 특이하다는 점이다.

이 문제에 들어가기 전에, 우선 현존하는 각 Vinaya에서 결집사건이 어떻게 편성되어 있는지 간단히 살펴볼 필요가 있을 것 같다. 각각의 Vinaya에 실린 결집사건은 그 학파의 율장에 부록처럼 편성되어 있다.

①Mahīśāsaka Vinaya(T.1421, K.30, pp.190b-194b)

②Pāli Vinaya(Ⅱ, pp.284-308)

③Dharmaguptaka Vinaya(T.1428, K.54, pp.966c-971c)는 모두 제1, 2차 결집 사실을 건도(犍度, skandhaka)에 뒤이어 기술함으로써 율장의 끝부분을 이루고 있다. Pāli Vinaya의 경우 Pari vāra(부록) 부분이 뒤따르고 있으나, 이것은 상당히 후기(5세기경)에 첨가된 것으로 간주되며, Dharmaguptaka에도 결집사건의 기록에 이어 두 개의 부록 Saṃyuktavarga와 Vinayaikottaka가 첨가되고 있으나, 이는 빠알리 텍스트의 Parivāra에 해당되는 것이다.

④Mūlasarvāstivādin Vinaya의 경우, Vinaya잡사(雜事, kṣudra kāvastuⓢ)의 마지막 39-40권(T.1451, pp.402c-414b)에 제1, 2차 결집 사건이 기술되어 있다.

⑤Haimavata의 Vinauamātṛkā는 서력 기원후 384년과 431년 사이에 한역된 것인데 편성 방법 자체가 다른 율장과 다르다. 총

8권 초(T.1463, K.3-4, pp.818a-819c)에 기술되어 있다.

⑥Sarvāstivādin의 『십송율(十誦律)』[14](T.1435)에는 2종의 결집 사실이 각각 다른 위치에 실려 있다.

첫 번째 것은 Kumārajīva가 기원후 404년에 번역한 최초의 간행 중에 「선송(善誦, Kuśalādhyāya)」이란 항목 제10송(誦)에 제1, 2차 결집 사실이 간략하게 기술되어 있다(T.1435, K.56, p.414 a). 이 기록은 야채류(野菜類)의 분배 및 귀금속으로 된 침구와 기물의 사용에 관한 것 등 일련의 규범을 열거한 후 곧바로 제1, 2차 결집에 대한 것을 간략하게 (대장경) 8행 정도로 삽입하고, 이어서 의약품, 인장사용 등 사소한 규범들을 계속해서 기술하고 있다. 두 번째의 것은 상당히 상세하게 제1, 2차 결집 사건을 기술하고 있는 것으로, 「선송비니서권(善誦毘尼序卷)」에 실려 있다. 서권(序卷)이라고 이름 붙여져 있기는 하나 실제로는 『십송율(十誦律)』의 끝부분에 위치함으로써, 오히려 발문(跋文)에 해당되며(T.1435, K.60-61, pp.445a-456b), Vimalākṣa(卑摩羅叉, 비마라차)에 의해 기원후 409년 이후에 첨가된 것으로 간주된다.[15]

문제의 Mahāsāṅghika Vinaya에는 결집 사실이 Skandhaka의 중간에 들어있는 「잡송(雜誦, Kṣudrakādhyāya⑤)」의 한 부분으로 편성되어 있다(T.1425, K.32, pp.490b-492c ; K.33, pp.493a-493c). 거의 모든 Vinaya(①, ②, ③, ④, ⑥)에서 결집사건을 부록처럼 편성하고 있는 데 비해, Mahāsāṅghika만이 유일하게, Sk

14) E. Lamotte의 Traité., op.cit., pp.104-105, note2 ; Przyluski의 Concile, op.cit., p.409 ; P. Demieville의 A Propos., op.cit., p.242sq.
15) E. Lamotte의 Histoire., op.cit., pp.146-147.

andhaka 가운데, 파승(破僧, saṅghabheda)과 화합(和合, saṅghasamagra)이란 항목의 바로 뒤에 결집사건을 편성하고 있으며, 10사(事) 문제에서도 금, 은(金, 銀)만을 문제 삼고 있다. 이러한 사실들이 Mahāsāṅghika를 관용주의 또는 진보주의적 입장으로 부각시키며, 결집사건이 학파분열의 근원을 밝히는 것이라고 주장하게 한다.16)

따라서 Vaiśālī결집사건을 상좌부와 대중부의 근본분열과 직접 관련이 있는 것처럼 보이게 하는 것이다. 그러나 이런 관점은 어디까지나 현대학자들의 추론일 뿐, 실제로 Mahāsāṅghika Vinaya에 실린 Vaiśālī결집회의 끝마무리 부분을 살펴보면 이점이 더욱 분명해진다.

> [존자 Dasabala(陀沙婆羅, 다사바라)는 대중들로부터 Vinayadhara로서 율장 결집의 자격을 부여받고 회의 진행을 이렇게 하고 있다]: "Dasabala가 말하기를, '[여러분이] 나에게 결집을 하도록 명하였으므로, [내가 먼저 제의하겠으니] 법에 합당한 것은 동의하시고 만약 법에 합당하지 않은 것이 있으면 중단시키시오. 어떤 것이 [법에] 상응하지 않으면 마땅히 차단을 시켜야 하오. 나에 대한 존경심을 염두에 두지 말고, 의미(義, 의, artha)에 합당하다는 것과 의미에 합당하지 않다는 의사 표시를 하시기를 나는 바랍니다.' [그의 제안에 대해] 모두들 동의를 했다."
>
> 그때 존자 Dasabala는 이런 생각을 했다. '나는 지금 어떻게 율장의 결집을 할까?' [잠시 숙고한 후에] 그는 이렇게 시작한다: '오정법(五淨法)이란 것이 있습니다.' '만약 이것이 법(Dharma)과 율(律, Vinaya)에 합당하면 [여러분은] 동의하시고 만약에 합당하지 않으면 마땅히 차단하시오.' 요약: 이어서 다시 오정법의 세부설명을 하고 또 구법서(九法序) 및 4바

16) P. Demieville은 결집사실이 破僧 문제와 관련 있는 것으로 보고 있으며, 결집사건 기술의 위치를 중시하고 있다. cf. P. Demieville의 A propos du concile de Vaiśālī, T.P.XL, p.241, 251, 258, pp.260-269.

라이(四波羅夷)등이 어떠 어떠한 기회에 어떠 어떠한 비구들 때문에 붓다가 이것을 제정했다는 것을 들었다고 Dasabala가 말했다. 그러자, 모든 이들이 '그렇습니다. 그렇습니다(皆言 如是如是, 개언 여시여시).'하면서 동의를 한다.

[Dasabala는 계속하여] '발우(鉢盂)가 필요한 사람은 발우를 청하시오. 의복이 필요한 사람은 의복을 청하시오. 의약품이 필요한 사람은 의약을 청하시오. 그러나 금은이나 금전을 청하거나 수납하는 일은 허락되지 않습니다. 장로들은 이와 같은 가르침에 합당하게 배워야 합니다.' 이것을 이름하여 700명에 의해 결집된 율장이라고 한다.[17)]

Mahāsāṅghika의 Vinaya뿐만 아니라 위에서 본 다른 어떤 학파의 Vinaya에도 Vaiśālī결집이 분열을 가져오게 했다는 시사는 보이지 않는다. 만약 결집사건이 학파의 원천을 밝히기 위한 것이라면 Mahāsāṅghika는 분명히 그의 입장을 달리했을 것이다. 그리고 다른 학파들도 분열해 나간 Mahāsāṅghika를 비난하거나 어떠한 방법으로든 어딘가에 그런 사실을 암시했을 것이다. 현존하는 율장에 관한 한 모든 학파가 근본분열에 대해 완전히 침묵을 지키고 있으며, 결집결과에 대해 이때 모인 대중은 순응했던 것으로 기술되어 있다.

대중부의 율장에서 결집사건이 파승(破僧, saṅghabheda) 항목에 뒤이어 편성된 것은 어떤 의도가 있었다기보다 순전히 우연에 의해 그렇게 편집된 것으로밖에 볼 수 없다. 파승 항목과 결집사건의 전후 관계의 기술에 있어서 문맥상으로 전혀 연관성이 없이

17) T.1425, K.33, pp.493b-c. "陀沙婆羅言 若使我結集者 如法者 隨喜不如法者應遮 若不相 應者應遮 勿見尊重 是義非義願告示皆言.........是中須鉢者 求鉢 須衣者求衣 須藥者 求藥 無有 方便 偍求金銀及錢 如是諸長老 應當 順學 是名七百結集律藏."

구성되어 있다. 위에서 본 Sarvāstivādin(설일체유부) 율장의 결집 사건이 야채류, 침구, 기물 사용에 관한 것 등, 일련의 사소한 규범 가운데 편입되어있는 것처럼, 각 학파에 있어서 그들의 율장이 진본임을 주장하는 의도 이외에, 결집사건 기술의 위치는 달리 특별한 의미가 없는 것으로 보인다.

결집사건의 근본동기인 10사 문제[18]에 대해서 Mahāsāṅghika(대중부)율장에는 금, 은 수납의 문제만을 사건의 핵심으로 간주하고 나머지 9개 항에 대해서는 언급하고 있지 않다는 것은 이미 지적한 점이다. 따라서 이 점을 근거로 해서 Mahāsāṅghika를 Vṛjiputraka와 동일시하여 관용주의의 입장이라 보려는 것이 또 다른 일반적 관점이다. 이 문제에 대해 M. Hofinger와 A. Bareau 교수는 의견을 전혀 달리하고 있다.

Mahāsāṅghika도 다른 학파와 마찬가지로 Vaiśālī결집 때 엄격주의의 입장을 취했다는 것이다. 결집에서 문제된 10사는 율장의 다른 부분 특히, Prātimokṣaⓢ(바라제목차)에서 Vṛjiputrakaⓟ가 주장하는 9개 항을 비법(非法)으로 단정하고 있다. A. Bareau 교수는 이 부분을 결집 때 문제된 10개항과 비교하여 그들이 일치하고 있음을 증명했다.[19] 따라서 Mahāsāṅghika학파는 결집사건

---

18) CullavaggaⅫ: ①siṅgiloṇa-kappa ②dvaṅgula-kappa ③gāmantara-kappa ④āvāsa-kappa ⑤anumati-kappa ⑥āciṇṇa-kappa ⑦amathita-kappa ⑧jalogipātuṃ ⑨adasakaṃ nisīdanaṃ ⑩jātarūparajataṃ; 『四分律』(T.1428, K.54 p.968 c): ①兩指抄食 ②得聚落間 ③得寺內 ④後聽可 ⑤得常法 ⑥得和 ⑦得與監共宿 ⑧得飲闍樓羅酒 ⑨得畜不截坐具 ⑩得受金銀. 각 학파에 따라 十事의 배열 순서가 다양하다. 다른 학파는 번잡하여 생략함.

19) M. Hofinger의 Étude., op.cit. pp.216-217 ; A. Bareau의 Concile., op.cit. pp.73-78.

때 금, 은 문제만을 핵심으로 취급한 듯하지만 실제적으로는 나머지 9개 항도 다른 학파와 같이 비법으로 보는 입장이다.

Mahāsaṅghika가 금, 은 문제만 취급한 것과 관련하여 우리가 Vaiśālī결집사건의 스토리를 자세히 관찰해 볼 때, 사실상 금, 은 수납의 문제가 Yaśas로 하여금 Vṛji⑤족 승려들을 비난하게 만든 근본 동기임을 알 수 있다. 금, 은을 수납하여 승려들이 나누어 가지는 것을 문제 삼은 것이다. 따라서 Vaiśālī결집사건의 핵심동기는 금, 은 취급문제라고 할 수 있으며, 결집사실의 원형이 만약 있었다면, 실제로 금, 은만이 문제가 되었을 것이다. Mahāsaṅghika는 이 사실을 충실히 간직하고 전수했던 것이며, 다른 학파(Sthavira계)들은 이 핵심조항에 다른 9개 항을 첨가한 것이라고 볼 수 있다. 이 금, 은 취급의 문제는 당시 승가 규모의 확대와 더불어 사회적, 경제적 문제와 직접 관련된 중요한 사항이었음에 틀림이 없다.

그러므로 이 금, 은 문제가 분쟁의 핵심을 이루고 있었으며, 나머지 9개 항은 사실상 음식 및 주거문제를 취급하는 사소한 사항들이다. 이것 때문에 분쟁이 일어났다고 보기에는 너무나 미미한 것이다. 또한 Mahāsaṅghika가 Vṛjiputraka와 동등하게 '동방의 승려(Prācīnaka)'로 취급되는 것도 인정될 수 없다. 왜냐하면, 다른 학파들과 마찬가지로 Mahāsaṅghika도 Vṛjiputraka의 10사를 단죄함으로써 그들과 분명히 다른 입장을 취하고 있기 때문이다. 더욱이 동서의 대립설[20]은, 그간의 연구에 의해 벌써 시대에 뒤

20) J. Przyluski의 La Légende de L'empereur Aśoka(Paris, 1923), pp.10-16 ; Le concile., op.cit. pp.307-331. Przyluski는 불교의 학파와 지리적 분포의 중요성을 최초로 주장한 학자이다. 그는 불멸후 100년경

진 이론이 되었다.

이와 같이 Mahāsāṅghika는 다른 상좌부 학파들과 함께 Vaiśālī결집 때 엄격주의의 입장을 취하고 있었으며, 핵심은 금, 은 취급이었고, 이것 때문에 승단에는 상당히 심각한 논쟁이 있었던 것이 사실이라 할 수 있다. 그러나 논쟁이 있었다고 해서 곧바로 승단의 분열이 야기되었다고는 단정할 수는 없다. 자유스러운 토론과 논쟁은 붓다 당시에도 흔히 있었던 사실이다. 불멸 100년경에, 다소의 심각한 논쟁을 거쳐, 전통을 지키려던 엄격주의 장로들은 신축성을 허용했던 Vaiśālī의 Vṛji족 승려들이 행한 10사를 비법으로 단정했으며, 아울러 계율도 이때 재정비했던 것 같다.

이 결정에 대해 그 당시 모인 승려들은 별다른 이의 없이 승복했던 것으로 보이며, 승단의 분열은 이때까지는 발생하지 않았던 것으로 보인다. 따라서 승단의 최초 분열은 그 후 반 세기경 아라한(Arhat)의 권위 격하의 문제로 Pāṭaliputraⓢ에서 있었던 결집사건에서 찾아야 할 것이다.

갠지스강 상류지역, 즉 西方의 승려들을 염격주의로 베살리를 중심한 東方의 승려를 온건주의로 구분하고, 前者를 Sthavira系, 後者를 Mahāsāṅghika系의 선구자들로 보고 있다.

『마녀경(魔女經)』과 Sattavassāni-Dhītaro에 대하여*

* 『인도철학』, 1992.

Ⅰ. 서론

원시불교에 대한 연구열이 높아감에 따라, 붓다의 생애와 그의 진정한 가르침이 무엇이냐 하는 것에 대해 오늘날 큰 관심이 쏠리고 있다. 따라서 산스끄리뜨어, 빠알리어 원전 및 한역 등의 비교 연구도 활발히 진행되고 있다. 그러나 다양한 텍스트를 어떻게 읽어야 하며, 어떤 방법으로 비교 검토할 것인가 하는 문제에 대해서는 아직도 모색단계를 크게 벗어나지 못하고 있는 것 같다. 수많은 텍스트 사이에, 또 그들을 구성하고 있는 요소들, 나아가 그들이 지니고 있는 정보들 사이에, 연대순의 성층(成層, stratification Ⓕ)을 어떻게 정립하느냐 하는 것이 우선하는 큰 문제이다. 이런 작업을 위해 지금까지 다양한 방법이 시도되었지만, 그중에서도 다음과 같은 두 가지 원칙이 자주 사용되고 있다. 하나는, 산스끄리뜨어 또는 빠알리어 등 원형으로 보존된 텍스트 자체의 운율(métriqueⒻ) 및 언어 상태를 면밀히 검토하는 일이요, 다른 하나는 동일한 텍스트 또는 상응하는 텍스트의 모든 언어판, 즉 인도원어, 한역, 티베트역 등을 세밀히 분석하고 비교 검토하는 일이다.[1] 이러한 연구방법에 의하여 이미 흥미 있는 새로운 사실들이 많이 발견되긴 했지만, 아직도 극히 일부분에만 이런 방법이

---

1) 이런 연구방법으로 유럽에서 공헌하고 있는 몇몇 학자를 예로 들어 보면, A. Foucher: La vie du Bouddha d'après les textes et les monuments de l'Inde, Paris, 1949 ; M. Waldschmidt: Die Uberlieferung vom Lebensende des Buddha, Göttingen, 1944-1948 ; A.Bareau: Recherche sur la biographie 여 Buddha, Göttingen, 1944-1948 ; A. Bareau: Recherche sur la biographie du Buddha dans les Sūtrapiṭaka et les Vinayapiṭaka, E.F.E.O vol.LIII, LXXVII t. I-II. Paris, 1963, 1970-1971.

적용되었을 뿐, 우리 앞에는 방대한 텍스트가 연구대상으로 그대로 남아있다.

우리는 여기 이 짧은 논고에서 새로운 방법을 또 시도하려는 것이 아니라, 종래의 선입견 및 방법론에 문제점이 있음을 지적하고, 우리가 직접 텍스트를 하나 비교 분석하면서 문제제기 하는데 그치려고 한다. 그러나 본 논고에서 우리는 텍스트의 비평과 함께 그 내용인 Māra신화의 문제를 극히 제한된 범위 내에서이지만 원시불교의 문학적 배경 속에서 다루어 보려고 한다. 이것은 물론 일종의 탐색적인 시추(試錐)에 불과한 것임을 밝혀둔다. Māra문제에 대해서는 앞으로 별도로 연구발표할 기회가 있겠으나, 여기서 간단히 말한다면, Māra는 불교적인 악의 인격화요, 죽음과 욕망을 상징하는 신화적인 인물이다. 그는 해탈(Mokṣa) 문제와 관련하여 부정적인 면에서 불타전(佛陀傳)에 자주 등장하며 붓다의 적대 인물로서 역할을 한다.[2] 원시경전에 산재하고 있는 불타전의 단편들 중에서 Māra신화는 아주 소박하고 간단한 에피소드로 나타나고 있다. 여기 취급된 내용도 위의 일부에 지나지 않지만 우리 텍스트 내에서는 좀 더 특별한 의미를 지니고 있으며 텍스트의 구성과 함께 몇몇 중요한 문제점을 던지고 있다. 이것이 우리가 이 텍스트를 연구대상으로 선택한 이유이기도 하다.

우리가 여기서 다룰 텍스트는 정각(sambodhi) 직후에 있었던 일련의 사건을 신화적인 드라마 형식으로 엮은 빠알리어본 Sattavassāni-Dhītaro(SN.I, pp.122-127)와 한역본 『마녀경(魔女經)』

2) Māra와 붓다에 대한 대표적인 연구서: E. Windisch: Māra und Buddha, Leipzig, 1895 ; T.O Ling: Buddhismand the Mythology of Evil, London 1962.

(大正2, K.1092, pp.286b-287c ; 별역본, 大正2, K.32, pp.383a-384a)이다.3) 『마녀경』은 한역 『잡아함』과 『별역잡아함』에서 Māra를 주제로 한 연작(連作)의 경군(經群, 이후 Māra경군으로 약칭함) 중에 9번째에 각각 위치해 있고, Sattavassāni-Dhītaro는 같은 연작인 Māra-Saṃyutta의 마지막 두 경, 즉 24 및 25번째에 편성되어 있다.

먼저, 『잡아함』과 『별역잡아함』에 실린 Māra경군과 Saṃyutta-Nikāya에 실린 Māra-Saṃyutta의 편성에 대해서 개괄적으로 살펴보기로 하겠다. 『잡아함』에 실린 Māra경군은 모두 20개의 소경(小經, 大正2, K.1084-1103, pp.286b-290b)으로 되어 있으며 『별역잡아함』에는 모두 10개의 소경(大正2, K.23-32, p.381a-384b)이 실려 있다. 한편 빠알리 Saṃyutta-Nikāya에 실린 Māra-Saṃyutta(즉 Māra 경군)는 모두 25개의 소경(SN.I, pp.103-127)으로 구성되어 있다.

위의 두 한역본과 Pāli어본을 도표로 비교해 보면 다음 페이지의 표와 같다. 이 도표에 의하면, 두 한역본의 배열순서는 서로 일치하고 있으나 빠알리어본과는 상당히 큰 차이를 보여주고 있다. 더욱이 빠알리경에 해당되는 몇몇 경이 한역본에는 망실되었거나, Māra경군 외의 다른 곳에 위치하고 있음을 볼 수 있다. 그리고 빠알리경들은 첫째 품에 10경, 둘째 품에 10경, 마지막 셋째 품에 5경 등, 그들을 3품으로 세분해서 배열하고, 경의 길이도

3) 현존하는 『잡아함(雜阿含)』은 C.E.436-443 사이에, 『별역잡아함(別譯雜阿含)』은 C.E.400년경에 한역(漢譯)됨. E. Lamotte, Historire du Bouddhisme indien, t.I, Louvain, 1958, p.169 참조.

한역 「잡아함」 순위, 경No.	「별역잡아함」 순위, 경No.	해당 Pāli 텍스트 순위
① 1084	① 23	⑨
② 1085	② 24	⑩
③ 1086	③ 25	⑮
④ 1087	④ 26	⑦
⑤ 1088	⑤ 27	⑪
⑥ 1089	⑥ 28	⑥
⑦ 1090	⑦ 29	⑬
⑧ 1091	⑧ 30	㉓
⑨ 1092	⑨ 31	㉔ 및 ㉕
⑩ 1093	⑩ 32	③
⑪ 1094		①
⑫ 1095		⑱
⑬ 1096		⑤
⑭ 1097		⑭
⑮ 1098		⑳
⑯ 1099		㉑
⑰ 1100		㉒
⑱ 1101		⑫
⑲ 1102		⑯
⑳ 1103		⑰

Māra Saṃyutta 순위, 분류 No.	해당 한역본 순위
① 1-1	⑪
② 1-2	×
③ 1-3	⑩
④ 1-4	×
⑤ 1-5	⑬
⑥ 1-6	⑥
⑦ 1-7	④
⑧ 1-8	*경No.1004에 해당
⑨ 1-9	①
⑩ 1-10	②
⑪ 2-1	⑤
⑫ 2-2	⑯
⑬ 2-3	⑦
⑭ 2-4	⑭
⑮ 2-5	③
⑯ 2-6	⑲
⑰ 2-7	⑳
⑱ 2-8	⑫
⑲ 2-9	*경No.246에 해당
⑳ 2-10	⑮
㉑ 3-1	⑯
㉒ 3-2	⑰
㉓ 3-3	⑧
㉔ 3-4	⑨
㉕ 3-5	⑨

짧은 경으로부터 시작해서 마지막 셋째 품에 더 긴 경들로 편성함으로써 그들의 전체적인 구성은 한역본보다 상당히 세분화되고

정연한 상태를 갖추고 있다. 일반적으로 현존하는 빠알리 텍스트를 원초적인 형태로 가까운 것으로 간주하며, 한역 『잡아함』은 전수되는 동안에 알 수 없는 사고를 당해 된 것이 아닐까 하는 것이 일부 학자들의 견해다.4) 이런 입장에서 심지어 빠알리어본 Māra경군(經群)의 각 Nidāna에 나타난 지명(地名)을 연대학적(年代學的)으로 설명해 보려는 시도까지 있었다. 그러나 이러한 견해들은 빠알리 텍스트를 중요시하던 시대의 선입견에서 나온 가설이요 추측에 의한 것이지 이론적인 근거는 희박하다. 빠알리 텍스트가 세분되고 정연한 현재의 상태를 유지하게 된 것은 오히려 후기에 여러 차례의 수정과 철저한 재정비를 거친 결과로 볼 수 있을 것이며 반면에 현존하는 한역 『잡아함』의 배열순서는 착간된 것이라고 보기보다는 위와 같은 재정비의 과정을 겪지 않고, 처음 수집된 상태에서 큰 손질 없이 그대로 전승되어 왔기 때문이 아닐까 하는 가정도 해 볼 수 있다. 이 문제와 함께 주목되어야 할 것은 앞의 비교에서 빠알리 텍스트와 큰 차이를 보였던 『잡아함』의 Māra경군 배열순이 『별역잡아함』과는 그 순서가 완전히 일치하고 있다는 점이다. 위의 두 한역경군은 각각 다른 학파에 속해 있는 것으로, 『잡아함』은 Sarvāstivādin(說一切有部, 설일체유부)학파의 경전이요 『별역잡아함』은 Kāśyapiya(飮光部, 음광부)학파에 속하는 경전들이다.5) 만약 기원전 1세기경에 문자화된

4) 姉崎政治: The four Buddhist āgamas in Chinese, 1908, pp.68-138 ; 前田惠學: 『原始佛教聖典の成立史硏究』, Tokyo, 1964, pp.648-660 ; 高翊晋: 「別譯雜阿含의 文獻學的 重要性」, 『東國思想』, 1975, pp.85-94.

5) J. Filliozat: L'Inde classique, t.Ⅱ. Pariset Hanoï, 1953, pp.417-419 ; E. Lamotte: op.cit., pp.169-170 ; E. Lamotte: Le Traité de la grande vertu de sagesse de Nāgārjuna, t.Ⅲ. Louvain, 1970, pp.XV-X

빠알리경의 순서가 각 학파들이 분리되기 이전의 원초적인 것이었다면, 이렇게 위에 든 두 개의 각각 다른 학파가 (서로 상의나 한 것처럼) 똑같은 착간(錯簡)의 상태로 그들의 경전을 보존 전수할 수 있었겠느냐 하는 의문과 함께, 기원전 3세기경 각 학파가 지리적인 간격을 두고 크게 분리되기 전까지, 만약 공통되는 원형이 있었다면, 오히려 두 한역본에 실린 Māra경군의 순서에 더 가까운 것이 아니었을까 하는 의문을 제기해 본다.

우리가 여기서 Māra경군을 취급하면서 특히 지적하고 싶은 것은 빠알리 텍스트의 순서에 대해 연대학적인 어떤 특별한 의미를 부여할 근거가 별로 없으며, 빠알리경을 우위에 두고 그것에 맞추어 다른 원시경전(산스끄리뜨 및 한역본 등)을 분석하고 이해하려는 시각이 지양되어, 서로 대등한 가치 기준에서 각 학파에 속한 텍스트의 분석비판 및 비교 연구가 되어야 할 것이라는 점이다.

Ⅱ. 텍스트의 서분

지금부터 우리가 문제 삼는 한역본 『마녀경』과 Sattavassāni-Dhītaro에 초점을 맞추어 비교연구를 진행하겠다. 앞에서 이미 언급한 것처럼 『마녀경』은 두 한역본에서 Māra경군 제9번째에 해당하며, “마녀”라는 하나의 경으로 Mara와 마녀의 개입을 기술하고 있는 데 비해, 빠알리어본에는 Māra-Saṃyutta의 제3품의 끝

VI.

에 두 경인 제24 및 25, 즉 Sattavassāni와 Dhītaro로 2분되어 있다. 그러면 여기서 텍스트를 직접 읽어보면서 그 구성 및 내용을 비교 검토해 보기로 하겠다.

마녀경 (大正2. 경No.1092, p.286b)	**Sattavassāni** (SN.I, p.122)
이와 같이 내가 들었다. 어느때 부처님이 루벨라아촌 나이란쟈나아 강(江)가의 보리수 아래에 계셨는데, 성불하신 지 오래되지 않았다. 그때 마파순(魔波旬)은 이렇게 생각했다: "지금 사문 고오타마는 우루벨라아촌 나이란쟈나아 강가 보리수 아래 계시는데, 성불하신 지 오래되지 않았다. 나는 그에게 가서 그를 교란시키리라." 곧이어 그는 젊은이로 변화하여, 부처님 앞에 다가가서 게송으로 말을 걸었다. 如是我聞 一時拂住鬱鞞羅聚落 尼連禪河側 於 菩提樹下 成佛未久 時魔波旬作是念 今沙門瞿曇住鞞羅聚落 尼連禪河側 於菩提樹下 成佛未久 我當往彼爲作 留難 卽化作年少往住佛前 而說偈言	이와 같이 나는 들었다. 한번은 세존이 우루벨라아 네란쟈라아 강(江)가에 Ajapālanigrodha[수(樹) 아래]에 머물고 계셨다. 그때, Māra Pāpimā는 7년 동안이나 기회를 엿보며 세존을 따라 다녔지만, 기회를 잡지 못했다. 그래서 그때 Māra Pāpimā는 세존 곁에 다가가서, 게송으로 그에게 말을 걸었다. 1. Evam me sutam ekaṃ samayam Bhagavā Uruvelāyaṃ viharati najjā Nerañjarāya tīre Ajapāla-nigrodhe// 2. Tena kho pana samayena Māro pāpimā satavassāni Bhagavantam anubaddho hoti otārāpekkho otāram alabhamāno// 3. Atha kho Māra pāpimā yena Bhagavā ten-upassaṅkami/ upasaṅkamtivā Bhagavantaṃ gāthāya ajjhabāsi//

위의 두 텍스트는 서분(序分)에서 상황설정 자체에 상당한 차이점을 보여주고 있다. 『마녀경』과 Sattavassāni 두 텍스트가 모두 사건을 우루벨라아(Uruvelā®, Uruvilvā®), 네란쟈라아(Nerañjara

ⓟ, Nairañjanāⓢ) 강가에 설정시키고 있는 데는 서로 일치하고 있다. 그러나 『마녀경』에서는 붓다가 성불한 지 얼마 되지 않아 보리수 아래 머물고 있을 때[6]라고 명시하고 있는 데 비해, 빠알리 텍스트에는 시간적인 명시가 없이 그냥 막연히 Ekaṃ samayam이라고 하고 있으며, 장소 역시 Ajapāla-nigrodha로 되어 있다. 그리고 뒤따르는 구절에서 총체적인 시간개념: 7년(Sattavassāni)이란 표시를 하고 있다. 위에 기술된 장면은 성도 직후에 아직 명상에 잠겨있는 붓다에게 Māra가 침범을 시도하는 첫 장면이라고 볼 수 있는 부분인데, 정각(正覺) 직후의 이 상황을 좀 더 잘 이해하고 또 이 사건의 위치 설정을 명확히 하기 위해 우리는 여러 율장에 기술된 초기 불전의 단편 중에서 위의 장면에 해당하는 부분을 살펴보기로 하겠다.

Pāli어본 Theravādaⓟ(상좌부)의 Vinaya(율) 대품(大品)[7]에 의하면, 붓다는 '보리수하(菩提樹下)에서(bodhirukkhamūle)' 정각을 이룬 직후(paṭhamāmābhisambuddho), 1주일 동안 명상을 하고 있었는데, 거기서 연기법(緣起法)을 순역관(順逆觀)했다고 한다. 이어서 여러 수하(樹下)로 옮겨 다니며 해탈의 기쁨을 누리면서 수 주일 동안 명상을 했는데 그 순서는 다음과 같다:

Bodhirukkha→ Ajapāla-nigrodha→ Mucalinda→ Rājāyatana

6) 『別譯雜阿含』의 『魔女經』(大正2, p.383a)에도 동일한 장소와 시간을 명시하고 있다. "如是我聞 一時佛在 優樓比螺聚落尼連禪河 菩提樹下 成佛未久 (…)."

7) Vinaya Piṭaka vol.I, Mahāvagga éd by H. Oldenberg. London, 1879, pp.1-7.

이렇게 4주 정도가 되었을 때, 그는 다시 Ajapāla-nigrodhaⓟ 수하(樹下)로 와서 홀로 명상에 잠겨, 그가 지금 발견한 법이 대단히 깊고 미묘하다는 것을 재인식하고 설법을 해야 할 것인가 그렇지 않으면 그냥 침묵을 지킬 것인가 하고 망설이게 된다. Mahīśāsaka의 Vinaya[8]에는 성도 직후 붓다가 명상한 기간이나 수명(樹名)의 명시가 분명하지 않지만 정각을 하고 그 임수하(林樹下)에 머물러 있었다고만 했는데, 성도 직전에 4선(禪)을 닦기 위해서 보리수 아래로 갔다는 설명으로 미루어 보아 이 수명이 보리수라고 추정할 수가 있다.

이 율장에서도 역시 정각(正覺)을 이룬 붓다는 여러 수하로 옮겨 다니며 주석을 했다고 기술하고 있으며, 설법할 결심을 할 때 머문 곳이 아예파라니구류수(阿豫波羅尼拘類樹, ajapāla-nyagrodhaⓢ)라고 명시하고 있다. Dharmaguptakaⓢ(法藏部, 법장부)의 Vinaya[9]의 경우, 붓다는 그가 성도한 바로 그 보리수하에서 1주일 동안 명상에 잠겨 해탈의 기쁨을 누리고 있었다. 이어서 두 상인(商人)의 공양을 받고, 다시 거기서 일주일을 지낸 후 여러 수하로 옮겨 다니며 주석했는데 그 순서는 다음과 같다:

Bodhivṛkṣa→ Rarītakī→ Revena→ Mucalinda→ Ajapāla-nyagrodha

위에서 본 세 학파의 Vinaya에 의하면, 정각 직후에 붓다가 머문 척 장소는 보리수(Bodhirukkhaⓟ, Bodhivṛkṣaⓢ) 아래였고 설법할 결심을 한 곳은 아자빠알라 니그로다(Ajapāla-nigrodhaⓟ,

8) 『彌沙塞部和醯五分律』, 大正22, 律部1, pp.102c-103c.
9) 『四分律』, 大正22, 律部1, pp.781c-786c.

Ajapāla-nyagrodha(s))수이다. 바로 여기서 붓다는 첫 설법에 대해서 망설이고 있던 중, 범천(梵天)의 권고를 받아들여 설법할 결심을 하고 베나레스로 떠나게 된다는 데 의견이 일치하고 있다. 이와 같이 율장에 나타난 초기 불타전에 따르면, 문제의 두 나무 Bodhirukkha와 Ajapālanyagrodha는 서로 다른 장소를 표시하고 있으며 거기서 붓다의 심중에 일어났던 사건도 다를 뿐만 아니라, 수 주일이라는 시간적인 차이가 이 두 종류의 나무 사이에 있었다는 것을 보여주고 있다.

우리가 여기서 문제 삼는 두 텍스트로 돌아와서 본다면, 한역본 『마녀경』에는 Māra가 성도 직후에 보리수 아래 머물고 있는 붓다에게 접근해 오고 있는 데 비해, 빠알리어본 Sattavassāni에는 이 장면의 묘사가 보리수가 아닌 Ajapālanyagrodha로 되어 있으며, 시간의 명시도 첫 부분에는 막연하게 표시되고, 다음 구절에서 7년이란 총체적인 시간개념이 주어지고 있다. 즉 7년 동안 Māra가 붓다를 추격하고 있었다는 것이다.10) 그러나 우리가 알고 있는 바로는 현존하는 한역 Āgama나 Vinaya 어느 곳에서도 이 7년이란 시간개념이 나타나는 것을 볼 수 없다. 일반적으로 북전(北傳) 산스끄리뜨 및 한역본에 나타나는 불타전에 의하면, 출가에서 성도까지의 기간을 6년으로 설정하고 있으며, 흔히 "6년 고행"이란 표현법이 쓰이고 있는 것을 우리는 잘 알고 있다. 위에서 이미 인용했던 Dharmaguptaka 율장에서는 바로 이 6년 고행설을 주장하고 있으며 『중아함』에서도 마왕이 6년동안 그를 추격했

10) 이 7년설은 Pāli텍스트 Suttanipāta에 실린 Padhāna Sutta의 게송 446에도 나타나고 있다: "Sutta vasāni Bhagavantaṃ anubandhiṃ padâ padaṃ, otâraṃ nâdhigacchissaṃ Sambuddhassa satînato."

다고 표현되고 있다. 그리고 후기작품인 Mahāvastu(大事, 대사), Buddhacarita(佛所行讚, 불소행찬), Lalitavistara(普曜經, 보요경) 등 유명한 산스끄리뜨 계통 불타전에서 모두 6년설을 받아들이고 있다.[11] 더욱이, 실제적으로 Māra가 6년 또는 7년 동안 출가한 고오타마를 추격했다는 내용을 싣고 있는 문헌은 남전이나 북전 어느 곳에도 거의 보이지 않는다. 극히 드문 예를 하나 들 수 있다면 상당히 후기작품인 Nidānakathā(Jātaka, I, §63)일 것이다.[12] 이 텍스트에 의하면, 고오타마가 그의 고향을 떠나고 있을 때 Māra(여기서는 Vasavatti)가 와서 말하기를, 7일 이내에 보륜(寶輪)이 나타날 것이며 천하를 지배하는 전륜왕(轉輪王)이 되도록 하겠으니 출가하지 말라고 유혹을 한다. 그러나 고오타마는 그가 추구하는 것은 지상(地上)의 군주 신분이 아니고 붓다가 되는 것이라고 일축하자, Māra는 그때부터 기회를 노리며 고오타마를 계속 추격하고 있었다고 한다.

이 7년이란 연대 문제에 대해, 빠알리 텍스트를 중심으로 불타전을 쓴 H. Oldenberg는 고오타마 붓다의 구도 기간을 7년으로 간주하고 있으며,[13] E. Windish는 6년과 7년의 두 설이 불교전통에 병존하고 있었다고 보고 7년설이 상고(上古)에 속하는 것으로 가정하고 있다.[14] 그러나 Sattavassāni에 대한 빠알리 주석에는

---

11) 『四分律』, 大正22, 律部1, p.781a ; 『中阿含』, 大正1, p.469c ; 『雜阿含』, 大正2, p.167a ; 『增一阿含』, 大正2, p.671b ; Le Lalitavistara by Foucaux, p.225, 227 etc ; The Mahāvastu by J.J, Jones, Ⅱ, p.228 ; The Buddhacarita by E.H.Johnston, p.183.

12) Buddhist Birth-Stories (Nidānakathā), tr. by Rhys Davids, p.175.

13) H. Oldenberg: Le Bouddha, sa vie, sa doctrine, sa communauté tr, by A.foucher, Paris, 1934, p.109.

14) E. Windisch: Māra und Buddha, Leipzig, 1895, p.205, n.1.

정각 전 6년과 정각 후의 1년이란 간단한 해석을 하고 있으며 이 주석의 의견에 많은 학자들이 동의하고 있는 것 같다.[15] 만일 이 후자의 견해에 따라 우리의 텍스트 Sattavassāni의 서분(序分)을 이해한다면 이 경에 나오는 사건은 출가 후 7년째 되는 어느 날, 즉 고오타마 붓다가 붓다로서의 품위를 완전히 갖춘 후 1년이 되는 어느 날에 있었던 이야기로 간주되어야 할 것이다. 다시 말하면 정각 직후에 일어난 일련의 사건에 속하는 것이 아니라는 해석이 된다. 이런 관점에서 우리는 빠알리어본 Sattavassāni에는 왜 Bodhirukkhaⓟ(보리수) 대신에 Ajapāla-nyagrodhaⓢ를 설정했고, 특히 다른 여러 텍스트에서 성도 직후에 일어난 사건을 기술할 때 자주 사용되는 문구: "초성정각(paṭhamābhisambuddho ⓟ)"[16]이라는 표현이 우리 텍스트에는 보이지 않는지 이해할 것 같다는 생각을 해 본다. 그러나 이런 해석이 우리의 의문을 만족시켜 주는 것은 아니다. 왜냐하면, 빠알리경 Sattavassāni의 내용 자체는 Buddha의 정각 직후에 일어난 사건을 묘사하고 있는 한역 『마녀경』의 내용과 일치하고 있기 때문이다. 빠알리 텍스트에 첨가된 것으로 보이는 몇몇 구절을 제외하고는 두 텍스트가 모두 동일한 내용을 담고 있다.

위의 두 텍스트를 비교해 볼 때 생기는 이런 문제들은 각 학파의 고유적인 전승 방법의 특수성에 그 원인이 있는 것이 아니라, 사실상 빠알리 텍스트 편에서 어떤 시기에 상당히 재조정을 거친

15) E. J. Thomas: The life of Buddha as legend and history, London 1927, pp.71-73 ; G.P. Malalasekera: Dictionary of Pāli proper names, p.615 etc..

16) Māra-saṃyutta, SN.I, pp.103-104 ; Mahāparinibhāna Sutta, DN. Ⅱ, p.112 ; Vinayapiṭaka, I (Mahāvagga), p.1. etc..

결과에서 비롯된 것이 아닐까 하는 의문이 생긴다. 다시 말하면, 붓다가 성도 후 1년 만에 Māra를 결정적으로 정복했다고 볼 수 있도록 한 의도적인 어떤 수정과정이 있지 않았을까 하는 것이다. 문제의 Pāli텍스트가 Māra경군의 맨 끝에 편성되어 있다는 사실과 다음 내용 면에서 보게 될 일화: 연못에서 끄집어내진 게의 발이 박살나게 되는 비유를 들어, Māra의 결정적인 패배를 강조한 것 등은 Pāli텍스트에만 보이는데, 이것은 모두 위의 가정을 뒷받침해준다고 할 수 있다. 한역 『마녀경』에도 붓다가 Māra에 대해 승리를 거두는 장면을 담고 있지만, 상당히 완곡한 표현을 쓰고 있으며, 시기 및 장소가 위에서 보았다시피 정각 직후에 보리수 아래에서 있었던 일련의 사건으로 처리되고 있다. 이런 『마녀경』의 표현이 Pāli텍스트보다 원초적인 구성 형태를 유지하고 있는 것으로 보인다.

Ⅲ. 내용

1. 제1부(Sattavassāni)

상술한 바와 같은 상황설명에 이어 붓다와 Māra 사이에 논쟁조의 대화가 게송으로 이루어진다. 이 게송 부분이 우리 텍스트의 본체를 구성하는 내용인데, 『마녀경』은 5편의 시구, 빠알리 텍스트는 모두 7편의 시구로 구성되어 있다.17)

17) 大正2, pp.286b-c ; Saṃyutta-Nikāya, I, p.123.

Māra가 먼저 명상에 잠겨있는 붓다를 비판하는 것으로 첫 시구가 시작된다. 이것은 얼핏 보아 다른 텍스트에서도 가끔 볼 수 있는 Māra의 일반적인 적대행위의 한 예로 보이는 그런 내용이다. 그러나 붓다의 응답에서 그것은 정각(Bodhi) 직후에 있었던 일련의 사건에 해당되는 것임을 알 수 있게 된다.

제1 시구(Māra)

너는 홀로 적막한 곳에 들어가
선정하며 고요히 사유하고 있구나.
나라와 재보(財寶)를 이미 버렸는데
무엇을 여기서 다시 구하고 있느냐?
네가 만일 세속의 이익을 구한다면
왜 사람들과 어울리지 않는가,
사람들과는 어울리지 않으니 네가 끝내 얻고자 하는 게 무엇이냐?
獨人一空處 禪思靜思惟 已捨國財寶 於此復何求 若求聚落利 何不習近人 旣不習近人 終竟何所得 …

슬픔에 잠겨, 너는 숲속에서 명상 하느냐?
재물을 잃었더냐, 그렇지 않으면 그것을 희구하고 있느냐?
마을에서 무슨 악한 일이라도 했더냐? 왜 너는 세인(世人)들과 친하지 않느냐?
너에게는 친구될 사람이 아무도 없더란 말이냐?
Sockâvtiṇṇo nu vanasmiṃ jhâyasi vittaṃ nu jiṇṇo uda patthayâno || âguṃ nu gâmasmiṃ akâsi kiñici || kasmâ janena na karosi sakkhi

제2 시구(Buddha)

나는 이미 큰 재산(大財利)을 얻었으므로 마음은 만족스럽고 평온하고 고요하도다, 모든 마군을 무찔러 항복받았으니 어떤 외형적인 욕망에도 더 이상 집착이 없노라.
나는 이제 홀로 선정에 들어 선정의 미묘한 기쁨을 향수하고 있도다, 그러므로 나는 굳이 사람들과 어울려 돌아다니며 친하려 하지 않노라.
已得大財利 志足安寂滅 摧伏諸魔軍 不著於色欲 獨一而禪思 服食禪妙樂 是故不與人 周旋相習近[18)]

비애를 뿌리채 모두 뽑았으므로
비애가 없는 깨끗한 선정(禪定)을 나는 하노라.
유위(有爲)의 존재에 대한
모든 탐착을 끊어버리고,
무루(無漏) 상태에서,
오 방일자(放逸者)의 친족(親族)이여!
나는 선정을 하고 있노라.
sakkhî na sampajjati kenaci te ti || || Sokassa mûlaṃ palikhâya sabbaṃ || anâgujhâyāmi asocamâno || chetvâna sabbaṃ bhavalobhajappaṃ || anâsavo jhâyâmi pamattabandhu || ||[19)]

붓다는 여기서 오랜 투쟁 끝에 번뇌를 극복한 자기 마음의 끝없는 평화와 적멸의 휴식상태를 말하고 있다. 빠알리 텍스트에도 그가 이제 모든 번뇌(āsava)와 비애의 뿌리를 뽑았으므로 평온한 선정(禪定)을 하고 있다고 표현되어 있는데, 이 게송 내용은 붓다가 정각을 이룬 후 해탈의 즐거움을 누리며 명상하고 있을 때의 일이 분명하다. 빠알리 텍스트에는 곧이어 Māra와 붓다가 주고받은 두 편의 시구(제3, 제4)를 더 포함하고 있는데 그 게송들은 『마녀경』에는 없는 내용이다. 이 두 시구에 담긴 내용은 아(我)와 아소(我所)에 대한 문제로서, 이것은 정각 직후의 상황에 별로 해당되지 않는 교리적인 내용이며, 첨가된 부분이라고 생각된다.[20] 그다음에 오는 빠알리 텍스트의 제5, 제6 시구와 『마녀경』의 제3, 제4 시구는 바로 여기서 문제 삼는 두 텍스트에서 Māra 개입의 라이트 모티브를 잘 표현하고 있는 중요한 내용이다. Māra가 먼저 이렇게 말한다.

제3 시구(Māra)	제5 시구(Māra)
고오타마여, 만일 네가 스스로 안온한 열반의 길을 알았거든 너 홀로 무위의 낙(樂)을 즐겨라. 왜 굳이 다른 사람들을 교화하려 하느냐. 瞿曇若自知 安隱涅槃道 獨善無爲樂 何爲强化人[21]	만일 너 자신이 불사(不死)로 인도하는 안온한 길을 알았거든 가라! 너 홀로 가란 말이다! 무엇 때문에 다른 이를 가르치려고 하느냐. Sa ce maggam anubuddhaṃ/ khemam amatagāminaṃ/ Pehi gaccha tvam dve ko/ kim aññam anusāsasīti//[22]

18) 『魔女經』(大正2, pp.286b-c).
19) Sattavassāni(SN.I, p.123).
20) 빠알리 텍스트에 해당되는 詩句가 『雜阿含』에는 경No.246(大正2, p.59a)에 편성되어 있다.
21) 『魔女經』(大正2, p.286c).

Buddha는 이에 대한 응답의 게송으로, 피안의 길을 찾는 이들에게 그 길을 가르치겠노라고 설법할 결심을 보인다.23)

위의 게송은 여러 가지 중요한 의미를 갖는다. Māra는 고오타마 붓다가 불사(不死)로 인도하는 길, 안온한 열반의 길을 발견했고, 죽음의 영역을 벗어났다는 것을 인지하고 이제는 더 이상 그에 대해 어쩔 도리가 없다는 것을 알게 된 것이다. 그렇지만 그가 발견한 법(法)은 세상에 전파하지 말도록 하는 일이 남아있다. 만일 모든 존재들이 붓다가 발견한 길을 따라 죽음과 욕망의 끝없는 되풀이로 상징되는 Māra의 영역을 탈피해 버린다면, Māra는 그 자신의 역할이나 존재 자체의 의미를 상실해 버릴 것이다. 그래서 그가 붓다로 하여금 침묵을 지키고 교화 활동을 하지 말도록 권유하는 내용이 여기서 극적으로 묘사되고 있는 것이다. 위에서 본 시구는 짧고 간결하지만 이런 의도를 극명하게 표현하고 있는 부분이라고 할 수 있다.

우리가 이미 앞에서 인용했던 세 학파의 율장에 나오는 초기 불타전의 단편에는 붓다가 Ajapāla-nigrodhaⓟ수(樹) 아래에서 설법 문제에 대해 한동안 망설이고 있었다고 기술하고 있다. 그렇지만 그 순간 Māra가 나타났다는 표현은 전혀 없고, 범천(梵天)이 와서 권청하는 장면만이 나온다. 이 범천의 청원을 받아들여 붓다는 설법할 결심을 하고 불사의 문(amatassa dvāraṃ)을 연다고 선언하게 된다. 흔히 말하기를 첫 설법 문제에 대해, Māra가

---

22) Sattavassāni(SN.I, p.123).

23) 제4 시구(붓다) "非魔所制處 來問度彼岸 我則以正答 令彼得涅槃 時得不放逸 不隨魔自在.": 『魔女經』(大正2, p.286c). 제6 시구(붓다) Amccudheyyam pucchanti ‖ ye janâ pâragâmuno ‖ tesâhaṃ puṭṭho akkhâmi ‖ yaṃ sabbantaṃ nirupadhinti ‖ ‖ : Sattavassāni(SN.I, p.123).

부정적인 면에서 설법을 못 하도록 방해하는 입장이라면, 범천은 긍정적인 면에서 설법을 청했던 것이라고 한다. 그러나 원시경전에 산재하는 불타전의 단편들 속에는 위의 두 장면이 동시에 표현되고 있는 것을 볼 수가 없다.[24] 붓다의 만년을 기술하고 있는 『열반경』에 최초의 설법 문제와 관련하여 Māra의 개입을 표현한 부분이 나온다. 붓다가 열반 3개월 전에 회고담 비슷하게 아난다에게 이렇게 말했다고 한다. 즉, 그가 처음으로 정각을 이루고, 아직 우루벨라아의 Ajapāla-nigrodha수(樹)아래 머물고 있을 때, Māra가 나타나서: "세존이시여 이제 완전한 열반에 드소서, 선서(善逝)이시여 완전한 열반에 드소서, 이제는 세존께서 완전한 열반에 드실 순간입니다."라고 정각(正覺) 직후에 설법할 마음을 낼 사이도 없이 곧바로 입멸(入滅)할 것을 권유했다. 그러나 붓다는 단호히 그 제안을 거부하고 교화사업을 하겠다고 했다는 것이다.[25] 열반경에 인용된 이 내용이 원시경전에서 설법문제와 관련해서 Māra 개입설을 가장 구체적으로 표현하고 있는 것이다. 이 『열반경』과 우리가 문제 삼는 두 텍스트, 『마녀경』과 Sattavassāni에는 범천의 언급이 전혀 없고, Māra와 붓다의 대결이요, 붓다 스스로가 설법할 결심을 하고 인간 세계에 남아있겠다고 맞섰던 것이다.

우리는 여기서 초기 설법문제와 관련된 두 에피소드가 각각

---

24) Brahmanimantaṇika sutta(MN.I, pp.326-331)와 漢譯 『梵天請佛經』(大正1, 경No.78, pp.547-594b)에, 梵天이 說法을 청하고 Māra가 방해하는 내용이 나온다. 그러나, 이것은 正覺 직후의 장면이 아니다.

25) Mahāparinbbāna-sutta, DN.Ⅱ, pp.112-113 ; 『遊行經』, 大正1, pp.15b-c 등 기타 異譯本에도 나타난다. 그러나 漢譯에서는 이야기 구성이 좀 다르게 기술되고 있다.

전혀 다른 방향에서 태동되었다는 것을 알 수 있다. 하나는 범천과 붓다를 중심으로, 다른 하나는 Māra와 붓다가 중심이 되어 성립되었던 것이다. 전자의 경우, 우리가 이미 앞에서 인용했던 Vinaya에서 가장 잘 나타나 있는데, 범천의 권청설로 우리에게 알려진 일화이다.[26] 그런데 이 내용을 좀 더 자세히 검토해 보면, 놀랍게도 최초의 설법 문제에 대해, 붓다 자신이 극히 부정적인 입장을 취하고 있었던 것을 알 수 있다. 이것은 고대문학의 극적인 표현법이라고 할 수 있겠으나, 여기서 붓다가 맡은 역할은 차라리 Māra에게 맡겨졌어야 할 정도의 나쁜 배역이다. 이것과 비교해서 우리가 문제 삼는 두 텍스트와 『열반경』에 나타나는 Māra와 붓다 중심의 일화에서는 설법 문제에 대해 Māra가 극히 부정적인 입장을 취하고, 붓다는 긍정적인 역할을 하고 있다.

그런데 이상하게도 후기 불타전에서는 붓다가 나쁜 배역을 맡고 있는 범천의 권청설이 부각되고, Māra 중심의 일화가 무시된 것 같다. 설법 문제와 관련된 이 중심의 일화는 이와 같이 큰 발전을 보지 못한 채 원시경전의 일부에 그대로 남아 전수되고 있었던 것이다.

우리 텍스트의 나머지 부분은 Māra의 패배한 모습을 그린 것이 주된 내용이다. 『마녀경』의 제5 시구, Sattavassāni의 제7 시구, 그리고 끝으로 산문으로 된 결론 구절에는 먹을 수 없는 돌멩이를 공격한 까마귀의 비유로 Māra의 헛된 노력과 패배당해 의기소침한 이미지를 그리면서 제1부의 내용이 일단 끝나게 된다. 그런데 빠알리 텍스트에는 이런 결론에 이르기 전에 산문으로 된

---

26) Vinaya piṭakaI(Mahāvagga), pp.4-7 ; 『五分律』, 大正22, 律部1, pp.103c-104a ; 『四分律』, 大正22, 律部1, pp.786b-787b.

긴 에피소드가 삽입되어 있는데, 바로 여기서 Māra의 완전한 패배 모습을 연못에서 끄집어낸 게의 발들이 박살나는 비유를 들어 아주 생생하게 묘사하고 있다.[27] 돌멩이를 먹이로 알고 헛되이 공격했다가 실패하여 날아간 까마귀의 비유보다, 그의 발들이 모두 잘려 더 이상 연못에 내려갈 수 없게 된 게의 비유는 Māra의 결정적인 패배를 잘 표현하고 있는 것이다. 이 부분은 붓다가 Māra에 대해 결정적인 승리를 거두었다는 사실을 이미지로 극대화하기 위해 빠알리어 텍스트에만 첨가된 것이며 이것은 앞에서 이미 지적했던 서론 부분의 개정과 함께 이루어졌을 것으로 보인다. 따라서 한역본 『마녀경』과 비교해 보았을 때, 한역본은 고대(古代) 상태를 큰 변동 없이 보유하고 있는 데 비해, 빠알리어 텍스트는 이야기의 변형과 함께 새로운 방향으로 발전해가는 과정에 있었다는 사실이 여기서도 드러나고 있다.

2. 제2부(Dhītaro)

Māra의 직접적인 역할은 제1부에서 끝나고, 제2부에서는 Māra의 세 딸이 등장하여 붓다를 유혹하는 장면이 전개된다.[28] 죽음의 상징인 Māra가 그의 소망을 이루지 못하고 의기소침해서 패배상태로 앉아 있을 때 그의 세 딸이 나타나서 이렇게 게송으로 말한다.

---

27) Sattavassāni, SN.I, pp.123-124.
28) 빠알리 텍스트에서는 Sattavassāni가 끝나고 Dhītaro경이 여기서부터 시작된다. 그러나 漢譯에서는 『魔女經』이 그대로 계속되고 있다.

아버지, 무엇 때문에 그토록 비참해 합니까.
어떤 사람 때문에 당신이 비애에 젖어 있습니까.
애욕(愛欲)의 그물로 그를 묶어
숲속의 코끼리처럼
우리가 이리로 끌고 와서
당신(죽음)께 굴복토록 하겠습니다.
Kenâsi dummano tâta ‖ purisaṃ kaṃ nu socasi ‖
mayaṃ taṃ râgapâsena ‖ araññam iva kuñjaraṃ ‖ ‖
bandhitvâ ânayissâma ‖ vasago te bhavissatîti ‖ ‖[29]

이 마녀들은 애욕이 죽음보다 강하다는 것을 알고 있는 것일까? 그녀들의 가장 큰 무기는 '애욕의 그물(rāgapāsaⓟ)'이다. 한역 『마녀경』에서도 욕견(欲羂) 또 애욕승(愛欲繩)으로 코끼리를 길들이듯 그를 결박해서 끌고 오겠다고 장담하고 있다.[30] 첫 장면은 변화무쌍한 외모와 요염한 자태로써 붓다를 매혹하려는 내용이고, 그다음 장면은 그녀들이 번갈아 가며 붓다에게 접근하여 게송으로써, 일종의 마술적 언어를 사용하면서 유혹하는 술법을 펴는 내용이다. 결국, 마녀들의 이런 모든 유혹계획이 수포로 돌아가고, 붓다의 승리로 이야기가 끝난다.

마녀들이 그들의 아버지인 죽음 Māra를 능가해서, 마지막까지 붓다를 애욕의 그물로 다시 포착하려고 시도했다는 이야기는 원시불교에서 생에 대한 집착과 애욕의 강력함을 얼마나 중요한 문제로 보았나 하는 것을 알 수 있게 한다. 앞에서 이미 고찰한 제1부에서 단독으로 나타난 Māra는 죽음을 중요한 테마로 하고 있

29) Dhītaro(SN.I, p.124).
30) "父令何愁慼 士夫何足憂 我以愛欲繩 縛彼如調象 來至父前 令隨父自在.": 『魔女經』(大正2, p.286c).

었다고 볼 수 있다. Māra또는 Antaka[31)]라는 명칭은 원래 죽음을 의미하는데, 여기서 그의 주된 역할은 붓다로 하여금 정각 직후에 조속히 열반에 들도록 유도하는 것이었다. 이것은 Māra의 편에서 볼 때, 영원한 죽음으로 사라지게 하는 것을 의미할 수도 있다. 죽음과 애욕이라는 양면성에서 제1부에서는 죽음의 면이 강조되어 있었다면 제2부에는 애욕의 면이 부각되어 있다고 할 수 있다. 이 죽음의 상징인 Māra가 정각자 앞에서 패배를 당하자, 애욕의 상징인 Māra의 세 딸이 등장한 것이다. 이 세 딸의 호칭 자체에 의미심장한 뜻이 함축되어 있다. 즉 빠알리 텍스트에서 그녀들을 Tanhā, Arati, Ragā로, 한역 『마녀경』에서는 애욕(愛欲), 애념(愛念), 애락(愛樂)으로 부르고 있다. Māra란 인물이 죽음뿐만 아니라 넓은 의미에서 윤회(Samsāra) 전체를 의미하고 있다[32)]고 이해할 적에, Kāma 또는 Taṇhā의 상징인 마녀들이 애욕의 무기로, 붓다에게 최후까지 유혹적 공격을 시도했다는 것은 불교의 근본 철학사상과 연관된 깊은 의미를 내포하고 있다고 할 수 있다. 우리는 원시불교 텍스트의 도처에서 애욕 또는 갈애(渴愛, tṛṣṇāⓢ, taṇhāⓟ)가 인간들을 윤회세계에 묶어두는 가장 큰 힘이요 지배적인 세력이라고 수없이 되풀이하는 것을 볼 수 있다.

31) Māra 經群에서 “mihato tvaṃ asi antaka”라는 표현으로 자주 나타나고 있다.

32) E. Windisch: Māra und Buddha, Leipzig, 1895, p.197 ; B.C Law: ‘Buddhist conception of Māra,’ in Buddhist Studies, éd. B.C. Law, Calcutta, 1931, pp.257-258.

Ⅳ. Sambodhi와 Māra

우리가 지금까지 고찰한 『마녀경』과 Sattavassāni-Dhītaro에 나타난 Māra 이야기는 정각(sambodhi) 이후에 있었던 일련의 사건으로 구성되어 있다. 이 Māra 이야기가 정각이란 중요한 문제와 관련하여 어떤 의미가 있는지, 정각을 이룬 붓다에게 이렇게 여러 차례 나타나는 Māra의 공격적인 시도를 어떻게 이해해야 할 것인가 하는 의문을 중심으로 한 다른 설화를 여기서 간단히 살펴봄으로써 우리가 문제 삼은 텍스트의 Māra 의미를 좀 더 폭넓게 이해해 보려고 한다.

원시경전에 나타나는 Māra 이야기를 시간적인 순차로 정리해 보면, 정각 전과 정각 후, 두 가지 유형으로 크게 구분할 수 있다. 정각 전으로 위치시키는 Māra 이야기의 대표적인 것은 Padhāna-Sutta[33]와 "발전된" 불타전[34]의 내용이라고 할 수 있다. Padhāna-Sutta는 Māra의 개입을 고오타마 붓다가 아직 고행을 닦고 있던 우루벨라아의 네란쟈나아 강가로 설정하고 있다. 여기서 고오타마 붓다는 Māra의 도전에 맞서서 싸워, 결국 Māra를 정복하고 정각을 이룬다는 내용이다. 한편 발전된 불타전에서는, 붓다가 보리수 아래에서 정각 직전에 Māra를 결정적으로 완전히 정복하고 정각을 성취하게 된다. 붓다의 생애 중에서 이 사건이 최고의 정점을 이루며, 극히 드라마틱하고 유일한 성도 직전의 중요사건

33) Suttanipāta, éd by D. Anderson & H. Smith, P.T.S. London, 1913, pp.74-77.

34) "발전된" 佛陀傳에 나오는 Māra 이야기의 유형은 원시경전에서 『增一阿含』(大正2, pp.760b-761a)에 단 한 번 나오고 있다(이것은 Lalitavistara 같은 佛陀傳의 일부가 여기 편입된 것이 아닌가 의심스럽다.)

으로 처리되고 있는 것이 특징이다.

두 번째의 유형은 정각 후에 위치시키는 Māra 이야기인데, 그 대표적인 예를 Māra경군(經群)에서 볼 수 있다. 이 Māra경군에 나오는 이야기들은 모두 정각 이후의 붓다에게 여러 차례 반복하여 Māra가 도전했던 것으로 묘사되고 있으며, 장소도 우루벨라아라는 특정 지역에 한정하지 않고 상황이 다른 여러 지역에서 일어났던 사건으로 취급되고 있는 것이 특징이다.

위에서 고찰한 두 유형의 Māra 이야기를 다시 정리해 보면, ① Padhāna Sutta와 발전된 불타전에서는 붓다의 결정적이고 유일한 승리가 정각(sambodhi) 직전에 있었다는 것이며, 이 정각이라는 중대 사건과 직결된 Māra와의 투쟁에서 승리함으로써, 붓다는 최고의 완전한 인격자, 다시 말하면 초인적인 인물이 된다는 내용이다. 이런 관점은 발전된 후기 불타전인 Lalitavistara, Buddhacarita 등에 보이는 Māra 전설에 공통되는 점이다. 그러나 ②Māra 경군에 의하면, Māra의 공세는 특정한 시간이나 장소에 제한 없이 수없이 되풀이되며, 붓다도 이에 대해서 항상 깨어있는 승리자의 정신으로 그것을 극복해 갔던 것이다. Māra의 이런 공세는 사실상 정각 이후부터 시작하여 붓다가 최후 열반에 들기 직전까지 계속된다.[35] Māra의 이런 반복되는 공세설은 붓다의 인간적인 위상과 성격, 그리고 특히 해탈을 목표로 하는 교리적인 차원에서 출발되었다는 것을 보여주고 있다. 우리가 지금까지 문제 삼아온 텍스트: 『마녀경』과 Sattavassāni-Dhītaro도 바로 이런 범주에 속하는 일련의 Māra 이야기에서 시작된 것이라고 할 수 있다. 그러

35) 앞에서 이미 인용했던 Mahāparinibbāna Sutta에 의하면, Buddha의 대열반이 있기 3개월 전까지 Māra가 나타나서 入滅을 권유했다고 한다.

나 빠알리 텍스트의 경우, 위의 성격이 차츰 변형되어 가고 있으며, 결정적인 대승리의 유형에 접목되어 가는 현상을 보이고 있다.

우리는 여기서 Māra 자체의 의미에 대해 좀 더 살펴보고, 끝으로 우리 텍스트에 나타난 Māra 이야기가 의도하는 바의 중요성을 지적해 보려 한다. 원시경전에는 Māra에 대한 호칭이 아주 다양하게 나타나고 있지만, 가장 자주 사용되고 잘 알려진 것이 이 Māra[마(魔) 또는 마라(魔羅)]라는 명칭이다. 어원학적으로 Māra는 '√mṛ(죽다)'라는 어근에서 유래되고 있으며 빠알리어의 Maccu 또는 산스끄리뜨어의 Mṛtyu와 아주 가까운 친족어이다.[36] 빠알리 텍스트에서는 Māra와 Maccu가 동의어처럼 서로 교체하여 사용되는 경우가 많다.[37] 불교 이전으로 거슬러 올라가서, Brāhmaṇa나 Upaniṣad에서는 주로 Mṛtyu란 용어가 자주 쓰이고 있는 반면에, Māra란 용어가 단독으로 쓰이는 경우는 거의 찾아볼 수 없다. Mṛtyu란 단어는 "죽음" 또는 "죽음의 신(神)"을 의미하고 있으나 Māra란 단어는 'Mārayati(죽이다)'라는 사역사(使役辭)에서 나온 행동 명사(名詞)이다. 따라서 Māra란 "죽이는 신", "죽게 하는 자", "파괴자"란 의미를 지니고 있으며, Mṛtyu보다 훨씬 우의적(寓意的)이고 신화적인 본질을 강하게 표현하고 있는 것이다.[38]

Māra는 이와 같이 "죽음" 또는 "파괴"라는 관념과 직접적으로

---

36) Pāli text Society, Pali English Dictionary(1959), p.530 ; Monier Williams, A Sanskrit English Dictionary(1872), p.811c.

37) J. Masson: La Religion populaire dans le Canon Bouddhique Pāli, Louvain, 1942, p.101.

38) E. Windisch: op.cit., p.186.

연관되어 있으며 Brāhmaṇa 또는 Upaniṣad에 나오는 Mṛtyu의 상속자라는 것을 부인할 수 없다.[39] 그러나 불교 텍스트의 Māra는 Kāma라는 또 다른 중요한 이름을 갖고 있으며,[40] 이 '사랑 또는 욕망의 신'과 사실상 완전히 동화하여 융합된 것을, 그가 욕계(欲界, Kāmadhātu)의 최고 천주(天主)로 간주된다는 사실에서 확인할 수 있다.[41] Kāma와 Māra의 이런 융합이 불교의 아주 독창적이고 유기적인 가치를 갖는 새로운 인물을 탄생시킨 것이다. Brāhman적인 신화에서, Mṛtyu는 계속 Kāma와는 별개의 인물로 존속되어 오는 데 비해, Māra란 인물은 애욕과 죽음이라는 두 가지 모순된 개념을 동시에 수용하는 깊은 통일성을 나타내게 된 것이다.[42] Māra란 명칭은 죽음이라는 의미를 갖고 있지만, 사실상 Māra의 행동 기저에 깔린 근본사상은 애욕 또는 욕망 Kāma라는 것을 Māra경군의 수많은 일화에서 볼 수 있다. 그의 행동의 대부분은 인간들로 하여금 욕망과 감각의 세계로 기울도록 하는 것이 목표이다. 생에 대한 강한 집착과 애욕의 화신이요, 유위(有爲)의 세계를 존속시키는 원동력으로서 주역을 맡고 있다. 그러나 그는 엄연한 죽음의 인격화요, 신격화인 것이며, 생명을 중단시키는 것이 그의 중요한 역할이다. 따라서 생명을 갖고 있는 자에게

---

34) E. Windisch: op.cit., pp.192-196.

40) Aśvaghoṣa는 그의 유명한 Buddhacarita에서 Māra를 Kāmadeva라고 호칭하고 있다. 참고 The Buddhacarita or Acts of The Buddha, by E.H. Jonston(1936), p.15, p.188; Padhāna-Sutta(Pāli)의 Vs. 436: 'Kāma te Pathamā sena' 즉 'Māra의 첫째 군대가 Kāma'.

41) 불교의 우주관에서, Māra를 欲界의 最高天인 Paranirmitavaśavartin(他化自在天)의 우두머리로, 또는 梵天과 欲界天 사이에 위치하는 魔天宮에 住居하는 것으로 묘사하고 있다.

42) T.O. Ling: Buddhist and the Mythology of Evil, London. 1962, p.65.

피할 수 없는 죽음이라는 정신적 육체적 고통을 가져다줌으로써 그는 죽음으로 대표되는 악의 상징이요, 악의 Archetype인 것이다. 그의 이름에는 대개의 경우 Pāpimā(P)(Pāpiyān(S), 波旬, 파순)라는 부가형용사가 동반되어 있다. Māra Pāpimā 또는 Māra Pāpiyān은 우리에게 이미 친숙해진 호칭이기도 하다. 이 Pāpimā란 용어는 고대 산스끄리뜨 문학작품에 이미 Pāpimā Mṛtyu로 나타나고 있는데, 고대에는 남성 실사(實詞)로서 악, 불행, 죄악의 뜻을 갖고 있었다. 그러나 이 용어는 윤리적인 악만을 의미하는 것이 아니라 객관적이고 실제적인 고통, 불행, 슬픔을 의미하고 있었다.[43)]

인도의 종교철학은 어떤 의미에서 바로 이 죽음 문제와 이것으로부터의 해탈 문제에서 출발했다고도 볼 수 있다. 재생을 되풀이하는 윤회로부터 자유스러워지기를 원하기보다 훨씬 이전에 고대 인도인들이 희원했던 것은 죽음 Mṛtyu로부터의 해방이었다. 빠알리 텍스트에 자주 나오는 Punabbhava또는 Punarjanman이란 표현보다 Brāhmaṇa나 Upaniṣad에 나오는 Punarmṛtyu가 보다 고대적인 표현법이란 것을 기억해 볼 필요가 있다. 잘 알려진 사문유관(四門游觀)의 불교전설에서도 죽음에 대한 이미지가 젊은 고오타마에게 얼마나 큰 영향을 주었나 하는 것을 읽을 수 있다. 사문유관을 하는 동안 주검을 본 그 순간부터 그는 청춘과 삶에 대한 기쁨이 일시에 사라져 버렸다고 한다. 그는 고통과 죽음이란 문제를 풀기 위해 출가했으며, 정각을 이룬 뒤에 설법할 결심을 한 그는 역시 '불사(不死)의 문(門)'을 연다[44)]고 선언했다. 그의

---

43) Pāli Text Society, Pali-English Dictionary(1959), p.453 ; Monier Williams, op.cit., p.618 ; E. Senart: Essai sur la légende du Buddha, Pris, 1875, p.179 ; E. Windisch: op.cit., p.192.

가르침은 열반 안온의 길이요 죽음에서의 해탈을 목표로 하고 있다. 위에서 본 신화적인 드라마, Māra 이야기가 담고 있는 문제도 역시 죽음을 중요한 테마로 하고 있었다. 그러나 이 Māra신화가 지니고 있는 보다 깊은 문제점은, 붓다와 그의 제자들이 죽음을 극복하지만 이 죽음은 정복당하기를 원치 않으며, 그리 쉽게 정복될 수가 없다는 것을 보여주고 있는 것이다. 왜냐하면 죽음 자체가 바로 이 욕망 Kāma 또는 Taṇhā속에 깊이 뿌리를 박고 있으며, 다름 아닌 바로 이 욕망 또는 애욕이 죽음에게 끊임없이 새로운 음식물을 공급하고 있기 때문이다.

V. 결론

지금까지 우리는 원시불교 텍스트의 일부인 Sattavassāni-Dhītaro와 한역 『마녀경』을 비교 검토해 보았다. 앞에서 이미 밝힌 것처럼, 극히 제한된 범위 내에서이지만, 텍스트 자체의 구성 문제와 내용인 Māra신화를 원시불교의 문학적 배경 속에서 살펴보았다.

결어(結語) 삼아 요약해 보면, 텍스트의 구성면에서 볼 때, 빠알리 텍스트는, 우리의 일반적인 선입견과는 달리, 원형을 그렇게 충실히 유지하고 있지 않다는 점을 첫째로 지적할 수 있다. 한역

44) 빠알리 Vinaya, I, p.7 ; DN.Ⅱ, p.39 등에서: 'apārutā tesaṃ amatassa dvārā' ; 산스끄리뜨 Mahāvastu, Ⅲ p.319: 'apāvṛtam me amṛtasya dvāraṃ' ; 漢譯律藏에서, 『五分律』, 大正22, p.104 '甘露今當開' ; 『四分律』, 大正22, p.787b: '今開甘露門'

본과 비교해 보았을 때, 빠알리본에는 수정 내지 첨가된 것으로 보이는 중요한 부분들이 있었으며, 따라서 한역과 공통된 본래의 테마에서 상당히 다른 방향으로 변형되어, 후기 발전된 형태의 유형으로 접목되어 가고 있는 현상을 보였다. 이에 비해 한역 텍스트는 비교적 큰 변동 없이 보존 전수되고 있었던 것 같았다.

내용 면에서 볼 때, 우리가 문제 삼아 온 두 텍스트에 담겨 있는 Māra 이야기는, 정각(sambodhi) 직후에 있었던 일련의 사건과 연관된 내용이었으며 원시불교 텍스트로서는 여기서 처음으로 Māra의 양면성(죽음과 욕망)이 드라마틱하게 표현되고 있었다. 그리고 Māra 이미지가 우리에게 직접적으로 느끼게 하는 중요한 사실의 하나는, 일반적인 인식과는 달리, 불교의 세계관이 염세주의적인 것이 아니라 긍정적인 면이 강하다는 것이다. Māra 신화는 우리에게 이 세상은 무섭고 어두운 음울한 곳이라기보다는 오히려 끝없는 유혹과 매혹으로 가득 차 있다는 것을 보여주고 있으며, 생에 대한 근본적인 욕망을 부정한다기보다는 욕망의 혼란을 문제 삼고 그것을 어떻게 잘 극복하여 조화시켜 나가느냐 하는데 그 중요성이 있음을 시사하고 있다.

끝으로, 원시불교 텍스트의 이역본(異譯本)들에 대한 보다 활발한 비교연구가 요청되며, 또한 Māra신화의 기능 및 그 의미에 대해서도 앞으로 더 깊은 연구가 되어야 할 것이다. 특히 인간존재 자체에 대한 질문과 함께 철학적, 심리학적 내지는 사회적인 면까지 그 범위가 넓혀져야 할 것이다. 인도의 종교철학은 신화적인 것을 배제하고는 이해될 수 없을 것이기 때문이다.

Padhānasutta와 『증일아함』의 항마전설*

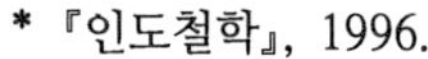

* 『인도철학』, 1996.

서언

불전의 Māra 전설은 지금까지 신화적 또는 교리적 측면에서 다양하게 연구되어왔다. 그렇지만 그 구성 요소는 물론 상징적 의미가 중첩되어있는 이 항마전설에는 아직도 많은 흥미로운 과제들이 남아있다. 몇 해 전에 우리는 『마녀경』과 Sattavassāni-Dhītaroⓟ경을 중심으로 초기 경전의 Māra설화에 대해 연구하면서 Padhānasuttaⓟ의 중요성을 간단히 언급하고 그것을 후일의 연구과제로 미루어 두었다.[1] 그 후속으로서 오늘 발표하게 되는 이 논문은 아함과 빠알리 Nikāya에 편입된 두 가지 대표적인 항마전설을 불교의 실천 윤리적인 한 측면에서 추구해 본 연구이다.

Padhānasutta는 시적(詩的) 가치가 높은 경전 70여 편을 다섯 장(章)에 나누어 싣고 있는 경집(經集)의 제3장 대품(大品)의 제2경이다.[2] 『증일아함』의 항마전설은 현존 4부 아함의 일부로서 한역된 『증일아함』의 제38, 39 두 권에 나뉘어 실려 있다.[3] Padhānasutta는 마라 설화를 아름다운 시적 표현으로 기술하고 있는 경전이며 거기에는 붓다와 마라의 투쟁에 관한 최초의 암시로 간주되는 불전 내용을 담고 있기 때문에 일찍부터 학자들의 관심을

1) 『印度哲學』, 創刊 第1輯(1989), pp.39-59. Māra는 불교적인 惡의 인격화로서, 죽음과 욕망을 상징하는 신화적 인물이다. Māra의 어원과 의미에 대해서 : 『印度哲學』, 앞의 책, pp.55-57 참고(지금부터 Māra를 '마라'라고 표기함)

2) Suttanipāta, éd. by D. Andersen & H. Smith, PTS, London, 1913, pp.74-78 ; E. M. Hare, trans. Woven Cadences of Early Buddhists, London, 1947, pp.63-65.

3) 大正2, pp.760b-761a.

불러일으켰다. 초기 경전에서 진정한 의미에서 마라와의 투쟁 장면을 나타내는 것은 이 텍스트 외에는 없다고 그 중요성을 강조한다.[4] 『증일아함』의 항마전설은 유일하게 아함부에 편입되어 있는 '발전된 불전'의 사례로서[5] 마라 전설의 중요한 내용을 상당한 경제성을 가지고 기술한 작품이다. 우리는 위의 두 텍스트를 직접 번역하고 주석하는 방식으로 문제에 접근할 것이며 기존 연구에 구애되지 않고 자유롭게 해석을 시도해 볼 것이다. 이와 같은 일련의 연구가 앞으로 계속될 것이며 이번의 발표는 그 일부로서 정각(正覺) 직전에 있었던 투쟁 설화의 중요한 부분이 된다.

Ⅰ. Padhānasutta

Padhānasuttaⓟ(정진의 경)는 Pabbajjāsuttaⓟ(출가의 경)와 함께 경집(經集) 대품(大品)의 서두에 위치하는 두 경이다.[6] 이 경들은 각각 초기 불전의 중요한 두 사건인 출가와 고행(苦行) 사실을 시어(詩語)로 소묘하고 있다. 사문(沙門) 고타마[7]는 출가하

4) E. Windisch, Māra und Buddha, Leipzig. 1895, p.204 ; E. J. Thomas, The life of Buddha as Legend and History, London, 1975, p.71 ; T. O. Ling, Buddhism and the mythology of Evil, London 1962, p.50.

5) 초기 단편적인 미완성의 불타전과 구분하기 위해, 발전된 형태의 불전류를 "발전된 불전"으로 분류해서 불렀다. 불전의 구분과 발전 양상에 대해: E. Lamotte, Histore du Buddhisme Indien, Louvain, 1958, pp. 718-726 ; A. Bareau, Les religions de l'Inde, Paris, 1966, p.154.

6) Suttanipāta(경집), 앞의 책, pp.72-78

7) 붓다의 호칭에 대해: 불타, 붓다Buddha라는 명칭은 正覺후에 붙여진 이름이다. 출가 전에 그의 이름은 Siddhārtha, 姓은 Gautama(Gotama)

여 동남쪽으로 계속 유행하면서 Magadha국의 왕사성까지 오게 된다. 여기서 당시 이곳의 지배자였던 빔비사라왕을 처음으로 만나게 되는데 왕은 그에게 국가 경영에 동참할 것을 제의한다.[8] 그러나 사문 고타마는 석가족 출신이라는 자기 신분을 밝히고, 이미 출가하여 더 이상 세속적 욕망에 집착이 없다고 하면서 왕의 제안을 거절한다. 그리고 그는 정진 노력에 전념할 뜻을 분명히 한다. 다음은 Pabbajjāsutta(SN.Ⅲ, 1)의 결론송이다.

> 424. 욕망(kāma)에서 해악(ādīnava)을 보며
> 그것의 포기에서 평온(khema)을 보노라
> 나는 이제 정진 노력을 할 것이다.
> 내 마음은 그것을 기뻐한다.

왕과 작별한 그는 가야 근처 네란자라강 가까이에 자리를 잡고 정진에 전념하게 되며, 정각 직전에 마라와 투쟁에 관한 이야기로 이어지는 것이 Padhānasutta이다(SN.Ⅲ, 2). 위의 두 경은 상당히 밀접하게 서로 연관되어 있어서 그 안에 담긴 이야기가 자연스럽

이며 Śākya는 종족의 이름이고 Śākyamuni는 '석가족 출신의 성자'라는 뜻이다. Bhagavant는 世尊이라는 경칭으로 불교 이외의 정신적인 지도자에게도 붙여지는 호칭이다. 붓다가 되기 전 그를 불교도들은 보살(Bodhisattva)이라고 부르지만, 일반적으로(주로 불교 이외의 사람들에 의해) 사용된 호칭은 Śramaṇa Gautama 또는 Siddhārtha Gautama 등 이다. 그래서 현대 학자들도 그를 '沙門 고타마' '고행자 고타마' '고타마 붓다' 등으로 부르고 있다. 우리는 여기서 그가 正覺을 추구하며 고뇌하는 인간적인 모습에 중요한 관점을 두기 위해 보살이란 명칭 대신에 '沙門 고타마'라는 호칭을 쓰기로 했다.

8) Pabbajjasutta의 시구 421: "코끼리떼를 앞세운 날쌘 군대를 정비해서 그대에게 선물로 주고 싶다."고 왕이 제의한다. 『四分律』의 불타전(大正22, p.780a)에는 '국토의 절반'을 나누어 주겠다고 제의한 것으로 기술하고 있다.

게 연결되고 있다. 우리의 Padhānasutta는 25개의 스트로프(strophe Ⓕ, 425-449)로 구성되어 있으며 사문 고타마와 마라의 대면이 곧 바로 긴박한 상황으로 이어진다(텍스트는 붓다가 자신의 경험 사실을 직접 회상하는 것처럼 시작되고 있다).

425. 네란자라 강 가까이에서 평안(yogakkhema)을 얻기 위해
열심히 명상하며(viparakkamma jhāyanta)
정진 노력하는(padhānapahitatta) 나에게

426. 연민에 찬 어조로(karuṇaṃ vācaṃ) 말을 걸면서
Namuci[9]가 다가왔다:
당신은 야위었고 안색이 나쁩니다.
당신은 죽음에 임박해 있습니다.

427. 당신에게 천 조각이 죽음이라면
살아 있는 부분은 단 한 조각뿐입니다.
살아야 합니다. 사는 것이 더 바람직합니다.
생명이 있어야 당신은 선행(善行)도 할 수 있습니다.

428. 당신이 범행(梵行, brahmacariya)[10]을 실행하고
성화(聖火)에 공물을 바친다면
큰 공덕(puñña)이 쌓일 것이거늘 ,

---

9) Māra의 다른 명칭으로서, 신이나 인간을 그의 손아귀에서 놓아주지 않기 때문에 붙여진 이름이다(Dict. of Pāli proper names)

10) 불교에서도 梵行, 淨行(Vusitaṃ brahmacariyaṃ) 등으로 이 말을 사용하지만, brahmacarya란 원래 바라문계에 근원을 가진 용어로서 규정된 규칙을 엄격히 준수하는 것을 일반적으로 지칭한다. 그리고 특별히 집을 떠난 梵行者(brahmacārin)로서 스승의 지도하에 학문을 닦는 初心者가 지켜야 할 禁慾的인 생활을 의미한다(참고 Manusmṛti II. V.249: evaṃ carati yo vipro brahmacaryam aviplutaḥ / sa gacchati uttamaṃ sthānaṃ na cehājāyate punaḥ //).

이런 노력(padhāna)을 해서 무슨 소용이 있겠습니까.

429. 아, 정진 노력하는 길은 힘들도다!
행하기도 힘들고 도달하기도 어려워라!
이런 시(詩)를 발음하면서
마라는 붓다 곁에 섰다.

불전의 사건 전개의 과정에서 볼 때, 우리 텍스트는 명백히 사문 고타마가 고행을 실천하고 있는 시기에 해당한다. 일반적으로 인정된 붓다의 정각 직전 행적에 따르면 그는 여러 해 동안 고행을 철저히 실행하고 나서, 이런 고행이 기대하던 목적을 달성하는데 도움이 되지 않는다는 것을 인식하고 그 방법을 포기한다. 따라서 음식을 다시 정상적으로 섭취하여 건강을 회복하고, 우루빌라 근처에 보리수 아래로 가서 정각을 얻기 위한 선정을 시작하게 되며, 바로 이때 정각이 임박한 것을 알고 마라가 개입한다는 것이 불타전의 일반적인 사건 설정이다. 그러나 여기 Padhānasutta는 사문 고타마와 마라의 갈등 장면을 고행 도중의 상황으로 전개 시키고 있다. 곧 확인하게 되겠지만, 우리 텍스트에서는 고행의 포기는 문제로 제기되지도 않고 있으며, 오히려 이 고행의 실천이 정신적 육체적 정화의 기회로 간주되고 있을 뿐만 아니라 고타마의 용맹과 영웅적 행동을 크게 부각시키게 된다(게송 433-435).

Padhānasutta의 설화는 이런 관점에서 불전 일반의 구성과는 다른 형식과 의미를 내포하고 있는 것 같다. Padhānasutta의 이러한 불전 구도가 일회적이고 우연적인 것인지 그렇지 않으면 이런 변형이 특별한 의미를 가지고 어느 정도 일반화되어 있는 것인지 의문스럽다. 우리는 우선 이 문제에 대해서 Padhānasutta가 다른 불교 전통에서는 어떻게 나타나는지 비교하여 고찰함으로써 어느 정도의 의문을 해소해 볼 수 있을 것이다. 그런데 Padhānas utta는 유감스럽게도 빠알리 경전 외의 Āgama에는 비교될 대상의 텍스트가 발견되지 않는다. 그러나 이런 종류의 경전이 독립된 여러 다른 텍스트 속에 인용되고 있으며 그 대표적인 예가 Mahā vastu(大事, 대사) II, pp.224-227 ; Lalitavistara(普曜經, 보요경) 제18장 pp.225-226 ; 『대지도론(大智度論)』(프랑스어 역) I, pp. 347-349 및 II, pp.906-908 등이다.[11] 따라서 이들 텍스트에 인용된 내용들을 Pāli경의 Padhānasutta와 비교해 볼 수 있다. 이제 해당되는 텍스트의 내용을 차례로 고찰해 보기로 한다.

우선 Mahāvastu(II)의 Padhānasutta형 텍스트에는 동일한 설화가 서두에는 산문체로 시작하여 시어(詩語)로 본문에 이어진다:

> 보살이 우루빌바(Uruvilva) 근처 강가에 고행림(苦行林)에서 고행을 실천(duṣkaracārikaṃ carantam)하고 있을 동안에 악마 마라가 그에게 다가와서 말했다: '이 苦行으로 당신은 무엇을 얻으려고 합니까? 당신은 살아야 하오, 당신은 전륜성왕이 될 것이오, 큰 희생의 재물을 바치시오, 말(馬)의 희생물, 인간의 희생물 (…), 이 희생물을 바치면 당신은 천상(天上)의 즐거움을 누릴 것이고 큰 공덕(puṇya)을 낳게 될 것입니다. 고행은 힘들고 극복하기에 고통스럽습니다. 청정한 삶을 산다는 것은 나무랄 것이 없는

11) Mahāvastu, éd. E. Senart. 3 vol., Paris. 1882-1897 ; J. J. Jones, t rans. The Mahāvastu 3 vol. London, 1949-1958 ; Lalitavistara, éd. S. Lefmann, Halle, 1902 ; P. Foucaux, trans, Le Lalitavistara, L'hist oire traditionnelle de la vie du Bouddha Çakyamuni, Paris. 1884-18 92 ; 『大智度論』, 大正25, pp.57-756 ; E. Lamotte, trans. Le Traité de la grande Vertu de Sagesse de Nāgārjuna, 5vol, 1949-1980(Trait é로 약칭함).

공덕의 상실을 의미하게 됩니다.' 보살은 이에 대답해 말했다: '공덕행이란 나에게 별로 중요한 것이 아니다. 오 너 악마여!'

1. 우루빌바 근처에 있는 이 쾌적한 숲과 총림을 보면서 나는 고행 정진을 했다. 최고의 선(善)을 획득하기 위해 내가 고행 정진의 끝에 이르렀을 때 Namuci가 연민의 어조로 말을 걸며 다가왔다.

2. 당신은 야위었고 (…)12)

Lalitavistara의 제18장도 역시 산문으로 서두를 시작하여 시어로 연속된다:

비구들이여, 보살이 6년 동안 고행(苦行)을 실행하고 있을 때 악마 파순(波旬)은 [침입할] 기회를 탐색하고 엿보면서 뒤를 바싹 따라 다녔다. (…)

1. 나이란자나 강이 흐르는 우루빌바 동쪽, 쾌적한 숲과 총림들이 어우러진 그곳에서

2. 최고의 선(善)을 획득하려고 영웅적인 결의와 열성을 다해 항상 노력하고 전념을 기울이는 그에게

3. Namuci가 접근하여 부드러운 어조로 말했다
Śākya의 아들이여, 일어나시오!
당신의 몸을 [그렇게] 괴롭혀서 무슨 소용이 있겠소?

4. (…)

5. 당신은 야위었고 안색이 나쁘고 [극히] 쇠약해졌소:
죽음이 바로 당신 곁에 있소,

12) J. J. Jones, 앞의 책, pp.224-225.

천 조각이 죽음이라면 살아 있는 것은 단 한 조각뿐이오.

6. 항상 보시를 하고 주야로 성화(聖火)에 헌공하는 그에게 큰 공덕이 쌓일 것이요, 고행을 해서 무엇하겠소? (…)[13]

『대지도론』에는 Padhānasutta가 두 번이나 인용되고 있다.[14] 이 텍스트가 원래 『잡(법)장경[雜(法)藏經]』(Kṣudraka ⓢ)에 수록되어 있다고 그 출처를 밝히고[15] 있으며 두 번째의 인용문에는 산문으로 된 긴 도입 부분이 있고, 그다음 곧 마라의 세력을 운문으로 나열하고 있다:

붓다가 6년고행(duṣkaracaryā)을 실행하고 있을 때 마왕이 그에게 다가와서 말했다: 귀인(貴人, kṣatriya)이여, 당신(몸)의 천 조각(sahasrabhāga) 중에서 단 한 조각만이 아직 살아 있을 뿐이오! 빨리 일어나시오! 당신의

13) P. Foucaux, 앞의 책, p.225.

14) 『大智度論』, 大正25, K.5, p.99c, ; K.15, p.169a ; E. Lamotte, Traité(I), p.341-343 ; (II), pp.906-908.

15) S. Lévi는 Kṣudraka Āgama를 雜藏으로 한역했는데 그것은 雜阿含(Saṃyukta Āgama)과 구분하기 위해서라고 애써 설명하고 있다. J. A의 발췌본(1916), p.32- ; 그러나 E. Lamotte는 그런 견해에 동의하지 않는다. 『大智度論』에서 雜藏(Kṣudraka)을 인용한 것은 Āgama의 이름으로서가 아니고 散在된 경전의 명칭 또는 그룹의 이름일 것이라고 본다. 왜냐하면 『大智度論』도 산스끄리뜨 전통의 대부분 학파들처럼 四阿含(Āgama)만 알고 있기 때문이다(Traité, p.340 ; H.B.I, p.171-178). 우리가 이미 앞에서 지적했듯이 빠알리 padhānasutta는 남방 불교의 5 Nikāya 중 Khuddaka-nikāya의 다섯 번째로 구성된 Suttanipāta의 大品에 포함되고 있으나 대륙 및 북방 불교에서 지금까지 알려져 전해진 經藏의 정형은 四阿含뿐이다. 빠알리 小部에 편집된 경들에 해당되는 북방 계통의 산발적인 경전들 상당 부분이 확인되고 있기는 하지만, Nikāya와 같은 결정적인 컬렉션을 형성함이 없이, Kṣudraka의 리스트를 작성하는 데 그치고 있다. 그런 이유로 완전한 Kṣudraka-piṭaka는 어떠한 漢譯에도 확인되고 있지 않다.

> 나라로 돌아가시오, 그러면 당신은 현재와 미래에 인간 세계와 천상 세계의 행복한 길을 가게 될 것이오. 당신이 이 고통스러운 정진 노력을 계속한다는 것은 불가능한 일이오. 만일 당신이 나의 부드러운 충고를 듣지 않고 당신의 오류를 끝까지 고집한다면, 빨리 여기서 일어나지 않는다면, 나는 나의 대군(大軍)을 동원해서 당신을 격파하겠소! [그러자] 보살은 [이렇게] 대답한다: 바로 오늘 내가 너의 군대를 격파하리라. (…)[16]

위 텍스트들은 모두 마라의 접근을 붓다의 고행이 절정에 이른 시기로 설정하고 있다. Mahāvastu는 보살이 "고행을 실천하고 있는 동안"(산문) 또는 "고행의 끝에 이르렀을 때"(운문)라고 하였고 Lalitavistara와 『대지도론』은 "6년 간의 고행을 실천(duṣkaracaryā)하고 있을 때"라고 시기를 밝히고 있다.[17] 장소는 우루빌바촌 바로 가까이 나아란자나강 근처라는 것이 위의 모든 텍스트의 일치된 주장이다. 그러나 고타마가 그 아래에 앉아 있었을 어떠한 수목명(樹木名)도 거론되고 있지 않다.

Pāli 전통은 고타마, 즉 미래의 붓다를 Buddha라는 이름으로 호칭하고 있는데 실제로 이 시기에 그는 아직 일개 고행자 고타마였을 뿐이다. 그런데 그를 Buddha로 명칭을 붙임으로써 상대적 인물인 Namuci와 대립 관계를 더욱 뚜렷이 강조시킬 수 있었을 것이다. 그러나 여기 사용된 Buddha라는 명칭은 그가 정각을 성취했을 때 붙여진 과거 분사형의 깨달은 자, 각(覺)을 완성한 자

16) E. Lamotte, 앞의 책, pp.906-907.

17) 북방의 Skt, 한역 경전에서는 '6년 고행' 또는 6년 동안 마라가 추격했다고 기술하고 있는 반면, 남방 빠알리어 경전에서는 7년 동안이라고 말하고 있다. 참고: 『中阿含』, 大正1, p.469c ; 『雜阿含』, 大正2, p.167a ; 『增一阿含』, 大正2, p.671b ; 『四分律』, 大正22, p.781a: The Mahāvastu by J.J. Jones, II, p.228 ; The Buddacarita by E. H. Johnston, p.183, Pāli경 SN.I, p.122 ; Padhānasutta 게송 446.

의 의미와 차별을 두어야 할 것이다. 여기서 Buddha는 후대의 작가들에 의해 조기(早期) 사용된 명칭이라고 이해할 수 있을 것이며, 이 호칭은 SN.의 마라경군들에서와 같은 정각 후의 사건을 지시하는 것은 아니라는 것을 앞에서 본 여러 텍스트에서 확인할 수 있었다.[18)] 빠알리 Paddhānasutta 외의 다른 교정본들에서는 모두 이 시기에 적합한 Bodhisattva라는 명칭을 부여하고 있는 것을 볼 수 있었다.

마라는 여기서 일반적인 그의 명칭 대신에 Namuci로 호칭되고 있는데 Namuci는 "놓아주지 않는 자", "억제하여 붙들고 있는 자"라는 의미를 가지고 있다. Namuci는 옛 인도 신화에서 물을 억제하여 내려가지 못하게 함으로써 심각한 가뭄을 발생시켰던 악마인데 Indra신의 타격을 받고 물을 자유롭게 풀어놓게 되었던 것이다. 그래서 혹독한 한발과 기갈의 무서운 재앙이 종식되었다고 한다. 농경 중심의 옛 인도 사회에서 한발은 기아와 죽음을 의미하게 된다.[19)] 이 가뭄의 신, 악마 Namuci의 이미지는 당시 승려들은 물론 일반 대중들에게 깊은 인상을 심어 주는 효과가 있

18) Suttanipāta의 大品 제1경 Pabbajjāsutta(게송: 405, 408)에서도 正覺하기전 沙門 고타마를 Cakkhumā 또는 Buddha라고 지칭한 사례를 볼 수 있는데, 후대 작가들에 의해 그렇게 호칭될 수 있었을 것이며, 그것을 시대 착오적 모순을 범한 것으로는 볼 수 없다 ; Mahāvastu는 Padhānasutta의 게송 429에 해당하는 시구에서 Bodhisattva로 정확히 호칭하고 있다: 'imāṃ vācāṃ bhaṇe Māro, Bhodhisattvasya santike.'(Mahāvastu(II) ed. E. Senart, p.238). 雜阿含과 SN의 Māra經群에 나오는 Māra 설화들은 모두 正覺 이후의 붓다에게 Māra가 여러 차례 반복하여 나타났던 것으로 기술되어 있다. (참고. 『印度哲學』, 第1輯 p.55).

19) A. Bergaigne, La Religion Védique d'après les hymnes du Rigveda II. Paris(1878-1883), pp.345-347 ; J. Gonda, les religions de l'inde (Védisme et Hindouisme ancien), Paris, 1962, p.73 ; 77.

없을 것이다. 특히 고대 인도의 적대적인 신들의 대표적인 대결 구도인 악마 Vṛtra 또는 Namuci와 그들의 이익을 지켜 주고 보호해 주는 Indra신의 관계와 비교됨으로써 초기불교에서 마라와 Buddha의 관계를 잘 드러내어 줄 수 있었을 것이다.[20] 마라와 붓다의 대결은 이와 같이 문화적, 사회적인 배경 및 자연적 상황 속에서 극적인 대립 구도로 형성되어 있다. 마라는 우리 텍스트에서 Namuci란 명칭 외에도 일반적 호칭인 죽음을 의미하는 Māra, 악(惡), 불행, 슬픔 등의 뜻을 가진 Pāpimāⓟ(波旬, 파순), 그리고 Kaṇhaⓟ, Yakkhaⓟ 등의 고대적인 신들의 명칭으로 불리고 있다. 우리 텍스트의 마라 설화는 이와 같이 시대적으로 상당히 고층에 속하는 것으로 볼 수 있을 것이다. 마라에 맞서서 사문 고타마는 고행에 용기 있는 영웅으로서, 지속적으로 투쟁할 의지를 표명하고 있다. Pāli 텍스트는 이렇게 계속한다.

430. 그렇게 말하는 Māra에게 세존(Bhagavā)은 대답했다:
오, 게으른 자의 친척(pamattabandhu)이여, 오, 파순(Pāpimā)이여
무슨 이익(attha)을 구해서 너는 여기에 왔는가?

431. 내게는 공덕(puñña)이 털끝만큼도 필요하지 않다.
공덕을 필요로 하는 자, 그들에게나 가서 Māra는
그 말을 해야 하리라!

432. 나에게는 신념(saddhā)이 있고 노력(viriyaṃ)이 있고

20) J. Gonda, 앞의 책, pp.70-73 ; L. Renou et J. Filliozat, l'Inde classique(I), Paris, 1947, p.319 ; P.J. Varenne, trans, Mythes et Légendes extraits des Brāhmaṇa. Paris, 1967, pp.91-93 ; H. Zimmer, Mythes et symboles dans l'art et la civilisation de l'Inde(tr. Fr), Paris, 1951, p.11.

또한 지혜(paññā)가 있도다.[21]
이처럼 힘써 노력하는 나에게
어찌하여, 너는 생명의 보전을 권유하는가.

433. 바람은 강물까지도 말려 버릴 수 있으리라.
하물며 결연히 노력하는
내 몸의 피가 어찌 마르지 않겠는가.

434. 몸의 피가 마르면 쓸개와 담도 마르며
살이 빠지면 마음은 점점 더 맑아지리라.
그 위에 기억(sati)과 지혜(paññā)와
삼매(samādhi)가 나에게 지속되리라.

435. 내가 이렇게 최고의 고통을 견디면서
머물고 있는 동안 마음은 욕락을 찾지 않는다.
보라 한 존재의 [마음이] 청정함을!

우리는 여기에서 사문 고타마의 고행이 절정에 이르렀음을 알 수 있다. 그는 영웅적인 용기와 굳은 결의로 죽음에 이를 정도의

---

21) 5根(pañcindriyāni): ①信根 Saddhindriya, ②精進根 Viriyindriya, ③念根 Satindriya, ④定根 Samādhindriya, ⑤慧根 Paññindriya에서 ③과 ④를 제외한 것이 게송 432의 내용이다. 여기서 5根은 眼, 耳, 鼻, 舌, 身의 5감각기관과는 구별되는 5가지 정신력의 기관이다(cf. SN.V, p.196-197 ; 『雜阿含』, 大正2, 경No. 643-647, p.182a-b). 위의 내용은 5力(balāni)으로 나타나기도 하며, 특히 信, 進, 慧나 信, 念, 慧 또는 信, 定, 慧 등의 세트로 구성되어 별개의 經에 三種力으로 취급되기도 한다(cf. MN.II, p.12 ; SN.IV, p.366 ; AN.III, p.10-11 ; 『雜阿含』, 大正2, 경No.664-666, pp.184b-c 경No.673-677, pp.185b-c). Saddhā(Skr. śraddhā)는 일반적으로 信, 믿음 등으로 번역되고 있으나, 특히 초기 불교에서는 스승의 가르침에 대한 무조건적인 믿음이 아니라 교리 내용을 깊이 이해하고 숙고함으로서 생긴 信念, 또는 확신(conviction)을 뜻한다. (cf. A. Bareau: Les religions de l'Inde, 앞의 책, p.48 ; W. Rahula: L'enseignement du Bouddha(1961), p.28).

고행을 실천하고 있는 것이다. 곧이어 우리 텍스트는 마라의 세력(mārasenā)이 무엇인가를 나열하면서 그 실상을 보여준다. 그리고 연속되는 게송에서 두 적대자의 심각한 갈등과 충돌 직전의 위기 상황을 생생하게 묘사한다.

436. 욕망(kāma)은 너의 첫 번째 군대(senā)요
두 번째는 혐오(arati)이며
세 번째는 기갈(khuppipāsā)이고
네 번째는 갈애(taṇhā)이다.

437. 다섯 번째는 혼침(惛沈)과 수면(睡眠, thīnamiddha)이요,
여섯 번째는 공포(ābhīrū)이며
일곱 번째는 의혹(vicikicchā)이요
여덟 번째는 위선(makkha)과 고집(thambha)이다.

438. 그릇되게 얻은 이익과 명성과 존경과 명예,
자기를 찬양하고 남을 경멸하는 것

439. Namuci여 이것들이 너의 군대다.
검은 악마의 공격군(kaṇhassābhippahāraṇī)이다.
어떤 비겁자도(asūra) 그것을 이겨낼 수 없다.
그러나 그것을 정복한 용기 있는 자는 행복을 얻는다!

440. 보라 나는 Muñja풀을 지니고 있다!
이 세상의 생명 따위가 다 뭐냐!
나는 패배해서 사는 것 보다
차라리 싸워서 죽는 편이 더 나으리라.

441. 거기에 휩쓸려서
어떤 사문(沙門) 바라문(婆羅門)들은 길을 잃고

덕 있는 자가 가는 길을 알지도 못한다.

442. 포진한 병력, 승용마(乘用馬, 코끼리)를 탄 마라를 보고
나는 그들과 맞서 싸우러 나간다(yuddhāya paccuggacchāmi)
그는 결코 나를 이 자리에서 물러서게 하지 못하리라.

443. 세상의 어느 누구도 신들도 꺾을 수 없는 너의 군대를
나는 지혜로써(paññāya) 격파하리라
마치 굽지 않은 흙단지를 돌로 깨듯이.

444. 잘 제어된 사유(saṃkappa), 굳건한 (정[正])념(念, sati)으로
내 성문 제자들을 인도하면서
나는 이 나라 저 나라로 편력할 것이다.

445. 내 가르침에 열성을 다하여(appamattā) 정진하는(pahitattā) 그들은
(한번) 가면 더 이상 슬픔이 없는 그곳에(yattha gantvā na socare)
이르게 되리라.

빠알리 텍스트에 대응하는 Mahāvastu, Lalitavistara, 『대지도론』 등은 게송 445까지 대부분 비슷한 내용으로 계속 병행하고 그 다음 곧 결론 게송이 온다, 즉 상투적인 표현법으로서 Māra경군에서 반복되는 종결 문구: "그때 비애로 압도되어, 마라의 비파가 옆구리에서 떨어졌고, 위로할 길 없는 악마는 그 자리에서 사라져 버렸다."(Mahāvastu II, p.227) ; "그때 마왕은 그 말을 듣고 슬픔과 근심에 잠겨 그 자리에서 물러갔고, 악마 군대들도 역시 곧 사라져 버렸다."(『대지도론』, p.343) Lalitavistara도 비슷한 종결 문구로 끝을 맺고 있다.[22] 빠알리 텍스트의 경우, 결론 게송(449)

22) 빠알리 Māra경군의 상투적 문구: "Atha kho Māro pāpimā jānāti

이 오기 전에 3편의 다른 게송을 더 포함하고 있는데(446-448), 이 게송들은 빠알리 SN.의 Sattavassāni와 한역 두 이역본(異譯本)의 『마녀경』(『잡아함』과 『별역잡아함』)에 각각 나타나고 있는 내용들이다.23) 이 3편의 게송은 마라가 고타마를 6년 혹은 7년 동안 추적하다가 결국 마지막 순간에 결정적으로 패배하고 물러간다는 내용인데, 간단하지만 상당히 사실적 내용으로 기술된 부분이다.

446. 7년 동안(satta vassāni) 세존의 뒤를 한 걸음 한 걸음 따라 다녔다:
그러나 완전히 깨어있고 주의 깊은 그에게
침입할 틈을 발견할 수가 없었다.

447. 어떤 까마귀가 기름기 있는 것 같은 바위를 보고
"여기서 아마도 부드럽고 맛있는 어떤 것을
발견할 수 있지 않을까"하고 빙빙 돌고 있었다.

448. [그러나] 거기서 아무것도 맛있는 것을 얻을 수 없어서
그 까마귀는 날아가버렸네.
마치 바위에 다가갔던 이 까마귀처럼
나는 싫증이 나서 고타마를 떠난다.

449. 비탄으로 쇠잔해진 악마의 옆구리에서
비파가 뚝 떨어졌고 그때 그 야차(Yakkha)는

---

maṃ bhagavā jānāti maṃ sugato ti dukkhī dummano tatth-ev-anta radhāyīti."(SN.I, p.103-129) ; 『雜阿含』의 문구: "時魔波旬作是念, 沙門瞿曇已知我心, 內懷憂慼卽沒不現."(大正2, 경No.1084-1103, p.284b-290b).

23) SN.I, p.122, 124 ; 『雜阿含』, 大正2, p.286c ; 『別譯雜阿含』, 大正2, p.383b.

의기소침하여 그 자리에서 사라져 버렸다.

빠알리 텍스트는 이렇게 마라가 7년간의 오랜 기간 동안 추적 끝에 결국 패배를 자인하고 떠나 버린다는 내용으로 끝을 맺는다. 전체적인 조명과 문제 되는 부분들을 밝혀보기 위해 우선 게송 436-439 그리고 440-443으로 되돌아와서 각각 차례로 살펴보자. 첫 번째 4편의 게송은 마라의 군대 또는 세력이 어떠한 것인지 분명하게 보여주고 있는 내용들이다. 즉 욕망(kāmaⓟ), 혐오(aratiⓟ), 갈애(taṇhāⓟ) 공포(ābhīrūⓟ), 위선(makkhaⓟ) 등등 인간 존재의 근원에 잠재하는 일체 패악들, 저속한 본능, 나약하고 악한 심성 등 번뇌 일체가 바로 마라의 세력이라는 것이다. 후대의 불전에 기술된 장황하고 그로테스크한 마라 군대의 표현과 비교해 볼 때 Padhānasutta에 보이는 이런 단순성과 뚜렷한 은유적 표현에 놀라지 않을 수 없다. 마군의 열거에서 첫 번째 두 번째 네 번째는 『잡아함』의 『마녀경』과 SN.의 Dhītaro에서는 마라의 세 딸(Taṇhā, Arati, Ragā[Kāma와 동의어])로 등장하여 붓다를 끈질기게 유혹하려 했던 것으로 묘사되고 있다.[24] 이런 마라의 세력을 ‘검은 악마의 공격군(kaṇhassābhippahāraṇī)’이라고 호칭하여 그들의 실체를 폭로하고 철저히 인식함으로써 상황을 자기화시켜 극복할 태도를 취하게 된다. 미래의 붓다, 고타마는 마치 전사와도 같이 그들과 맞서서 결연히 투쟁할 강인한 의지를 보이고 있다. 즉 “어떤 비겁자도 그것을 이겨 낼 수 없다. 그렇지만

24) “Atha kho Taṇhā ca Arati ca Ragā ca māra-dhītaro.”(SN.I, p.124) ; 魔有三女 一名愛欲 二名愛念 三名愛樂(大正2, p.286c) ; 時魔三女 一名極愛 二名悅樂 三名適意(大正2, p.383b).

그것을 정복한 용기 있는 자는 행복을 획득한다."고 그는 스스로 다짐하고 결의를 한다.

다음 4편의 게송(440-443)은 우리 텍스트에서 가장 드라마틱한 요소들, 즉 두 적대자가 긴박하게 정면 대결하는 역동적인 전투 상황을 싣고 있는 것이다. 사실 빠알리 텍스트의 내용을 중심으로 이 설화를 고려할 때 우리는 여기서 결정적인 투쟁의 긴박한 순간에 접근하고 있다는 생각을 충분히 할 수 있게 된다.[25)] 장면은 상당히 사실적이고도 생생하게 묘사되고 있어서 앞에서 마라의 세력을 은유적으로 단순하게 표현했던 것과는 다른 방식이다. 마라는 그의 승용마(乘用馬, 주석에 의하면 코끼리)를 타고 병력에 둘러싸인 전투태세의 모습으로 나타나고 있다. 왕으로서 마라는 그의 주요 상징인 코끼리에 올라타고 늠름한 위용으로 투쟁할 자세를 갖추고 있는 것이다.

미래의 붓다, 고타마 편에서도 그는 확고한 의지와 투쟁할 단호한 결의가 되어 있다. 그는 임전 상황에서 죽음을 불사하는 용감한 전사의 당당한 자세로 표현되고 있다: "이 세상의 생명 따위가 다 무엇이더냐! 나는 패배해서 사는 것보다 차라리 투쟁 속에서 죽는 편이 더 나으리라."(440) "이 세상 어느 누구도 신들도 너의 군대를 꺾을 수 없지만, 나는 너의 군대를 지혜로써 격파하리라. 마치 굽지 않은 흙단지를 돌로 깨듯이."(443) 이렇게 말하며 고타마는 그의 임전 태세와 결연한 의지를 나타내고 있다.[26)]

25) T. O. Ling, 앞의 책, p.145 ; Windisch, 앞의 책, p.204.

26) 적을 격파하겠다는 강한 의지와 임전 태세의 묘사는 각 텍스트마다 약간의 차이가 있음에도 불구하고 긴박한 투쟁적 인상을 공통적으로 가지고 있다. Padhānasutta 게송 443 ; The Mahāvastu II, p.227 ; Le Lalitavistara, p.226 ; 『大智度論』, 大正25, K.5, p.99c (Lamotte, 앞의

두 적대자는 이와 같이 긴장감이 팽팽하게 고조된 상태에서 서로 맞서고 있는 것이다. 우리 텍스트에는 표현적으로 명백하게 결정적 장면을 묘사하고 있지는 않지만 문맥상으로 보아, 이 때에 사문(沙門) 고타마는 죽음(Māra)과 대결하여 생(生)과 사(死)의 백척간두에 서 있었으며 바로 이 순간 그에게 결정적인 일대 전환이 일어났던 것으로 암시되고 있다. 고타마의 승리와 마라의 최종 패배가 사실상 마지막 4편의 게송(446-449)에서 마라에 의한 독백 형식으로 표현되어 그것을 확인하고 있다.

Ⅱ. 텍스트의 분석과 이해

우리는 이제 두 측면으로 Padhānasutta의 설화를 보다 가까이에서 분석하고 해석해 보려고 한다, 즉 마라 설화 자체의 이해 문제와 두 적대자의 갈등 관계로 나타나고 있는 가치관 및 실천 문제에 대한 접근이다.

빠알리 Padhānasutta는 앞에서 고찰한 바와 같이, 초기 경전 가운데서 미래의 붓다, 고타마가 정각(sambodhi)에 앞선 시기에 마라에 대항해서 결정적인 승리를 했다고 증언하는 중요한 텍스트의 하나로 간주된다. 그러나 사문 고타마와 마라 사이에 과연 이 시기에 절정을 이루는 투쟁이 있었고 사문 고타마의 결정적인 승리가 있었다고 가정했을 때, 정각 사이클에 속하는 다른 설화들과의 관계가 모순 없이 설명될 수 있느냐 하는 것이 문제이다. 즉

책, p.342).

다른 전통에 보존된 Padhānasutta 계열의 내용과 일치 문제, 그리고 이른바 보리수 아래에서 항마성도의 순간에 관한 설화들과의 관계가 설명되어야 할 것이다.

Padhānasutta에서 결정적 순간을 묘사하고 있는 것은 4편의 게송(440-443)이다. 이 4편의 게송을 다른 전통의 텍스트들: Mahāvastu(대사), Lalitavistara(보요경), 『대지도론』의 내용과 비교했을 때 대응하는 문제의 게송 내용에서 서로 뚜렷한 차이점을 드러내고 있다. 위 3편의 이본(異本)에는 빠알리 게송 441과 443만이 서로 일치하고 있으나, 그것도 부분적일 뿐이지만 나머지 2편의 게송 440과 442는 해당 내용이 전혀 없거나 일부가 다른 위치에 분산된 상태로 구성되어 있다. 이 부분의 차이와 결여는 불타전의 정각 사이클에 관심을 가진 학자들의 특별한 노력과 상상력을 자극시켰던 것이다.

문제의 게송 440과 442는 이 설화에서 사실상 가장 드라마틱하게 투쟁 상황을 묘사하는 중요한 요소임에도 불구하고 다른 전통의 텍스트들에는 결여되고 있다. 다만 게송 440이 유일하게 Laliravistara 제18장에 마라의 세력을 나열하기에 앞선 위치에 배열되어 있다.[27] 그 내용 역시 완전히 서로 일치하는 것은 아니지만 두 텍스트를 비교해 보는 것은 의미가 있다.

두 전통에서 게송의 첫 번째 줄이 서로 다른 내용이다. 빠알리 게송의 의미 자체가 명확하지 않아 이 텍스트의 연구 초기에는 다양한 해석을 시도했던 문제의 부분이다. 마라와 붓다에 대한 최초의 연구자인 Windisch는 게송 440의 "Esa muñjaṃ parihare"

27) Lalitavistara(éd. S. Lefmann), p.262 ; Le Lalitavistara(trans. by P. E. de Foucaux), p.226.

를 "Varaṃ maccu pāṇaharo"로 정정할 것을 제안하고 이 부분의 빠알리 사본 모두가 왜곡되어 있다고 주장했다.[28] 이와 같은 가정에 의해 이 텍스트가 수정될 경우 두 전통의 내용은 일치하겠지만 이 게송의 원위치가 어디이며 어느 쪽을 현재의 자리로 이동시켰고 왜 그렇게 고쳤는지 어쨌든 알 수 없는 문제로 남는다.

Paddhānasutta. Vs.440	Lalitavistara. XVIII.1.15
보라, 나는 muñja풀을 지니고 있다! 이 세상의 생명 따위가 다 무엇이냐! 나는 패배해서 살기보다 차라리 투쟁해서 죽는 편이 더 나으리라. (Esa muñjaṃ parihare, dhiratthu id h a jīvitaṃ / saṅgāme me mataṃ seyyo, yañce jī ve parājito //)	세상에 멸시받는 삶보다 차라리 생명을 앗아가는 죽음이 더 낫겠다! 패배해서 살기보다 차라리 투쟁해서 죽는 편이 더 나으리라. (Varaṃ mṛtyuḥ prāṇaharo, dhig grām yaṃ no ca jīvitam / saṅgrāme maraṇaṃ śreyo na ca jī vet parājitaḥ//)

빠알리 텍스트의 문맥에서 볼 때 게송 440은 현재 위치하고 있는 그대로 사문 고타마의 비장한 결의를 집약적으로 표현하는 중요한 요소가 되고 있다. 일찍이 Pischel 등의 오역으로 모호해진 의미가 오늘날은 바로잡히긴 했지만, 아직도 다양한 뉘앙스를 가진 해석을 하고 있다. Fausböll에 이어 두 번째로 Suttanipata를 영역한 E.M. Hare는 "문자(muñja)풀의 휴대는 브라만에게 서원(vrata)을 의미한다."고 주를 달고 있다. E.J. Thomas의 견해로는

28) Windisch, 앞의 책, p.7, 10.

"나는 문자풀을 지니고 있다."라고 하는 것은 전투를 개시할 의도를 가진 전사의 표식이라고 한다. 비슷한 해석으로 K. Chaṭṭopādhyāya는 "나는 단단히 태세를 갖추고 있다(크게 분발한다)."라고 번역하고 이것은 결정적 전투를 위해 자신의 마지막 힘까지 모두 발휘하겠다는 의미라고 한다. 불교에 있어서 악의 신화를 연구한 T.O. Ling은 이 문구에서 초미의 절박한 임전 상황을 볼 수 있다고 해석한다.[29] 현대 학자들 대부분이 위의 문구(Esa muñjaṃ …)를 임전 태세와 결단력을 표시하는 특별한 효과를 가진 내용으로 이해하는데 의견을 같이 하고 있다. 즉, 이 문구가 Padhānasutta의 설화를 성격 지우는데 필수적인 요소라는 것이다.

다른 하나의 게송 442(samantā dhajiniṃ …)의 경우, 다른 전통의 이본(異本)에는 완전히 결여되어 있는 것인데 이 부분에 대해서는 두 가지 의견이 맞서고 있다. Windisch에 의하면 산스끄리뜨 텍스트 편에서 이 부분의 구절을 발취하여 신화적 전투의 형식을 가진 그로테스크한 모형으로 개작했다는 것이다.[30] 사실 Lalitavistara의 정각 이야기에는 서술적으로 된 마라 공격의 묘사가 상당히 구체적이고 장황하며 조야한 모델로 표현되고 있다. 달리 말하면 빠알리 텍스트만이 단순한 마라 이미지의 고층의 형식을 본래 상태로 보존하고 있다는 것이다. 그러나 N. A. Jayawickrama는 동일한 텍스트를 연구하면서 다른 산스끄리뜨 전통에는 결여된 이 게송이 진본인지 의심스럽다는 의견이다. 그는 문제의

29) E. M. Hare, 앞의 책, p.64, n. 1 ; E. J. Thomas, 앞의 책, p.73, n. 1 ; K. Chaṭṭopādhyāya. J.R.A.S., 1930, pp.897-898 ; T. O. Ling, Buddhism, 앞의 책, p.145 ; 149.

30) E. Windisch, 앞의 책, p.29.

게송 442가 오히려 후대에 산스끄리뜨 텍스트의 투쟁 전설에서 영향을 받아 첨가된 것으로 보아야 할 것이라고 시사한다.31) 사실 고대 불교 문학 작품의 반복하는 경향을 생각할 때, 같은 문구 또는 같은 이야기를 축어적으로 수차례 지칠 줄 모르고 되풀이하는 경향성과 특히 동일한 사건에 대한 고대와 후대의 모든 이야기를 축소나 단순화시키지 않고 중첩하는 구성 습관을 가진 Mahāvastu를 고려해 볼 때 위에 문제 된 게송이 빠알리 외에 다른 산스끄리뜨 텍스트 어느 곳에도 발견되지 않는다는 사실을 축소나 누락시킨 것으로 해석한다는 것은 무리인 것 같다.32) Mahāvastu와 『대지도론』에 문제의 게송 440과 442 모두가 결여되어 있다는 것은 의문의 소지를 가중시키고 있다. 한편 빠알리 텍스트에는 이미 지적했던 것처럼 위의 게송 외에도 마라의 최종 패배를 표현하는 3편의 게송 446-448이 결론 게송 직전에 삽입되어 있으며 이 게송들의 원래 자리는 SN.의 "Sutta-Sattavassāni"일 것이라고 보는 것이 오늘날 거의 일치된 의견이다.33) 요약하면 Padhānasutta의 진본 문제에서 Pāli 텍스트만이 유일하게 원초적인 형태의 내용을 그대로 보존하고 있다고 주장할 수 없으며, 어떤 시기에 빠알리 텍스트에는 상당한 부분의 개작이 이루어졌다는 점을 인정해야 할 것이다.

다른 이본들과 비교하여 연구를 진행시키면서 우리에게 더욱

---

31) N. A. Jayawickrama ; Univ. of ceyl on Review, vol.VIII(1950), p. 188-189

32) J. W. de Jong의 비판 참조: "ā propos de Nidānasṃyukta" dans: Mélanges de Sinologie (Biblio. de I.H.E.C., vol.XX), pp.137-149.

33) E. J. Thomas, 앞의 책, p.71 ; G. P. Malalasekera: Dict. of Pāli proper Names, II, p.615 ; T. O. Ling, 앞의 책, p.148.

분명해지는 것은 고대 전통 전체에 알려진 Padhānasutta 이야기의 공통 기반에는 미래의 붓다가 이 시기에 마라에 대해 결정적인 큰 승리를 획득한다는 그런 형식으로 구성되어 있지 않았을 것이라는 점이다. 오히려 아함이나 Nikaya 등 고대 경전에 보이는 단편적인 마라 공세의 내용과 비슷한 카테고리에 속하는 구조를 가지고 있었을 것이다. Padhānasutta의 가장 특징적인 중심 내용은 이 경전의 명칭이 보여주듯이 강인한 의지와 노력, 즉 영웅적인 투쟁 정신을 표현하는 것이었을 것이다.

미래의 붓다가 이 시기에 고행을 실천하고 있을 때 또는 마지막 순간에 죽음을 상징하는 불교적인 악(惡)의 인물 마라를 결정적으로 정복했다면 그리고 마라의 정복과 함께 그의 인격에 근본적인 변화가 이루어졌다면 보리수 아래에서 다시 정각을 향해 정진 노력하는 이중성이 설명될 수 없을 것이다. 앞에서 가정해 본 이런 기본 구도에서는 실천 수행의 과정에 중요성이 있었으나 후대의 제자들은 결과적으로 붓다의 정각과 승리 문제에 관심을 가지고 그 설명이 충분하지 못하다는 것을 느낀 나머지 그들이 희망하는 결정적 승리라는 확실한 내용으로 발전시켰을 것이다. 우리는 이제 Mahāvastu의 Avalokitas, Lalitavistara의 제21장, Buddhacarita의 제13장 등, 후대 불전의 전형적인 내용에서, 진정한 신화적인 투쟁 장면을 볼 수 있는데 이것은 붓다의 결정적 승리를 희망하는 제자들의 요구에 충분히 응답하고 있는 내용들로 구성되어 있다. 여기서는 붓다가 결정적이고 유일한 최후의 승리를 획득하고 정각을 성취한다는 것으로, 붓다 생애의 대 전환기로 크게 부각되고 있다. 우리는 곧 '발전된 불전'의 항마전설에서 다시 이 문제를 취급하게 될 것이다.

이제 Padhānasutta에서 두 적대 인물에 의해 갈등 구조로 나타나는 문제에 대해서 살펴보기로 하겠다. 위에서 고찰한 여러 이본을 통해 일치되고 있는 의견에 의하면, 고행으로 극히 쇠약해진 신체적 조건을 최적의 기회로 간주하고 마라는 동정하는 말로(karuṇavācaṃ) 회유하면서 고타마에게 접근한다. 마라가 이때에 제안한 주된 내용은 고행으로 대표되는 정진 노력(padhāna㉴ 또는 viriya㉴)을 포기하고 그 대신에 기존 윤리와 전통적 습관에 따라 성화(聖火)에 불을 지피고 희생물을 바치면서 공덕(puñña㉴)을 쌓고 전통 방식에 순응하여 안일하게 세속적 욕망을 즐기는 삶을 영위하라는 것이다.[34] 마라가 권유하고 유도하는 이런 삶의 방식은 극히 자연적인 것이며 다수의 일반 대중이 보편적인 상식선에서 갖게 되는 당시의 가치관이요, 윤리적인 태도일 것이다. 이런 자연적인 삶의 틀을 깨고 벗어나려는 것은 기존 윤리와 사회 질서에 역행하는 일이요 유해로운 행동일 것이다. 따라서 욕망과 죽음과 재생을 상징하는 마라로서는 자기 영역을 보존하기 위해서도 개입하지 않을 수 없을 것이다.

마라는 고행의 극한에 이른 사문 고타마에게 살아야 한다고 주장하고 생명이 있어야 선행도 할 수 있지 않겠느냐고 만류한다.

> "당신이 범행(梵行)을 닦고[35] 성화(聖火)에 공물을 바친다면
> 큰 공덕이 쌓일 것이거늘 이런 노력을 해서

---

34) 게송 428: Carato ca te brahmacariyaṃ aggihuttañca jūhato pahūtaṃ cīyate puññaṃ, kiṃ padhānena kāhasi.

35) brahmacariya의 의미에 대해 註10 참조.

무슨 소용이 있겠습니까(kiṃ padhānena kahāsi)?" (게송428)

이렇게 말하고 "정진 노력의 길을 어렵고 힘들다."는 것을 강조한다: "Duggo maggo padhānāya dukkaro durabhisambhavo(게송429)." Mahāvastu에서도 마라의 속삭임으로 이렇게 기술되고 있다: "이런 고행으로 당신은 무엇을 얻으려고 합니까? 당신은 살아야 하오, 당신은 전륜왕(轉輪王)이 될 것이요, 큰 희생의 재물을 바치시오. (…) 이 희생물을 바치면 당신은 천상의 즐거움을 누릴 것이고 큰 공덕을 낳게 될 것입니다. 고행은 힘들고 극복하기에 고통스럽습니다."36)

Lalitavistara에서도 고행을 포기하고 공덕을 쌓으라고 마라가 권유한다: "항상 보시하고 주야로 성화에 헌공하는 사람에게는 큰 공덕이 쌓일 것이요 [그런데] 고행을 해서 무엇하겠습니까?" "청춘이 흘러가 버리기 전에, 당신이 아직 인생의 초반에 있는 동안에, 늙음과 질병이 당신을 침범하기 전, 미모와 젊음을 갖고 있는 동안에 웃음 띤 얼굴로 욕락을 즐기시오." 『대지도론』에서도 마라는 고타마에게 접근하여 고행을 포기하고 인간 세상과 천상 세계의 행복한 길을 가라고 권유한다.37) 마라는 이와 같이 기존 질서와 윤리 도덕에 순응하며 공덕을 쌓고 주어진 조건 안에서 세속적 욕망을 즐기는 평범한 삶의 방식을 옹호하고 있는 것이다.

그러나 미래의 붓다, 고타마가 지향하고 있는 목표는 전혀 다른 차원이다. 그는 인간 조건의 근원적인 불안과 한계 상황을 깊이

36) The Mahāvastu(by J. J. Jones) II, pp.224-225.
37) Le Lalitavistara(by P. E. de Foucaux), p.225, 277 ; 『大智度論』, 大正25, K.15, p.169a(Lamotte, 앞의 책, p.906-907).

의식하고 있었으며, 그것에 순응하기를 거부하고 이 한계를 돌파하려는 높은 의지와 도전적 태도를 가지고 있었던 것이다. 그는 생사가 되풀이되는 윤회세계 속에서의 끝없는 재생(再生)에 인종할 수 없었고, 미래세의 조건을 개선하기 위해 오로지 전통적 윤리에 따라 습관적으로 행동하는 것에 만족할 수도 없었다. 아무리 선업과 공덕을 쌓아서 앞날의 보다 나은 복락이 약속된다고 하더라도 그것은 일시적인 처방에 불과하며, 모든 존재는 피할 수 없이 인과율과 무상의 법칙에 지배되어 필연적으로 생로병사의 고통을 받게 되고 생(生)과 사(死)의 사슬에 계속 묶여 있을 뿐인 것이다. 그는 재생의 연속에 종지부를 찍고 윤회의 사슬을 결정코 끊어 버리려는 목표와 의지를 가지고 있었던 것이다. 따라서 그가 추구하는 길은 결국 욕망과 죽음으로 상징되는 마라의 영역을 영원히 벗어나는 해탈의 길인 것이다.[38)]

이렇게 지향하고 있는 고타마의 목표를 악마 마라가 모든 수단을 동원하여 방해하고 차단하려는 것은 당연한 일일 것이며, 반면에 고타마는 그의 목적을 실행하기 위해 영웅적인 용기와 투지를 발휘하지 않을 수 없었을 것이다. 이미 앞에서 여러 번 강조했듯이 그는 생명을 초개같이 생각하는 결의에 찬 영웅의 자세로 "이

38)) Padhānasutta의 첫 게송 425: "yogakkhemassa pattiyā" 즉 "安穩(平安)에 이르기 위해" 정진 노력한다고 목표를 세우고 있으며, 게송 439: "jetvā ca labhate sukham" 즉 "승리해서 행복을 획득"할 결심을 한다. 게송 445: "gamissanti yattha gantvā na socare" 그를 따르는 제자들도 "한번 도착하면 다시는 더 이상 슬픔과 고뇌가 없는 곳으로 갈 것이다."라고 분명한 목적지를 밝히고 있다 ; 여기서 특히 'yogakkhema'(yogakṣemaⓢ)는 '신비적 安穩' '最上의 安全' '至福'의 뜻을 가지며 Nirvāṇa와 거의 동의어이다. 또는 열반의 부가형용사로서 '安穩涅槃'으로 종종 표현된다(cf. PTS. Dic, p.558: Hôbôgirin, p.593).

세상의 생명 따위가 다 무엇이냐?"고 부르짖으며, "나는 패배해서 사는 것보다 차라리 투쟁 속에 죽는 편이 더 나으리라."고 강인한 의지로 다짐한다.[39] 우리는 이미 앞에서 두 적대자 사이에 긴박한 전투적인 상황 설정을 충분히 확인할 수 있었으며, 이제 근본적인 이유와 갈등 관계를 이해할 수 있게 된 것 같다.

실천적인 면에서 노력(viriyaⓟ)과 공덕(puññaⓟ)의 문제에 더욱 주목해 보자. 정진 노력 대신에 공덕을 쌓기를 권유하는 마라를 향해 고타마는 "태만한 자" 또는 "부주의하고 게으른 자의 친척", "Pamattabandhu"이라고 그를 몰아 세우고, "공덕을 필요로 하는 자 그들에게나 가서 그 말을 하라."고 윽박지른다. 그리고 고타마는 "나에게는 신념(vaddhāⓟ)이 있고 노력(viriya)이 있고 지혜(paññāⓟ)가 있다. 이처럼 힘써 정진 노력하는 나에게 어찌하여 너는 생명의 보전을 권유하는가?"라고 반문한다.[40] 공덕행이 여기서는 무기력하고 태만한 용기 없는 자의 쉬운 방법 정도로 그 가치가 폄하되고 있다. 반면에 신념과 정진 노력 그리고 지혜의 중요성이 강조되어 있으며, 특히 생명을 건 노력과 용기가 높이 평가된다. Padhānasutta에는 의지와 노력하는 모습을 이렇게 표현하고 있다: "바람은 강물까지도 말려버릴 수 있으리라, 하물며 결연히 노력하는 내 몸의 피가 어찌 마르지 않겠는가? (…)"[41] 이런 용맹과 정진 노력에 관한 표현은 거의 반복하는 상투적 문장으로 고정되어 유사한 형태로 고대 경전 여러 곳에서 확인된다:

39) 계송 439, 440 참조.
40) 계송 430. 431.432 참조.
41) 계송 433. 434. 435 참조.

"내 몸의 가죽, 힘줄, 뼈만 남는다 해도, 또는 내 몸의 살점과 피가 말라버린다 해도, 인간의 용기(purisatthāmena), 인간의 노력(purisaviriyena), 인간의 결심에 의해(purisaparakkamena) 획득될 수 있는 것을 얻지 못하는 한 나의 정진 노력은 끈질기게 지속되리라."42)

정진 노력의 중요성은 이와 같이 고대 경전에서 일반화되어 수 없이 되풀이되고 있는데, 우리 텍스트 Padhānasutta는 그것을 더욱 극적으로 표현하고 있으며 붓다 자신의 경험 사실로 강조하고 있는 것이다.

수행 덕목의 일반적인 체계를 보더라도 초기 불교의 팔정도(Arya Aṣṭāṅgamārgaⓢ)에서 점차 조직화 된 37조도품(bodhipakṣikaⓢ)의 여러 카테고리에는 필수적으로 정진이 강조되고 있으며, 바로 이 정진, 즉 노력과 용기에 의해 실천 수행이 해탈로 약진하는 형식으로 구성되어 있다고 할 수 있다43): 사신족(四神足, ṛddhipādaⓢ)에는 정진 노력이 두 번째로 Viriyasamādhi Padhānasaṃkhāraⓟ이고, 오근(五根, indriya)에는 두 번째로 Vīryendriyaⓢ이며, 오력(五力, balaⓢ)에는 두 번째로 Vīryabalaⓢ이고, 칠각지(七覺支, saṃbodhyaṅgaⓢ)에는 세 번째로 Vīryasaṃbodhyaṅgaⓢ이며, 팔정도(mārgāṅgaⓢ)에는 여섯 번째로 Samyagvyāyāmaⓢ이다. 특히 사념처(四念處, smṛtyupasthānaⓢ)와 사정근(四正勤, sa

---

42) SN.II, p.28: 'kāmaṃ taco ca nahārū ca aṭṭhi ca avasissatu sarīre upasussatu maṃsaṃ lohitaṃ, yan taṃ purisathāmena purisaviriyena purisaparakkamena pattabbaṃ na taṃ apāpuṇitvā viriyassa saṇṭhānaṃ bhavissati.' ; (상투적 문구가 여러 텍스트에 나타난다. cf. MN.I, 481 ; AN.I, p.50 ; 雜阿含, 大正2, No.348, p.98a 등).

43) E. Lamotte, Traité, p.1119-1137 참조.

myakpradhāna(S))에는 정진 노력이 각 항목 마다 필수적인 요소로 구성되어 있다. 불교는 초기부터 노력 정진 없이는 이룰 수 있는 것이 아무것도 없다고 보고 노력을 높이 평가하고 있으며 실천적인 덕목에 중요한 위치를 부여한다. 궁극적인 목적은 노력에서 실현되고 그것이 완성될 때 노력은 끝난다. 정진 노력은 바로 마군(魔軍)을 격파하고 정각을 여는 길이 된다. 경전에는 이렇게 말한다: "비구들이여, 나는 너희들에게 마군을 격파하는 길을 가르쳐 주겠으니 잘 들어라, 비구들이여 무엇이 그 길인가 그것은 칠각지이다. 칠각지란 무엇인가 염각(念覺)과 그리고 그 나머지들이다. 비구들이여 이것이 마군을 격파하는 길이다."[44] 불교도의 정진 노력하는 태도는 가히 스토아 학파적 투쟁이라 할 정도다. 붓다는 제자들에게 "전사들, 전사들이라고 우리는 서로 부른다. 우리는 숭고한 덕, 드높은 노력, 최상의 지혜를 위해 투쟁한다. 그래서 우리는 전사들이라고 한다."[45]고 격려한다. "여래는 설법자일 뿐이다. 노력해야 할 사람은 너희들 자신이다. 도(道)에 들어가서 정진 선정하는 사람은 죽음의 덫에서 풀려난다."[46] 붓다는 "번뇌의 사슬을 꺾어버린 사람"이며 "악마의 정복자요" "위대한 영웅"이라고 불린다.[47]

Padhānasutta에는 이런 노력과 승리의 정신이 전편에 흐르는 중요한 핵심 요소로 구성되어 있다. 현존하는 상태의 Padhānasutta에는 정진 노력(투쟁)과 공덕(선업) 사상이 갈등 관계의 구조로

44) SN.V, p.99.
45) A. Migot, Le bouddha, Paris, 1957, p.158 ; 190(MN의 경전 번역 인용).
46) A. Bareau, Bouddha, Paris, 1962, p.180(Dhp.276 인용).
47) Suttanipāta. vs. 562. 571.

되어 있으며 정진 노력의 가치와 그 중요성이 크게 부각되어 있다. 6년 또는 7년간의 노력과 투쟁 끝에 사문 고타마는 결정적인 대승리를 획득한다. 이 승리는 외적인 어떤 힘이나, 전생의 공덕이나, 예정된 운명 또는 절대자의 어떤 도움에 의해 주어진 것이 아니요, 인간으로서 고타마가 무서운 결심과 노력, 그리고 생사를 건 투쟁을 통하여 자기 자신의 힘으로 그것을 쟁취해낸 것이다. 그래서 경전에서는 그를 "큰 승리자(最勝者, 최승자)", "대 정진자", "큰 영웅(mahāvīrā)" 또는 "전투에 승리한 영웅(vīra vijitasaṅgāma)"으로 호칭한다.[48] 그는 진정코 인간의 무한한 가능성과 노력의 가치를 몸소 보이고 크게 고양시킨 용기와 승리의 상징이요 아르케타입이라 할 수 있다. Padhānasutta는 이런 관점에서 큰 의미를 갖게 되며 높게 평가될 수 있을 것이다.

Ⅲ. 『증일아함』의 항마전설

아함에서는 거의 유일하게 『증일아함』에 '발전된 불전'의 항마전설[49]이 실려 있다. 이 발전된 불전은 붓다가 정각 직전에 보리수 아래에서 마라 파순(波旬)을 결정적으로 완전히 정복하고 무상보리를 성취한다는 붓다 생애의 획기적 전환점을 극히 드라마틱하게 묘사하고 있다. 이 항마전설은 정전(正典)인 Āgama에 편입

48) Suttanipāta, vs. 562-563 ; SN.I, p.127: Mahāvīrā ; 雜阿含 大正2, p.286a, 287b, 384a: 大方便 또는 大精進 ; 大正2, p.329a 最勝 ; MN.I, p.169.

49) '발전된 불전' 용어에 대해, 註5 참조.

된 유일한 텍스트일 뿐만 아니라 발전된 불전에 나타나는 항마 이야기의 중요한 골격을 단순화된 상태로 보전하고 있어 비교연구에 도움을 준다. 우리에게 잘 알려진 불전 Lalitavistara와 서로 많은 유사점을 가지고 있는데 그것은 아마도 공통적인 원천에 근거하고 있기 때문인 것 같다.[50] 연구를 진행하면서 우리는 이 후자로부터 많은 보충적인 설명의 도움을 받게 될 것이다. 그렇지만 『증일아함』은 대중부에 속하는 경전이고 Lalitavistara는 원래 유부(有部)의 텍스트이지만 대승불교의 관점에서 개작된 불전인 것으로 간주되고 있다.[51]

『증일아함』의 전설에 흐르는 지배적인 실천 윤리는 앞서 연구한 Padhānasutta와는 대조적으로 정진 노력(viīryaⓢ)의 중요성이 공덕 사상(puṇyaⓢ)에 압도되고 있는 것 같다. 우리는 이 발전된 불전의 흐름을 따라가면서 이 점에 주의를 기울이게 될 것이다. 『증일아함』의 이 전설은 Rohita천자의 방문에서 시작되는 일련의 경전들 가운데 편입된 것으로서, 붓다가 직접 옛일을 회상하여 비구들에게 사위성에서 설한 내용으로 구성되어 있다. 우리는 우선 『증일아함』의 설화를 부분적으로 약간 생략하고 번역하여 원문 그대로 정리해 보겠다.

> 나는 옛날 아직 불도(佛道)를 이루기 전에 보리수 아래(樹王下, 수왕하) 앉아 있었는데, 그때 나에게 이런 생각이 떠올랐다[52]: "이 욕계에서 가장 호귀(豪貴)한 자가 누구일까? 나는 그를 항복시키리라, (그가 항복되면),

50) Lalitavistara의 XXI章(후반부의 魔女 개입 부분 제외).

51) A. Foucher, La vie du Bouddha d' apres les textes et les monuments de l'inde. Paris. 1949, p.15 ; A. Bareau, 앞의 책, p.154.

52) 『增一阿含』, 大正2, p.760b. "我昔未成佛道 坐樹王下時 便作是念."

욕계의 천인(天人)들이 모두 항복할 것이다."
그때 나는 다시 이런 생각을 했다. "그것은 마파순(魔波旬)이라고 나는 들었다. 나는 지금 그와 싸우리라, 이 파순이 정복된다면 오만하고 호귀한 일체 천신들이 모두 굴복하게 될 것이다."
비구들이여, 그 순간 나는 내 자리(座, 좌)에 앉아 미소를 지었다. 그 동작이 마파순의 영역 전체를 진동시켰고 허공에서는 게송 소리가 들리는 현상이 일어났다. (…)
그때에, 마파순은 분노가 불꽃처럼 일어나서 곧 사자대장(師子大將, Siṃhahanu)에게 이렇게 말했다: "빨리, 서둘러 4종 군대를 모두 소집하라. 나는 저 사문(沙門)을 공격하여 정벌하겠다. 감히 나에게 맞서 싸우려는 그의 세력이 무엇인지 주의 깊게 관찰해 보라."
나는 그때 다시 이렇게 생각했다: 보통 사람들과 투쟁한다고 하더라도 그냥 침묵하고 있을 수 없겠거늘 하물며 욕계에서 가장 호귀한 자와의 싸움에서이겠는가? 당연히 그와는 어느 정도의 대적하는 싸움이 있게 되리라,
비구들이여, 그때 나는 인자(仁慈)의 갑옷을 입고 삼매의 활과 지혜의 화살을 손에 쥐고서 파순의 무리를 기다리고 있었다.
그때 마파순과 그 대장이 거느린 군사들 무리는 18억(koṭi)이었다. 그들은 원숭이 얼굴, 사자 얼굴 등 가지각색의 다른 얼굴 모양을 하고 나에게 다가왔다. 어떤 야차 무리는 몸 하나에 여러 개의 머리가 달린 것들이고, 어떤 것들은 머리 하나에 수십 개의 몸뚱이를 가졌고, 혹은 두 어깨에 세 개의 목과 가슴에 입을 가졌으며 또 어떤 것은 손이 하나뿐이거나 둘 또는 네 개를 가졌고 혹은 두 손으로 그들의 머리 움켜쥐고 입으로는 죽은 뱀들을 토해내고 있었으며, 혹은 입으로는 화광(火光)을 뿜어내고 머리에는 불이 훨훨 타고 있었으며 혹은 두 손으로 입을 벌리고 앞으로 치달으면서 잡아먹으려고 했으며 혹은 배를 가르고 서로 마주 보고 있었고 혹은 칼과 창을 휘두르고 혹은 절구공을 들고 있었고 혹은 산, 바위 또는 나무들을 어깨에 메고 있었으며, 그들 중에 어떤 것들은 두 다리를 거꾸로 올리고 머리를 밑에 박고 있었고, 어떤 것들은 코끼리를 타고, 혹은 사자를, 혹은 이리를, 혹은 독충들을 타고, 어떤 것들은 발로 걸어서, 또 어떤 것들은 공중을 날아왔다.
그때 마(魔)의 군사 무리들은 [내가 앉아 있는] 도수(道樹)를 포위하고 마

파순은 나의 왼편에 서서 이렇게 말했다:
"사문이여, 어서 빨리 일어나라."
그러나 나는 그때 침묵을 지키고 대답하지 않았다. 그는 두 번 세 번 되풀이한 후에, 이렇게 나에게 말했다:
"사문이여, 너는 내가 두렵지도 않은가?."
나는 그에게 대답했다:
"나는 지금 내 마음을 두려움이 없는 곳에 고정시키고 있노라(我今執心無所畏懼, 아금집심무소외구)."
그때 파순은 나에게 말했다:
"사문이여, 너는 정말 나의 4종 군대의 무리를 보고 있는가? 너는 지금 너 홀로이며, 어떤 군대도 어떤 무기도 없이, 삭발한 머리에 겨우 3개의 옷가지를 걸친 몸을 완전히 밖에 노출시키고 있다."
그때 나는 그에게 대답했다:
"나는 아무것도 두려울 것이 없다."
그리고 그 순간 나는 파순을 향해 게송으로 말했다:

'자비의 갑옷을 입었으며
손에는 삼매의 활과 지혜의 화살을 잡았나니
나의 복업(福業)을 군대로 삼아
이제 나는 너의 무리를 격파하리라.[53]'

그때 마파순은 다시 나에게 말했다:
"사문이여, 나는 너에게 많은 이익을 주려고 한다. 그렇지만 만일 네가 내 말을 듣지 않는다면 나는 너를 잡아 네 몸을 잿가루로 만들어 버릴 것이다. 오 사문이여, 더욱이 너의 용모는 단정하고 젊고 또 잘 생겼을 뿐만 아니라, 너의 근본은 크샤트리아로서 전륜왕의 종족이다. 빨리 이 자리에서 일어나 오욕의 즐거움을 누려라. 나는 너를 장차 전륜성왕이 되게 할 것이다."
나는 그에게 대답했다:

---

53) 앞의 책, p.760c ; "仁鎧三昧弓 手執智慧箭 福業爲兵衆 今當壞汝軍."

"네가 지금 나에게 말하고 있는 것은 모두 무상하고 변하며 지속되지 않는 것들이다. 그러므로 그것들은 모두 버리고 떠나야 할 것들이다. 내가 선망하는 것은 그런 것들이 아니다."

마파순은 다시 나에게 말했다:

"사문이여, 그렇다면 너는 대체 무엇을 추구하며 네가 지금 원하고 있는 것은 무엇이란 말인가?."

나는 이렇게 대답했다:

"내가 원하고 있는 것은 슬픔도 근심도 없는 그곳, 안락하고 평화로운 열반성(涅槃城)에 이르는 것이며, 윤회의 길에 헤매면서 고뇌에 빠져 있는 이 중생들을 올바른 길로 인도하는 것이다."[54]

그때 마(魔)는 나에게 말대꾸를 했다:

"사문이여, 만일 네가 지금 당장 이 자리에서 일어나지 않고 계속 앉아 있으면 나는 너의 다리를 잡아 대양(大洋) 저 너머로 던져 버리겠다."

나는 파순에게 말했다:

"나는 천상이나 인간들 사이에, 마(魔)나 마천(魔天)이나, 인간이나 비인간(非人間)이나, 너의 네 무리 중 그 누구도 나의 털 하나도 움직이지 못할 것이라는 점을 내 스스로 관찰해 알고 있다."

마(魔)가 나에게 말했다:

"사문이여, 오늘 네가 진정코 나와 싸움을 할 작정인가?"

나는 대답했다:

"너와의 교전도 불사할 생각이다." (여기서 마군과 교만 등에 대항해서 투쟁하는 방법으로서 7종 삼매와 팔정도 등을 설명한다. 그러나 파순은 이런 것을 인정하지 않고 자기의 주장을 다시 계속한다.)

"사문이여, 비록 네가 지금 그런 말을 하지만 그것들은 극복하기가 심히 어려운 것이다. 그러니, 내가 너를 대양 저 너머로 던지기 전에 어서 빨리 여기서 당장 일어나라."

나는 그때 다시 마파순에게 말했다:

"너는 한 번 보시한 공덕(puṇya)으로 오늘날 욕계에서 마왕이라는 지위를

---

54) 앞의 책, p.760c: "吾所願者 無憂畏處 安隱恬泊涅槃城中 使此衆生流浪生死沈翳苦惱者引正路." ; 『大智度論』, 大正25, p.174b: "能到佛道涅槃城 是名正精進."

획득한 것이다. 그러나 옛날에 내가 지은 공덕은 이루 다 헤아릴 수도 없다. 그런데도 너는 지금 어떻게 (그 극복이) 심히 어렵다고 말하는가?"[55)]
마파순이 대답했다:
"내가 지은 공덕은 네가 지금 그것을 증명하였다. 그러나 너 자신이 옛날에 헤아릴 수 없이 많은 공덕을 쌓았다는 것을 누가 알고 누가 그것을 증명하는가?"
비구들이여, 그때 나는 곧 오른손을 펴서 손가락으로 촉지(觸地, bhūmisparśamudrā)를 하고(卽伸右手以指案地, 즉신우수이지안지), 파순에게 말했다.
"내가 지은 공덕은 이 땅이 알고 이 땅이 증명할 것이다."[56)]
내가 이 말을 발음하자마자 곧 지신(地神)이 솟아 나와 나에게 합장을 하고 말했다:
"세존이시여, 제가 그것을 알고 있으며 제가 그것을 증명하나이다."
지신이 말을 마치자마자 마파순은 그때 근심하고 고뇌하면서 곧 그 자리에서 사라지고 보이지 않게 되었다. (『증일아함』, T.125, pp.760b-761a)

Ⅳ. 항마전설의 의미

『증일아함』의 '항마전설'은 Padhānasutta와는 현저한 차이를 보이고 있다. 먼저 마라와의 투쟁 무대가 정각 직전에 수왕하(樹王下), 즉 보리수 아래로 기술되어 있고 상황 전개도 특이하다. 우리 텍스트는 '발전된 불전'의 형식을 따르고 있으나 불전으로서 유명한 Lalitavistara에서처럼 이른바 마라와의 투쟁 장면의 구성

55) 앞의 책, p.761a: "汝作福唯一施 今得作欲界魔王 我昔所造功德無能稱計 汝今所說 方言甚難耶." cf. Le Lalitavistara, p.271.
56) 앞의 책, p.761a: "時我比丘卽伸右手 以指案地 語波旬我所造功德地證知之." cf. Le Lalitavistara, p.271-272

이 상당히 독특하다. 여기서는 마라 편에서 먼저 투쟁을 시작하는 것이 아니라, 오히려 사문 고타마 편에서 선공 자세를 취하는 적극적인 태도를 보이고 있다. 사실 우리 텍스트에서는 사문 고타마가 마라의 세력을 파괴시키겠다고 위협하는 도전자가 된 것이다.57) 이제 그는 단식과 엄격한 고행으로 피골이 상접하고 허약한 고행자로서 고타마가 아니라 자기실현을 성취하고 완결에 이른 보살의 당당한 자세로 묘사되고 있다. (우리는 여기서부터 그에게 합당한 보살의 명칭으로 부르기로 한다.)

보살은 수하(樹下)에 자리하고 앉아 단순한 미소를 지음으로써(於座上笑, 어좌상소), 마라의 영역 전체를 진동시킨다. Lalitavistara에 의하면 그는 보리좌(菩提座, bodhimaṇḍa)에 앉아, 양미간의 백호(白毫, ūrṇā)로부터 “일체 마군중(魔軍衆)을 최복(摧伏)하는(sarva māra maṇḍala vidhvansana-kāri)” 광명을 투사함으로써 마라의 경계를 암흑으로 만들고 큰 진동을 일으키게 한다. 보살의 이런 도전적인 행위로 충격을 받고 격분된 마라는 (Lalitavistara에 의하면 32종의 불길한 악몽을 꾸고) 4종 군대를 불러 모아 보살을 공격할 준비 태세를 갖추게 된다.58)

마라 군대의 묘사는 길고도 장황하며 험상궂고 무서운 온갖 형태들로서, 진정한 악마 무리의 그로테스크한 양상들을 갖추고 있다. 이 무리들은 신체적으로 정상 체형이 아닌 갖은 기형과 불균형, 짐승들 무리와 괴기한 소음 등, 악마 형태의 기본 구성 요소들이 모두 동원되어 있다고 할 수 있다. 이와 같은 악마 무리들이

57)) 『增一阿含』, 大正2, p.760b ; Le Lalitavistara 제21장 p.257.

58)) 『增一阿含』. 大正2, p.760b: “於座上笑使魔波旬境界皆悉震動.” ; Le Lalitavistara, p.257-259.

보리수를 포위하고 마라 자신은 직접 보살을 협박 또는 유혹하며 그 자리에서 일어나도록 집요하게 괴롭힌다. 『증일아함』의 설화에는 소란스러운 준비에도 불구하고, 마라의 실제적인 공격이라고 할 만한 장면이 표현적으로 묘사되고 있지는 않으나, 보살을 포위하고 위협하는 상황 전개는 투쟁의 긴박감을 충분히 느끼게 하고 있다. 그러나 Lalitavistara에서는 마라의 군대가 보살을 실제로 정면 공격하고 있다. 무시무시한 온갖 형태를 가진 악마 군대들은 입으로는 뱀을 토해내고 목에는 해골 목걸이로 장식을 하고 태산을 움직이며 먹구름을 불러모으고 번개를 발사하는 등등 온갖 공포스러운 분위기를 자아내고 야수들의 소리를 지르면서 보살에게 덤벼든다. 그러나 보살의 전생 공덕(puṇya)과 자비심이 그에게 완벽한 보호막을 형성하게 되고 마라와 그들 군대가 던지는 창과 빗발처럼 쏘아 대는 화살들은 모두 그 촉이 자발적으로 꽃으로 변해 버려 무디어진다. 헛되이 마라는 그의 군대를 격려하고 고무시키지만 전세는 이미 기울어졌다.[59] 결국 그들은 이 신화적인 전투에서 보살의 털 하나도 움직이지 못하고 패배하게 되며, 보살은 확고부동하게 앉은자리, 또는 보리좌를 지키고 정각에 이른다.

이 항마전설에서, 우리는 그 구성 배경을 이루고 있는 기본적인 두 관념에 주목을 하게 되는데, 그것은 '장소'와 '공덕' 문제이다. 이 두 요소는 언뜻 보기에 불균형적인 것 같지만 사실은 밀접하게 연관되어 우리 설화에서 중요한 의미를 갖는다. 우선 장소, 위치, 자리(avasthāna, āsana)의 문제에 주목해 보자. 우리 설화에서 마라가 겨냥한 목표와 악마적인 끈질긴 추격이 주로 보살이 앉아

59) 『增一阿含』, 大正2, pp.760b-c ; Le Lalitavistara, p.261-271.

있는 자리 또는 장소인 것 같다. 무려 네 번 이상이나 마라는 보살에게 직접적으로 빨리 자리에서 일어나라(速起, 속기)고 위협과 회유의 방법으로 독촉했다.[60] 사실 보살은 보리수 아래 그의 자리(座上, 좌상, āsana) 또는 보리좌(菩提座, bodhimaṇḍa)에 앉아서 정각을 획득할 때까지 절대로 다시 일어나지 않겠다고 결심하고 있다.[61] 『대지도론(大智度論)』에서는 보살이 보리수 아래로 가서 금강좌(金剛座, vajrāsana)에 앉아 맹세를 했을 때, 마왕이 18억(koti)군대를 동반하고 보살의 처소로 몰려 왔다고 한다. Lalitavistara에는 보살이 보리수로 향해 가서 보리좌(bodhimaṇḍa)에 자리 잡고 앉는 과정과 장면을 무려 두 개의 장(章, 제19, 20)에 나누어 세밀하게 기술하고 있다.[62] 이것은 보리좌, 즉 그 장소의 중요성이 얼마나 크게 부각되고 특별한 의미로 인식되고 있었나 하는 것을 잘 나타내고 있는 것이다.

불전과 고대 인도 신화를 비교 연구하여 잘 알려진 프랑스의 Senart는 마라가 "보살을 수하(樹下)로부터 격리시킨다."는 것은 "보살을 패배시킨다."는 동의어의 다른 표현이라고 했다. "수왕(樹王)아래로 가까이 다가간다."는 것은 정각을 얻는 상태가 되는 것이며 그것은 "불사(不死, amṛtaⓢ)의 장소에 접촉한다."는 것이

60) 『增一阿含』, 大正2,: 沙門速起(p.670c) ; 速起此處(p.670c) 沙門不速起乎坐者(p.670c) 沙門今速起(p.671a).
61) "無上正覺"을 성취 할 때까지 자리에서 일어나지 않겠다고 "맹세"하는 내용을 여러 불전에서 볼 수 있다: Nidānakathā, p.71 ; Buddhacarita XII, v.120 ; Laliravistara, p.289 ; 『羅摩經』, 大正1, p.777a(이 경에 해당하는 Pāli경 Ariyapariyesanasutta(MN.I, pp.160-175)에는 맹세 내용은 없으나 正覺 추구와 노력에 대해 기술하고 있다.).
62) 『大智度論』, 大正25, p.83c(E. Lamotte. Traité, p.228) ; Le Lalitavistara, pp.234-256.

다.[63] 그에 따르면 나무가 모든 투쟁의 진정한 목표(l'enjeu vêritale Ⓕ)이다. 이 나무는 마라의 소유인데 보살이 그 나무를 차지한 것이다. 이 보리수, 즉 지혜와 생명을 상징하는 이 나무는 인도유럽의 모든 신화에 친숙한 나무이며, 마라와의 투쟁 장면 전체가 결국 이 나무에 간직된 감로(甘露, amṛta)의 쟁취에 관한 신화일 뿐이라는 것이다.[64] 이 나무 아래 실제로 아득한 옛 신화, 감로를 지닌 천국의 나무 신화(불사의 신비)가 은닉되어 있었을 가능성은 충분히 있고 전설적인 옛 기억들이 바로 이 나무를 중심으로 집결되고 결정(結晶)되었을 수 있다. 따라서 불전의 마라 전설도 이 고대의 전설에 밀접한 친연 관계를 가지고 있었을 수도 있다. 그렇지만 인도의 수많은 수행자들이 옛날에 그랬던 것처럼, 보살에게도 역시 선정을 닦기 위해 적합한 곳은 나무 아래였을 것이다. 인도 같은 기후 조건에서 비나 햇볕을 막아 줄 수 있는 나무 그늘 아래가 아니라면 어느 장소에 수행자가 앉을 수 있겠는가, 보살이 앉은 자리도 바로 이런 곳이었을 것이고 우연하게 만난 나무 그늘에 불과했을 것이다.[65] 처음부터 신화적인 특별한 나무 아래 보살이 선택적으로 자리하여 앉아서 정각을 했다기 보다는 선정 수행에 알맞은 그런 곳이라면 어느 곳이든 간에 앉을 수 있는 그런 장소였을 것이다. 그러나 붓다의 명성과 그에 대한 신격화가 증대됨에 따라 그가 그 아래에 앉아 정각을 성취했을 나무

---

63) E. Senart, Essai sur la légende du Buddha son caractère et Ses origines」(Paris, 1882), p.166.

64) E. Senart, 앞의 책, pp.187-189, 207, 210-212 ; A. Foucher, 앞의 책, p.145-146.

65) H. Oldenberg, Le Bouddha, sa vie, sa Doctrine et sa Communauté(tr. par Foucher), Paris, 1934, p.90.

까지도 특별한 의미를 갖게 되고 찬양되었을 것이다. 붓다의 수행 편력에 관한 단편적인 초기 이야기에는 나무의 존재가 거의 무시되고 있으며 어떤 자료에는 나무에 대한 언급조차 없다. 실제 이때에 중요했던 것은 선정 수행에 적합한 조건들이 최대한 갖추어진 그런 장소였을 것이다. 우리 텍스트 『증일아함』의 설화에는 두 번에 걸쳐 수왕(樹王) 또는 도수(道樹)가 언급되고 있었다. 그렇지만 그 수목(樹木)의 중요성보다는 오히려 여러 차례에 걸쳐 장소 또는 자리의 문제가 부각되어 있는 것을 보았다. 『증일아함』에는 보살이 "좌상(座上)"에서 미소(微笑)로, Lalitavistara에는 보리좌(bodhimaṇḍa)에 앉아 백호광(白毫光)으로 마라의 영역에 충격을 주고 그를 경악시킬 수 있었다.[66]

여기서 좌(座), 좌(坐), 또 처(處)는 공간적인 의미의 위치뿐만 아니라 상황, 조건 등 심리적 또는 상징적 의미까지 포함한다고 할 수 있다. 우리가 이렇게 장소 또는 상황을 강조하는 것은 발전된 불전에서도 수목에 중요성이 집중되어 있지 않고 오히려 장소 또는 상황에 중요한 상징적인 뜻이 놓여 있다는 것을 주목하려고 하는 것이다. 잘 평형을 이룬 확고부동한 위치 또는 자리, 안정성을 상징하는 장소는 지혜의 기초 근거로 Samādhi에 비교될 수 있을 것이다. 마라는 그의 악마적 세력을 발휘하여 보살이 Samādhi의 확고한 자리에서 정각을 달성하지 못하도록 뒤흔들어 놓으려고 전력을 다해 방해했던 것이다. 평형을 이룬 안정된 자리(Siêge)에 연합된 확고한 결심은 거의 모든 정각 설화에서 강조되고 있는 것이다. 앞에서 이미 인용한 불전 중에서 특히 Bodhimaṇḍa

66) 앞의 주58 참조.

에 중요성을 강조하는 Lalitavistara(p.36, 44), Mahāvastu(III, p.278), 이 외에도 우리에게 잘 알려진 『유마경』에는 Vimalakīrti가 Bodhimaṇḍa에 대해 중요하고도 다양한 의미를 길게 설하고 있는데 그것 자체로 하나의 뛰어난 논설 제목이 되고 있는 것을 볼 수 있다.[67] 민속적 요소와 우주론적 고대 천문학이 뒤섞인 후대의 불전에서뿐만 아니라 고대에 속하는 정각 이야기에도 부동의 안정된 처소와 심리적 요인이 강조되고 있다. 서기 636년경 보드가야를 방문했던 현장(玄奘)은 그곳에서 그때까지도 금강좌(金剛座, vajrāsana)를 확인할 수 있었다고 증언한다. 그에 의하면 금강좌라고 부른 이유가 Bhadrakalpa(賢劫, 현겁)의 수많은 붓다가 바로 이 장소에서 정각 직전에 금강삼매(vajropamasamādhi)에 도달했고 앞으로도 도달하게 될 것이기 때문이라고 한다. 또한 도량(道場, bodhimaṇḍa)이라고 이름하기도 하는데 그 이유는 붓다가 이 장소에서 보리를 성취했기 때문이라고 한다. 이 장소는 또한 우주적인 충격으로부터도 안전하게 보호되고 있다고 기술한다.[68] 용수나 붓다고샤 같은 큰 주석가도 확고부동한 앉음에 중요성이 있다는 것을 기회 있을 때마다 강조하고 있다.[69] 붓다는 바로 이 다이아몬드 같이 확고부동한 자리, 금강좌에 앉아서 무상정각(無上正覺), 최고의 깨달음을 달성했던 것이다.

다른 한편, 보다 중요한 상징적인 의미에서, 장소, 위치, 자리(a

67) E. Lamotte, L'Enseignement de Vimalakīrti(Vimalakīrtinirdeśa), Louvain. 1962, p.198-204.

68) 『大唐西域記』, 大正51, K.8, p.915b.

69) '師子座(Siṃhāsana)'를 비롯한 4종의 신체적 威儀道(īryāpatha)를 상세히 논술하고 있다. (『大智度論』, 大正25, K.3, p.75c ; K.7, p.111a-112b)

vasthāna, āsanaⓢ)라는 것은 우리 인간 존재의 실존 상황, 일련의 조건들을 나타낸다고 할 수 있다. 즉 전세(前世)의 선(善) 또는 악업(惡業)이 빚은 결과로서 현재의 상황은 자기 실현의 추구에 직접, 간접으로 유리하게 또는 불리하게 작용하는 조건이 된다. 달리 말하면, 공덕(puṇya)의 힘에 의해 결정적이라고 할 수는 없더라도 중요하게 영향을 받고 있는 것이 우리의 역사적 사회적 상황이라는 관념이 발전된 불전의 배경에 깊게 깔려 있다고 할 수 있다. 과거의 공덕의 힘이 정각을 달성하는 데 있어서도 중요한 역할을 한다는 쪽으로 불교가 발전함에 따라 점점 무게를 가지게 된다. 심지어 불도(佛道)를 실현하기 위해서는 공덕(puṇya)과 지혜(prajṅā)의 두 개의 문(dvāra)이 있다는 주장을 하기에 이른다.[70] 우리의 항마전설에는 보살이 마라와 그 세력에 맞서 싸우기 위해 삼매와 지혜를 갖추고 있었지만, 특히 복업으로 무장하고 있었다고 한다.[71] 우리의 텍스트 『증일아함』은 물론 거의 모든 발전된 불전(佛傳)에서 마라와의 최종적 투쟁 장면의 하일라이트로서 승리를 결정짓는데 중요한 무기는 공덕이었던 것처럼 기술되고 있다. 항마전설의 마지막 결정적인 장면은 두 적대자가 공덕의 우열을 두고 경쟁하는 한판의 승부 게임 같은 내용이다. 한쪽 편은 욕계에서 가장 호귀한 자 또는 욕계의 지배자, 마왕의 위치에 있는 자요, 다른 한쪽 편은 전륜성왕이 되거나 붓다가 될 수 있는 예정을 가지고 태어난 인물로서 붓다가 되기를 원해서 지향

---

70) "欲成佛道 凡有二門, 一者福德 二者智慧."(『大智度論』, 大正25, K.15, p.172b ; K.15, p.173b) 魔를 정복함에 있어서 福力 또는 福業의 중요성이 『增一阿含』의 여러 곳에서 강조되고 있다(『增一阿含』, 大正2, p.565c, 800b, 829a 등).

71) 앞의 주53 참조.

하고 있는 보살이다. 이 막강한 두 적수가 최종적으로 그들의 공덕(puṇyaⓢ)을 내세워 승부를 겨루는 장면을 연출하고 있는 것이다.

마라가 욕계에서 그처럼 찬양 받는 높은 지위(그는 욕계의 최고천인 타화자재천주로서 마천궁[魔天宮]에 거주)를 누릴 수 있었던 것은 그가 행한 과거의 공덕 때문이다. 그러나 보살이 행한 공덕은 그보다 훨씬 우위라는 것이다. 그는 과거에 무수한 공덕을 실천했다는 것이다. 그러므로 보살은 보리수 아래 그의 자리를 차지하고 앉을 충분한 권리를 가진다는 주장이다.[72] 우리의 설화는 마치 법정 논쟁을 방불케 하는 장면으로 이어진다. 두 대립 당사자의 일방적인 주장으로는 공덕의 우열이 판가름 날 수 없을 것이므로, 공정한 증인이 필요하게 된 것이다. 그러나 마라편에는 18억이나 되는 무리가 동원되어 후원하고 있지만, 보살은 단신으로 홀로 그들을 상대하고 있는 상황이다. 위에서 진술된 과거 공덕의 실적 역시 보살의 입을 통해 밝혀진 것이기 때문에 오히려 마라의 공덕은 스스로 확인된 셈이지만, 보살 자신의 공덕에 대해서는 입증할 증인이 없는 상태이다. 마라는 이런 유리한 입장을 이용해서 증인을 세우라고 독촉한다. 바로 이때 보살은 오른손을 펴서 촉지(觸地)의 동작을 하게 된다. 그 순간 지신(地神, sthāvarā)이 땅에서 출현하여 "내가 그것을 알고 내가 그것을 증언합니다."라고 그 진실을 입증함으로써 보살과 마라 사이의 긴 투쟁은 보살의 승리로 곧 끝을 맺는다.[73] 보살의 과거 공덕이 마라의 것을

72) 앞의 주55 참조 ; Le. Lalitavistara, p.271.

73) 앞의 주56 참조 ; Le Lalitavistara, p.272: 모든 중생의 住居地요, 어머니인 땅은 유정이든 무정이든 모두에게 공평무사하고 평등하게 대해

훨씬 능가한다는 것이 입증되었기 때문이다. 보살이 증언을 묻는 이와 같은 촉지의 동작(bhūmisparśa-mudrā)은 항마 또는 정각(正覺)의 상징으로서, 후일 불상에 수없이 재현되어, 항마촉지인(降魔觸地印)으로 유명하게 된다. 마라에 대한 이 결정적 승리는 불전(佛傳)의 전반부에서 절정을 이루는 획기적 사건인데 이 항마성도(降魔成道)의 드라마에는 붓다의 위상 문제와 함께 공덕(puṇya)의 중요성이 크게 부각되어 중심 문제로 떠오른 것을 볼 수 있다.

우리가 여기서 텍스트의 종결 부분에만 관심을 가진다면, 과거 공덕에 대한 결정론적인 사고를 할 수도 있을 것이다. 그러나 항마전설 전체의 문맥에서 볼 때, 상황을 구성하고 결정짓는 것은 보살의 의지적인 선택과 행동이었다는 것을 곧 알게 된다. 우선 첫째로, 항마전설의 초두에서, 사실상 보살이 먼저 욕계의 지배자인 마왕을 불러내어 신화적인 싸움이 시작되었고, 마지막 결정적인 장면에서도 지신(地神)을 불러내어 증인으로 세운 것은 보살이었다. 그리고 특히 불전의 배경에 깔린 중요한 사실의 하나는 보살의 미래에 관한 예언적인 요소이다. 그에게는 전륜성왕이 되거나 붓다가 될 두 길의 가능성이 열려 있었으며 그는 어느 쪽이든 선택할 수 있는 입장에 있었다. 그러나 그 가능성을 행동으로 옮겨 실현하기 위해서는 어느 한쪽만을 선택해야 하는 필연적인 요청이 있었다. 여기서, 보살은 마라의 끈질긴 유혹과 위협에도 불구하고, 전륜성왕의 길이 아닌, 붓다의 길을 자신의 의지적 결정에 따라 선택했던 것이다. 그리고 끝으로 궁극적 목표인 평화롭고

주는 것으로 인식되고 있다. 따라서 그녀(地神)의 증언은 異議의 여지가 없는 것으로 간주한다(cf. 『增一阿含』, 大正2, p.760a).

안락한 열반성(涅槃城)을 향해 가며 고뇌에 빠진 중생을 도와 함께 그 길을 감에 있어서 어려운 장애를 제거하고 정각을 여는 방법으로 삼매와 지혜를 구비했을 뿐만 아니라 복덕(福德)을 군대로 활용했던 것이다. 증언자로서 최후에 나선 지신(地神)은 바로 이를 대표하고 있다고 할 것이다. 삼매와 지혜는 사실상 정진노력에 의해 달성되는 것이므로 우리의 설화는 결국 앞서 Padhānasutta에서 강조되었던 정진 노력에 공덕의 실천이 함께 조화를 이루고 있다고 해석해 볼 수 있을 것이다.

결어

우리는 앞에서 붓다의 정각을 축으로 하여 구성된 두 유형의 항마전설을 차례로 고찰하고 해석을 시도해 보았다. Padhānasutta에는 노력과 용기의 중요성이 핵심을 이루고 있었으며 강인한 의지와 결단, 그리고 승리의 정신이 마라와의 대결 구도를 통해서 극적으로 표현되고 있었다. 마라 전설 자체에서 볼 때, Padhānasutta는 고층에 속하는 많은 요소를 간직하고 있었으며 고대 마라 경군의 단편적인 성격을 유지하고 있었지만, 후대의 어떤 시기에 부분적으로 의도적인 개작이 이루어졌던 것으로 보인다. 그러나 현재 보전된 그대로의 전설은 정각 전에 마라와의 심각한 투쟁이 있었고 붓다는 여기서 승리를 쟁취해 내었다는 것으로 인간 노력의 가치와 용기의 중요성을 잘 보여주고 있었다. 『증일아함』의 내용은 '발전된 불전'에 속하는 항마전설로서 신화적인 투쟁의 또 다른 모습을 특징 있게 보여주고 있었다. 정각 직전의 결정적 승리를 부각시킨 전설로서 여기서는 마라와 대항해서 싸우기 위해 삼매와 지혜 외에도 공덕의 중요성이 강조되고 있었으며 이런 공덕의 관념은 전설 속에 깊이 스며들어 마라와의 투쟁 성격을 Padhānasutta와는 다른 양상으로 발전시켰던 것을 볼 수 있었다. Padhānasutta에는 정진 노력(padhāna, viriyaⓟ)과 상대적으로 공덕(puññaⓟ) 사상이 전통적 관습을 옹호하는 마라에 의해 주장되어 표면적으로 노력과 공덕의 갈등 관계를 보이고 있었다. 과거와 미래적인 경향을 갖는 공덕의 선택은 현재 이 순간에서 주어진 조건과 한계 상황을 돌파하려는 도전적 태도와 노력하는 정신에서 볼 때 그것은 겁약하고 태만한 수동적 태도로 간주되어 비하될 수밖에 없었다. 그러나 『증일아함』의 발전된 불전에서는 그 의미가 달라졌다. 즉 정각을 가로막는 악과 투쟁함에 있어서 보살은 삼매와 지혜뿐만 아니라 공덕의 힘을 활용했다. 더욱이 보살은 자신이 과거에 행한 공덕으로 전륜성왕이 되거나 붓다가 될 가능성을 이미 가지고 태어난 것이다. 보살의 활동 반경과 선택의 폭이 그만큼 큰 것은 공덕의 결과로서 선험적으로 주어진 유리한 조건이라고 본 것이며 공덕 사상이 이제 대단히 긍정적으로 받아들여졌을 뿐만 아니라 중요한 역할을 하게 된 것이다. 그러나 여기서도 역시 핵심적 관건은 주관적인 의지와 행동이다. 전륜성왕이냐 붓다냐 하는 선택의 기로에서 전륜성왕 쪽으로 기울 수도 있었지만, 보살은 붓다가 될 것을 원하고 지향하여 그 목표를 향해 노력했던 것이다.

대승불교의 실천 덕목인 6바라밀에 있어서도 공덕과 정진의 실천 문제가 제기되었고 정진의 중요성을 강조하는 해석이 지배적이지만 결국은 공덕과 정진이 조화를 이루게 된다. 선정(dhyāna ⓢ)과 지혜(Prajñā)는 복력(福力, puṇyaⓢ)에 의해 추구되는 것이 아니고 이 몸과 마음을 기울인 노력(kāyikacaitasikābhogaⓢ), 즉 대정진(大精進, mahā-vīryabalaⓢ)에 의해 얻어진다고 강조한다.[74] 정진이 바로 선정삼매와 참된 지혜의 뿌리다. 설사 보시, 지계, 인욕을 얻는다 해도 또한 깊은 선정, 참된 지혜 및 무량한 붓다의 속성을 획득하기 위해서는 역시 정진 노력이 필요하다.[75] 그렇지만 궁극적인 목표가 설정되고 보살의 원(願)이 세워졌을 때 공덕의 실행은 정진 노력과 함께 중요한 의미를 갖게 되며 노력과 공덕은 갈등 관계가 아니라 조화를 이루어 열반성(涅槃城)과 중생 구제의 목적을 향해 전진하는 큰 힘이 된다. 이제 보살은 정진과 복덕의 힘으로 마라의 세력(Mārasenā)과 일체의 속박(saṃyojana)을 격파할 수 있게 되고 붓다의 길을 완성하게 된다.[76]

---

74) 『大智度論』, 大正25, K.15, p.172b.
75) 앞의 책, K.15, p 172b-c.
76) 앞의 책, K.15, p.173c: 復次菩薩一人獨無等侶 以精進福德力故 能破魔軍及結使賊 得成佛道.

『제일의공경(第一義空經)』과 Vasubandhu*

서언

Ⅰ. 『제일의공경(Paramārthaśūnyatāsūtra)』

Ⅱ. Kośa에서의 인용 및 그 해석

1. 과미실유설(過未實有說)의 비판
2. 무아·상속((無我·相續)
3. 상속차별(相續差別)

Ⅲ. 「파아품(破我品)」에 보이는 상속설(相續說)

1. 요소의 상속
   - ⅰ. 인간이란(『인계경(人契經)』)
   - ⅱ. 짐과 짐꾼(『중담경(重擔經)』)
2. 동일성 부정과 상속성
3. 상속이론과 기억·인식 등의 문제
   - ⅰ. 봄(見, 견)과 기억
   - ⅱ. 식(識) 또는 인식현상

---

* 『인도철학』, 1993, 1994.

서언

『제일의공경(第一義空經, Paramārthaśūnyatā-sūtraⓢ)』은 짧은 텍스트이지만, 불교철학의 근본명제인 Sattvaśūnyatāⓢ(생공: 중생의 공성) 및 인과적 연속성을 가르치고 있는 중요한 경전이다. 이 경전은 특히 바수반두(Vasubandhu, 世親, 세친)의 관심을 끌었으며 그의 철학적 입장을 정립하는 데 중요한 단서를 주었던 것처럼 생각된다. 그는 Abhidharmakośa(『아비달마구사론』)를 저술하면서 세 차례나 이 경전을 인용하고 있으며, 세 군데 모두 부파불교 사상의 형성에 중요한 계기를 이루고 있는 부분이다.[1)]

우리는 먼저 『제일의공경』을 번역하고, 이본(異本)을 비교한 후, Kośa의 문맥에서 이 경전이 어떻게 인용되고 있으며, 교리적으로 어떤 중요성을 내포하고 있는지 고찰할 것이다. 현재 한역(漢譯)된 『제일의공경』은 기원후 436년과 443년에 Guṇabhadra에 의해 번역된 『잡아함(雜阿含, Saṃyuktāgama)』(大正2, T.99) No.335, 권13, p.92c)에 편성되어 있으며, 이 경에 해당하는 또 다른 한역본은 기원후 397년과 398년 사이에 Gautamasaṃghadeva에 의해 번역된 『증일아함(增一阿含, Ekottarāgama)』(大正2, T.125), 권30, pp.713c-714b)에 들어있다. 그러나 빠알리 니까야에는 여기에 해당하는 경이 확인되지 않고 있다.

독립된 경전으로서 산스끄리뜨 원전은 아직 발견되지 않았으나, 바수반두의 Kośa(『구사론』) 및 다른 산스끄리뜨 단편들이 발견됨

1) KośaⅢ, p.57 ; Ⅴ, p.59 ; Ⅸ, p.260 ; Kośabhāṣya p.129, 299, 468.

에 따라 재구성이 가능해졌다. 발레 뿌생(Vallée Poussin, 1866-1962) 교수는 Kośa를 불역(佛譯)하면서 이미 『제일의공경』의 복원을 시도했으며[2], 그 후 라모뜨(Étienne Paul Marie Lamotte, 1903-1983) 교수에 의해 이 경전의 복원이 완성되었다.[3] 우리는 여기서 이 복원된 산스끄리뜨본을 주로 사용할 것이며 한역은 대정장(大正)을, Kośa는 불역을 이용할 것이다.

* 『잡아함(雜阿含)』은 SĀ ; 『증일아함(增一阿含)』은 EĀ ; Lamotte 번역의 Le Traité de la grande vertu de sagesse de Nāgārjuna(용수의 『대지도론』)는 Traité로 ; 불역(佛譯) Abhidharmakośa는 Kośa로 약칭함.

Ⅰ. 제일의공경(第一義空經, Paramārthaśūnyatāsūtra)

ⅰ. SĀ(T.99, No.335, K.13, p.92c)

1. 如是我聞 一時佛住
拘留搜調牛聚落
2. 爾時世尊告諸比丘
3. 我今當爲汝等說法
初中後善 善義善味
純一滿淨 梵行淸白
所謂第一義空經
諦聽善思當爲汝說

ⅱ. EĀ(T.125, K.30, pp.713c-714b)

1. 聞如是 一時佛在
舍衛國祇樹給孤獨園
2. 爾時世尊告諸比丘
3. 我今當說 第一最空法
汝等善思念之
諸比丘對曰 如是世尊
爾時諸比丘從佛受教

2) KośaⅨ, pp.259-260의 註.
3) E.Lamotte: 'Le Traité de la grande vertu de sagesse de Nāgārjuna' (이후 Traité로 약칭함), pp.2136-2137

4. 云何爲第一義空經 諸比丘 眼生時無有來處 滅時無有去處	4. 世尊告曰 彼云何爲名 第一最空之法 若眼起時則起亦不見來處 滅時則滅亦不見滅處* [*起時則起亦不知來處滅時則滅 亦不知滅處, p.713c의 끝부분]
5. 如是眼不實而生 生已盡滅	5.
6. 有業報而無作者 此陰滅已 異陰相續 除俗數法	6. 除假號法因緣法
7. 耳鼻舌身意 亦如是說	7.
8. 除俗數法 俗數法者 謂此有故彼有 此起故 彼起 如無明緣行 行緣識 廣說乃至純大 苦聚集起	8. 云何假號因緣 所謂是有則有 此生則生 無明緣行行緣識 (…) 如時苦陰成 此因緣
9. 又復此無故彼無 此滅故彼滅 無明滅 故行滅 行滅故識滅 如是廣說乃至純大苦聚滅	9. 無是則無 此滅則滅 無明滅則 行滅行滅則識滅 (…) 死滅則愁憂苦惱皆悉滅 ⑦[盡除假號之法 耳鼻舌身意 法亦復如是 (…)]
10. 比丘 是名第一義空經	10. 是謂比丘 此名第一最空之法 (…)
11. 佛說此經已 諸比丘聞佛所說 歡喜奉行	11. 如是諸比丘當作是學 爾時諸比丘聞佛所說 歡喜奉行

ⅲ. Traité(tome Ⅳ, pp.2136-7)

1. Evaṃ mayā śrutam ekasmin samaye bhagavān kuruṣu viharati kalm

ā ṣadamye nigame.

2. tatra bhagavān bhikṣūn āmantrayati.

1. 나는 이렇게 들었다. 어느 때 세존께서는 Kuru국 Kalmāṣadamya촌락에 머물고 계셨다.4)

2. 그때 세존은 비구들에게 말씀하셨다.

3. Dharmaṃ vo deśayiṣye ādau kalyāṇaṃ madhye kalyāṇaṃ paryavas ā ne kalyāṇaṃ svarthaṃ suvyañjanaṃ kevalaṃ paripūrṇaṃ pariśud dhaṃ paryavadātaṃ brahmacaryaṃ prakāśayiṣye/ yad uta paramār thaśūnyatāsūtram/ tac chṛṇuta sādhu ca suṣṭhu ca manasikuruta bh āṣiṣye/

3. 나는 너희들에게 처음도 중간도 마지막도 좋고, 그 뜻과 문장이 좋으며, 순일(純一)하고, 원만하고, 맑고 깨끗한 법을 가르치겠다. 나는 너희들에게 아주 맑고 깨끗한 범행(梵行), 즉 『제일의공경(第一義空經)』5)을 설명하겠으니 자세히 듣고 적절하게 잘 생각하여라. 나는 이제 말하겠노라.

4. Paramārthaśūnyatāsūtraṃ katamam/ cakṣur bhikṣava utpadyamānaṃ na kutaścid āgacchati/ nirudhyamānaṃ ca na kvacit saṃnicayaṃ gacchati/

5. iti hi cakṣur abhūtvā bhavati bhūtvā ca pratigacchati/

4. 『제일의공경』이란 무엇인가? 오! 비구들이여, 눈(보는 기관)이 생길 때, 다른 어떤 곳에서 오지 않으며, 그것이 사라져 버릴 때 어떤 곳에도 축적되려 가지 않는다.6)

---

4) SĀ의 한역은 "拘留搜 調牛聚落", Kuru는 붓다 당시 十六大國 중의 하나로 알려져 있다 ; EĀ는 Śrāvastī의 Anāthapiṇḍaka의 농원으로 위치시키고 있다.

5) paramārthaśūnyatāyam uktaṃ bhagavatā 또는 단순히 paramārthśūnyatāyām으로 인용되고 있다. SĀ에는 『第一義空經』 또는 EĀ에는 第一最空法, 第一最空之法 등으로 나타난다.

6) na kvacit saṃnicayaṃ gacchati: '어떤 곳 또는 장소에도 저장 또는 축적 되기 위해 가지 않는다(즉 가서 저장 또는 보존되지 않는다).'로 직역할 수 있을 것이다. SĀ에는 '眼生詩 無有來處滅時無有去處'(눈이 생길 때 오는 곳이

5. 이렇게 실로, 눈은 없었다가 생성되고, 생성되었다가 그것이 사라진다.[7)]

6. asti karmāsti vipākaḥ kārakas tu nopalabhyate ya imāṃś ca skandhān nikṣipaty anyāṃś ca skandhān pratisaṃdadhāty anyatra dharmasaṃketāt
6. 행위가 있고 과보가 있다. 그러나, "법을 지칭하기 위한 가명(假名)"(俗數法, 속수법)을 제외한다면, 이 요소들을 버리고 다른 요소들을 담지(또는 相續, 상속)하는 행위자(kāraka)는 없다.[8)]

7. evaṃ śrotraṃ ghrāṇaṃ jihvā kāyo mano vācyam.
7. 귀, 코, 혀, 몸, 뜻(耳, 鼻, 舌, 身, 意, 이, 비, 설, 신, 의)에 있어서도 또한 마찬가지로 말해야 할 것이다.

8. anyatra dharmasaṃketād iti atrāyaṃ dharmasaṃketo yad utāsmin satīdaṃ bhavati/ asyotpādād idam utpadyate/ yad idam avidyāpratyayāḥ saṃskārāḥ/ saṃskārapratyayaṃ vijñānaṃ/ yāvad evam asya ke

---

없고, 사라질 때 가는 곳이 없다) ; EĀ에는 '若眼起時則起亦不見來處滅時則滅亦不見滅處' 또는 '起時則起亦不知來處滅時則滅亦不知滅處.'(눈이 생길 때 오는 곳을 모르고, 사라질 때 역시 사라지는 곳을 모른다).

7) SĀ에는 '如是眼不實而生生已盡滅.', '이와같이 눈은 실제가 아니지만 생기고 생겼다가 그것이 사라진다.' 또는 '이와 같이 눈은 非存在였다가 존재하며 존재했다가 사라진다.'. 두 번째 뜻으로 이해할 경우 과거를 인정하는 주장이 될 것이다.

8) 이 구절은 K.ośa에 두번 인용되고 있으며 다른 여러 텍스트에도 보인다: Kośabhāṣya p.129, 468(LVP.의 KośaⅢ, p.57 ; Ⅸ, p.260 ; Mahāyānasūtralaṃkāra(éd.S.Lévi), p.158 ; Bodhicaryāvatārapañjikā, p.474에는 약간의 異形으로 나타난다: 'iti hi bhikṣavo'sti karma/ astiphalaṃ/ kārakas tu nopalabhyate ya imān skandhān vijahati anyāṃś ca skandhān upādatte/ anyatra dharmasaṃketāt/.' SĀ의 한역 내용은 산스끄리뜨본과 동일하다. 다만 異陰相續이라고 할 때, 여기에서 相續은 pratisamdadhāti 동사에 해당됨으로 명사인 Saṃtāna(m.) 또는 Saṃtati(f.)와는 차이가 있다. 전자는 어근 DHĀ에서 후자는 TAN에서 각각 구성된 단어이다.

valasya mahato duḥkhaskandhasyotpādo bhavati/

8. "법을 지칭하기 위한 가명을 제외하고"9)라고 말했다. 여기서 "법을 지칭하기 위한 가명(속수법)"은 이런 의미이다. '이것이 있을 때 저것이 있고, 이것의 생기로부터 저것이 생기한다. 즉 무명(無明)을 연(緣)하여 행(行)이 있고 행을 연하여 식(識)이 있고 등등 …. 이와 같이 이 전체의 큰 고온(苦蘊)의 발생이 있다.'까지;

9. tatrāsminn asatīdaṃ na bhavati/ asya nirodhād idaṃ nirudhyate/ ya d utāvidyānirodhāt saṃskāranirodhaḥ saṃskāranirodhād vijñānaniro dhaḥ/ yāvad evam asya kevalasya mahato duḥkhaskandhasya nirod ho bhavati/

9. 그리고 또: 이것이 없으면 저것이 없고, 이것의 멸함으로부터 저것이 멸한다. 즉 무명이 멸함으로 행이 멸하고, 행이 멸함으로 식이 멸하고 등등 …. 이와 같이 이 전체의 큰 고온의 멸이 있다.'까지를 의미한다.10)

10. ayaṃ bhikṣava ucyate paramārthaśūnyatā nāma dharmaparyāyaḥ/

11. idam avocad bhagavān āttamanasas te bhikṣavo bhagavato bhāṣita m abhyanandan/

10. 이것이 오 비구들이여, 제일의공(第一義空)이라 이름하는 법문(法門)

---

9) Kośavyākhyā(éd.U.Wogihara), p.707에 의하면 anyatra dharmasaṃketād iti pratityasamutpādalakṣaṇānt(ar)eṇa "法을 지칭하기 위한 假名(俗數法)"란 표현의 의미는 "緣起를 다만 지칭하는 것 외에는"의 뜻이다. Saṃketa는 假名, 假立, 假說, 表示, 約束 등의 의미이다. anyatra dharmasaṃketāt의 옛 번역들:

Guṇabhadra역 雜阿含(T.99, p,92c)	: 除俗數法
Saṃghadeva역 增一阿含(T.125, p.713c)	: 除假號法
현장역 俱舍論(T.1558, p.155b)	: 唯除法假
Paramārtha역 俱舍釋論(T,1559, p.306c)	: 唯除於法世流布語所立人

10) Samudaya 형식과 nirodha 형식의 단축되지 않는 pratītyasamutpāda 文型은 Pāli 및 산스끄리뜨 원전에서 수없이 볼 수 있다. Cf. Vin. I, p.1 ; M.III, p.63 등등 및 산스끄리뜨 Catuṣpariṣat, p.102, pp.358-360 ; Śālistamba(éd.N.A.Sastri), p.2 ; Mahāvastu, II, p.285 등등.

이다.

11. 이렇게 세존께서 말씀하셨을 때, 비구들은 환희심이 나서, 세존의 말씀에 크게 기뻐했다.

***

SĀ와 산스끄리뜨 텍스트는 그 구성면이나 내용이 일치하고 있으나 EĀ는 상당한 차이점을 보여주고 있다. 서분(序分)에서 전자는 설법장소를 Kuru국 Kalmāṣadamyaⓢ 촌락으로 설정하고 있는 데 비해, 후자는 Śrāvastīⓢ의 Anāthapiṇḍakaⓢ 동산을 설법장소로 기술하고 있으며 또한 도입 부분의 형식: '초중후선(初中後善) 등등'의 내용도 생략하고 있다. 특히 본론에서, EĀ에는 주요 내용을 담고 있는 5, 6항이 모두 빠져 있고, 그 대신 연기설(緣起說) 부분이 전자보다 훨씬 세밀하게 기술되어 있으며, 2연의 게송이 부가적으로 삽입되어 있다. 이 2연의 게송 내용은 인연결합에 의해 생긴 태아의 성장을 묘사한 것과 인간의 신체적 구성내용을 관찰한 것이다.11)

본론 부분의 차이점은 특별히 우리의 관심을 끈다. 본론의 5, 6항은 무실체성(無實體性)을 간결하고도 명확하게 잘 보여주고 있는 부분이기 때문이다. 사실상 4항과 함께 이들 5, 6항은 이 경전의 핵심을 이루고 있는 대목이다. 그럼에도 불구하고, EĀ에는 왜 이 부분이 결여됐을까? 처음부터 이 부분은 없었던 것일까, 그렇

11) 大正(T.99), pp.714a-b. "先當受胞胎 漸漸如凍酥 遂復如息肉 後轉如像形 / 先生頭項頸 轉生手足指 支節各各生 髮毛爪齒成 / 若母飮食時 種種若干饌 精氣用活命 受胎之原本 / 形體以成滿 諸根不缺漏 由母得出生 受胎苦如是."

지 않으면 나중에 (알 수 없는 이유로) 삭제한 것일까? 혹은 SĀ는 과연 이 부분의 원형을 그대로 보존하고 있는 것일까?

EĀ에는 "눈이 생길 때 오는 곳을 알지 못하고 그것이 사라질 때 가는 곳을 모른다. 다만 가호법인연(假號法因緣)을 제외한다면 (…)"하고 곧바로 연기설(緣起說)로 이어진다.[12] 사실, 연기설 아래 함축되어있는 가르침이 근본적으로 무아설(無我說)임을 감안한다면, 위에 제기된 문제의 부분이 결여되어도 기본교리에는 하등의 큰 차이가 없다고 할 수 있을 것이다. 그러나 업의 주체(kāraka) 문제 및 생멸 현상에 대한 명확성은 크게 감소된다.

지금까지 학계에서 연구된 결과에 의하면 『잡아함(SĀ)』은 유부(有部) 계통의 경전으로 볼 수 있지만, 『증일아함(EĀ)』은 아직 그 소속학파가 불명확하다. (그러나 대중부의 소속으로 보는 경향도 있다.) 유부에서 파생된 학파, 경량부(經量部)에 소속하고 있는 바수반두[13]는, Kośa를 저술하면서, 『잡아함』의 『제일의공경』을 주로 인용한 것으로 보인다.

Ⅱ. Kośa에서의 인용 및 그 해석

12) 앞의 Texts의 비교(i , ii , iii) 참고.

13) Vasubandhu에 관해서는 다음의 연구 참조: Cf. E.Frauwallner, 'On the data of the buddhist Master of the Law Vasubandhu', Rome Oriental Series, Ⅲ (1951) ; N.Peri, 'A Propos de la date de Vasubandhu', B.E.F.E.O. Ⅱ (1911), pp.339-392 ; J.Takakusu, 'A Study of the paramārtha's Life of Vasubandhu and the date of Vasubandhu', J.R.A.S. (1905), pp.33-53.

1. 과미실유설(過未實有說)의 비판

i. 바수반두의 Kośa 제V장(pp.50-51)에 의하면, 실재론의 선두주자였던 유부는 그들의 핵심 교설인 삼세실유설(三世實有說)의 근거로서, 4가지 경전적, 이론적 증거를 제시하고 있다. 이들 가운데 첫째, 가장 중요한 명제: 과미실유설(過未實有說)을 논파하기 위해 바수반두는 『제일의공경』을 주로 사용했다. 후에 신유부(新有部)를 이끌었던 Saṃghabhadra(衆賢, 중현)도 이점을 인식하고, 바수반두의 논거를 다시 문제 삼고 자기 입장에서 이 경전을 재해석하게 된다.[14] Dharma가 삼세에 걸쳐 존재한다는 유부의 논거는 다음과 같이 요약될 수 있다.[15]

A) 경전적 근거: 1) 과거와 미래는 존재한다. 왜냐하면 "다문성제자(多聞聖弟子)들은 과거 색에 관심을 갖지 않으며 미래 색에 만족하지 않는다."라고 세존이 설하고 있기 때문이다.[16] 2) 붓다가 말씀하시기를: "인식(認識)은 두 가지 조건 때문에 일어난다: 시감관(視感官, cakṣurindriya)과 색(色, rūpa), 내지는 의근(意根, manas)과 법(法, dharma)이다."[17]

B) 이론적 근거: 1) 감관에 의해 과거에 지각된 대상이 인식의 순간에 존재하지 않는다면 인식은 일어나지 않을 것이다. 왜냐하

14) La Vallée Poussin, 'Documents d'Abhidharma' in M.C.B.5, 1937 (이후 Documents로 약칭함), pp.53-87.

15) KośaV, pp.50-51 ; E.Lamotte, 'Historie du buddhisme indien', Louvain, 1958 (이후 HBI.로 약칭함), p.666

16) MN.Ⅲ, p.188 ; SN.Ⅲ, p.19 ; 大正(T.99, No.79), p.20a.

17) SN.Ⅱ, p.72 ; 大正(T.99, No.214), p.54a.

면, 대상 없는 인식은 없기 때문이다. 2) 만일 과거가 존재하지 않는다면 선악의 행위가 어떻게 미래에 과보를 산출할 것인가? 사실 과보가 산출되는 순간, 이숙인(異熟因, vipāka-hetu)은 과거이다.

여기서부터 사실상 유부(有部)의 독특한 실재론적 입장이 시작된다. 즉 실체(dravya) 또는 자성(自性, svabhāva)으로서 Dharma는 과거, 현재, 미래의 삼세에 걸쳐 실유(實有)한다는 법체(法體)를 상정하게 되는 것이다.

이 삼세실유설에 대해 많은 학파에서 반론을 제기하였지만, 가장 냉혹한 비판을 가한 것은 경량부(Sautrāntika)의 바수반두였다[18]. 그는 한 게송을 통해 이렇게 지적을 시작한다:

> [당신들에 의하면] 자성(svabhāva)은 항상 존재한다. 그러나 당신들은 존재(bhāva)가 영원하기를 원치 않으며 또 존재는 자성과 다르기를 원치도 않는다. 이것은 분명히 왕자(王者)의 [대론(對論)] 태도이다.[19]

바수반두는 계속하여 과거는 실유하지 않으며 현재만이 존재한다는 주장을 이렇게 전개한다:

ii. Kośa V, pp.58-59(T.1558, p.105b):

---

18) Kośa II, pp.226-238 ; V, pp.50-65

19) Kośa V, p.58 ; 텍스트 산스끄리뜨 Kośavyākhyā, p.472 및 Pañjikā, p.581: 'svabhāvaḥ sarvadā cāsti bhāvo nityaś ca neṣyate na ca svab hāvād bhāvo'nyo vyaktam īśvaraceṣṭitam' 여기서 'īśvaraceṣṭitam'은 증거제시 없이 일방적으로 주장하는 王者의 태도(賢者의 對論 태도와 비교)이다.

[경량부] 세존이 과거와 미래의 존재를 설했다는 논거에 관해서, "과거 업이 있고 미래 업이 있다."고 말했기 때문에, 우리도 역시 과거가 있고 미래가 있다(astīti)고 말한다. [그러나] 과거는 이미 존재한 것이요(yad bhūtapūrvam), ; 미래는 인(因)이 주어졌을 때 존재하게 될 것이다(yad bhaviṣyati). ; 이런 의미에서 과거가 있고 미래가 있다고 말한다. 그러나 그것들(과거, 미래)은 현재처럼 실유(實有)로(dravyatas) 존재하지 않는다.

[유부] 누가 현재처럼 존재한다고 말했나?

[경량부] 현재처럼 존재하지 않는다면 어떻게 존재하나?

[유부] 과거와 미래의 자성을 가지고 존재한다.

[경량부(?)] 그렇지만 그들이 [현재에] 존재한다면 어떻게 그들에게 과거와 미래의 자성을 부여할 수 있나? - 실제로, 세존은 유부가 논거로 제시한 경에서 [과거와 미래를 설한 것은] 인(因)과 과(果)를 부정하는 견해를 차단하기 위한 것이 목적이다. "과거가 있었다."는 의미에서 "과거가 있다."라고 말했고; "미래는 있게 될 것이다."는 의미에서 "미래가 있다."고 그는 말했다. '있다'(asti)란 말은 nipāta이다. 그래서 우리는 다음과 같은 표현들을 볼 수 있다: "등불이 [켜기] 전에 존재하지 않고 있다.", "등불이 [꺼진] 후에 존재하지 않고 있다(asti)." ; 그리고 또 "등불이 꺼져있다. 그러나 그것을 끈 것은 내가 아니다."라고 말한다. 경에서 "과거가 있다.", "미래가 있다."라고 말한 것도 바로 이런 식의 의미이다. 달리 해석한다면, 과거가 [현재] 있으므로, 과거일 수 없을 것이다.

[유부] 우리는 세존이 Lāguḍaśikhīyakas 외도들에게 다음과 같이 설명하는 것을 본다: "업은 이미 과거이고, 사라지고 파괴되고 소멸될지라도, 그 업은 존재한다."(또는: "과거업이 파괴되고 소멸되고 사라지더라도 그 업은 있다."). [당신들의] 설명을 따른다면, "그 업은 있었다."는 의미가 될 것이다. 그런데 그 외도들이 "과거 업이 예전에 있었다."는 것을 인정하지 않는다고 가정할 수 있을까?

[경량부] 세존이 "과거 업이 있다."라고 말씀하실 때, 그는 과보를 내는 효능, 즉 과거에 있었던 행위에 의해 상속(相續) 가운데 있게 되는 힘을

> 고려한 것이다. 달리 해석하여, 과거 업이 그 자체로서 현재에 실제로 존재한다(svena bhāvena vidyamānam)고 한다면, 어떻게 그것을 과거로 볼 수 있겠는가? 더욱이, 경전에는 아주 명백한 언명이 있다: 즉 세존께서는 Paramārthaśūnyatā-sūtra(『제일의공경』)에서 이렇게 말씀했다: "오, 비구들이여, 눈이 생길 때 다른 어떤 곳(즉 미래)에서 오지 않으며, 그것이 사라질 때 어떤 곳(즉 과거)에도 축적되러 가지 않는다. 오 비구들이여, 그와같이 눈은 비존재였다가 생겨나며, 생겨났다가 사라진다." 만일 미래의 눈(眼)이 존재한다면 세존이 눈은 비존재였다가 생겨난다고 말씀하지 않았을 것이다.

***

과거와 미래는 현재처럼 실재하지 않으며 오직 현재만이 존재한다는 바수반두의 지론은 『제일의공경』에 근거하고 있음이 여기서 드러난다. 그는 Dharma가 비존재였다가 생기며 생겼다가 사라지지 않는다면 삼세란 말 자체가 성립할 수 없다고 주장한다.[20] 후에 Saṃghabhadra(중현)도 바수반두가 인용하고 있는 이 경전이 유부의 삼세실유설(三世實有說)을 직접 위협하고 있다는 것을 인식하고 그의 『순정리론(順正理論)』에서 『제일의공경』을 세밀히 분석하고 여러 차례 바수반두의 해석을 논박한다.[21] 특히 유부가 자설(自說)의 논거로 내세운 경전들에 대해, 바수반두가 불요의경(不了義經)인 것처럼 해석하고 있다고 신랄하게 비판한다. 그리고 그는 Lāguḍaśikhīyakas 외도(外道)에게 설해진 경과 『제일의공경』을 자기방식으로 긴 해석을 하고 있다: 특히 '눈이

---

20) KośaⅤ, p.57.
21) 註14 참고.

생길 때' 하는 구절은 실제의 Ātman이 존재하지 않는다는 것과 연기(緣起)만이 있다는 것을 보여주기 위한 것이요 과거의 실유(實有)를 부정하는 내용이 아니라는 것을 애써 설명한다.[22]

바수반두는, 위에서 보듯이, 결론적으로 『제일의공경』의 내용이 과미실유(過未實有)를 부정하는 명백한 증거라고 인용하고 있다. 이 경에서 "눈이 생길 때 어떤 곳(즉 미래)에서도 오지 않으며, 사라질 때 어떤 곳(즉 과거)으로도 축적되려 가지 않는다."는 구절은 과미실유설을 근본적으로 흔들어 놓기에 충분하다고 본 것이다. 유부에 의하면, 삼세는 본체의 상태(位, 위, avasthānyathātva⑤)의 차이로 나타나며, 본체가 작용과 결합하여 현세적(顯勢的)일 때가 현재이고, 작용을 떠나 잠세적(潛勢的)인 상태로 있을 때는 과거나 미래라는 것이다.[23] 『제일의공경』에 의하면 잠세적인 상태로 남아 어딘가에 보존되어 있게 된다는 것이 전혀 불가능하다. 즉, 없었다가 생겨나 다시 사라져 버리는 생멸 현상만이 작용하고 있는 것이다.[24]

'Dharma가 생겼다가 사라진다.'는 것은 시간의 순간적 지속 문제와도 밀접한 관계가 있다. 우리는 여기서 경량부가 Dharma를 단순히 현재에만 국한하는 데 만족하지 않고 시간을 거의 '제로' 상태까지 축소시킴으로써 부파불교의 존재론적인 문제에 어떻게 역작용을 했는지 잠시 살펴보기로 한다. 초기불교 시대부터 존재 현상(saṃskṛta)이 '무상(無常, anitya), 고(苦, duḥkha), 무아(無

22) Documents, pp.56-59.
23) Kośa I, pp.74-78 ; V, pp.53-55 ; 『大毘婆沙論』(T.1545), p.368b-c ; 『俱舍論』(T.1558), p.10a-b ; La Vallée Poussin, Théorie des douze causes(Gand, 1916), pp.57-59
24) 앞의 『第一義空經』 산스끄리뜨본, 제4, 5항 참고.

我, anātman)'라는 세 가지 특성으로 강조되고 있었으며, 특히 무상성 즉 비영원성이 항상 무아설과 밀접하게 연관되어 있었다. AN.(Ⅳ, p.137)에는 무상성을 보여주기 위해서, 산에 흐르는 강의 비유를 이렇게 들고 있다: "강은 한 순간(khaṇaⓟ, 찰나)도, 단일분(laya)도, 한 조각의 시간(muhutta) 동안도 멈춤이 없이 흐른다."고 하여 유위(有爲) 존재의 순간성을 강조한다. 그러나 사물의 무상성을 강조하면서도 아직은 문자 그대로의 순간성(kṣaṇaⓢ)으로 보지 않던 시대의 경전에는 무상성이 '생겨남(utpāda), 사라짐(vyaya), 변화(주이[住異], sthityanyathātva)'로 종종 정의되고 있었다.[25] 부파불교 시대에 오면 존재 현상의 변화과정에 대한 논의는 더욱 정밀하게 분석되고, 논리적 사변적으로 되어간다. 우리가 여기서 문제 삼는 유부(有部)는 비영원성을 '생, 주, 이, 멸(生, 住, 異, 滅)'의 순간으로 보는 사상(四相)의 입장이며,[26] 상좌부(上座部)는 '생, 주, 멸'의 삼상(三相)에 대해 언급하고 있다.[27] 그러나 경량부는 '생, 멸'의 순간만을 인정하고 머묾(住)의 순간을 부정하게 된다.[28] 경량부의 이런 순간 개념은 실재 문제는 물론 인식 현상에 이르기까지 부파불교 가운데 독특한 면을 보이면서 중요한 철학적 문제를 불러일으키게 된다.

유부는 그 출발점에서 제법(諸法)의 존재 현상을 큰 두 개의 범주로 분석하고 있다.[29] 즉 ①명칭으로만 있는 것(prajñaptisat)

---

25) AN. Ⅰ, p.158 ; SN. Ⅲ, p.37 ; Nidānasaṃyukta, p.139 ; Documents, pp.151-152.
26) 『大毘婆沙論』(T.1545), p.198c ; Kośa Ⅱ, p.222, 등 ; Documents, p.152.
27) Kathāvatthu Ⅰ, p.61 ; Visuddhimagga, p.431 ; S. Z. Aung의 Compendium of Philosophy, p.25.
28) 『雜阿含』(T.99, No.49), p.12b ; Documents, p.144, 151

과 ②실유(實有)하는 것(dravyasat)으로 구분한다. 첫 번째 범주는 가설적 표현법으로서 실체가 없는 다만 '그룹' 또는 '집합'을 지칭하기 위해 사용된 언표일 뿐이다. 예를 들면 '군대', '숲', '수레'라는 이름을 사용하지만, 이것들은 모두 부분들의 합성에 주어진 가명(假名)들인 것이다. 마찬가지로 Ātman, 영혼, 자아도 Skandha(蘊, 온), Āyatana(處, 처) 또는 Dhātu(界, 계) 등의 그룹에 적용된 단순한 가명일 뿐, 거기에는 실체가 없다는 것이다. 그러나 두 번째 범주로서, 더 이상 분할되지 않는 단순 요소들의 실재를 인정하고 있다. 이 요소들은 시간적으로 극히 짧은 지속이기는 하지만 자상(自相, svabhāva, svalakṣaṇa) 및 다소의 보편상(普遍相, sāmānyalakṣaṇa)과 함께 실유(實有)한다는 것이다.[30] 유부(有部, Sarvāstivādin)는 그 명칭이 보여주듯, 이 존재의 기본요소(法體, 법체)가 과거, 현재, 미래의 삼세에 걸쳐 실유한다고 상정함으로써 현상의 찰나멸성(刹那滅性)에도 불구하고 본질의 세계는 찰나가 아니라고 주장하게 된다.[31]

이 삼세실유설에 대해 경량부는 정면에 맞서 비판을 가한다. 과거는 이미 작용이 끝난 것이고 미래는 아직 작용되지 않은 것이므로 실유일 수 없다는 것이며 오직 현재만이 있다고 주장한다. (시간 문제를 비롯하여 사실상 유부의 5위75법 자체를 극소수로 제한해 버린다.)[32] 만일 과거와 미래의 Dharma가 실제로 존재한다면 Dharma는 항상 존재하는 것이요, 따라서 영원하다는 말이

29) Kośa Ⅱ, p.186, 214
30) Kośa Ⅵ, p.159 ; Traité, pp.2010-2011.
31) Kośa Ⅴ, pp.52-53 ; HBI, pp.666-667.
32) Kośa Ⅴ, pp.57-58 ; HBI, p.668 ; Kośa Ⅱ, pp.226-238, 282-284

며 이것은 경전의 무상(無常) 교설에도 위배된다고 반박한다.[33) 경량부(Sautrāntika)는 그 명칭이 시사하듯, 한편으로는 경전의 근거에 충실하려고 했으며 다른 한편 순간 이론을 엄격하게 적용시켰다. 경량부에 따르면, Dharma는 순간적이다(kṣaṇika). Dharma는 생겨나자마자 저절로 즉시 소멸한다. 마치 한쪽 저울대가 내려갈 때 다른 한쪽이 올라가듯 인(因)의 Dharma가 과(果)의 Dharma를 산출한다.[34)]

"순간(kṣaṇa, 찰나)은 움직이는 Dharma가 원자(原子) 정도를 이동하는 시간이다.". 원자는 공간적 부분이 없으므로, 이 원자는 전(前) 부분과 후(後) 부분이 있을 수 없다. 그러므로 경량부는 사실상 순간적 지속을 제로까지 축소시켰다고 할 수 있다.[35)] 이런 순간 개념을 전제로 할 때, 사실 요소들은 이동하지 않는 것이다. 상속(相續)이란 술어가 요소들의 흐름을 상정할 수 있으나 실제로는 전 순간 후 순간의 간단없는 배열일 뿐, 어떤 심리적 물리적 요소도 한 순간에서 다른 순간으로 이동하는 것이 없다.[36)] 존재라고 하는 것은 틈새 없는 순간들이 연속하는 하나의 사슬에 불과하다. 이런 순간성 때문에 그 자체로서 외계대상으로, 직접 지각될 수도 없다. 왜냐하면, 지각에 잡히기 전에 이미 소멸되어

---

33) Kośa V, pp.50-65 ; Traité, p.2012

34) Kośa IV, pp.4-5 ; Documents, pp.143-147.

35) Kośa III, p.177 ; Traité, p.2012 ; HBI.p.668. La Vallée Poussin: 'Note sur le moment ou Kṣaṇa des bouddhistes' R.O.(1932), pp.1-9 ; A.Bareau: 'Les sectes bouddhiques du petit véhicule(1955)'의 Sautrāntika의 thèse.25에, 原子는 넓이(étendu)를 가진다고 한다. 그러나 Kośa에는 그런 내용을 볼 수 없고, 다만 현장의 'Vijñaptimātratāsiddhi'(불역), p.39에 한번 나타난다.

36) Kośa IV, p.5 ; La Vallée Poussin: Nirvāṇa, pp.41-42.

버리기 때문이다.[37] 경량부는 이와 같이 Dharma는 현재의 한 찰나에만 존재하고 과거와 미래는 실재하는 것이 아니라고 본다. 소멸이란 단순히 무존재(無存在)로서 그 자체가 어떠한 사실로서도 실재하는 것이 아니다. 즉 경량부는 현상의 배후에 실유(實有)하는 어떤 법체(法體)도 가정하지 않는 철저한 찰나멸을 주장하는 것이다.

2. 무아·상속(無我·相續)

i. Kośa의 「세간품(世間品)」 'Sattvaloka(유정세간)'에는 유정(有情)들이 어떻게 존재하고, 어떻게 윤회전생을 하는가 하는 것이 상술되어 있다.[38] 여기서 윤회의 실체 또는 업의 주체 문제가 제기되고 있으며, 이에 대한 경량부의 입장이 『제일의공경』을 근거로 하여 간략하지만 분명하게 밝혀지고 있는데 그 핵심내용은 무아·상속의 이론이다. 이 상속 이론은 또한 연기법(緣起法)과 밀접하게 연관되어 있음을 보여준다.

ii. Kośa Ⅲ, pp.56-57(T.1558, pp.47b-c):

Ātman의 존재를 믿는 외도가 말한다: 유정(有情, Sattva)이 다른 세계로 간다는 것을 인정한다면, 내가 믿고 있는 Ātman[의 존재가] 증명된 것이다.

이 이론을 논박하기 위해 논자가 말한다: Ātman은 존재하지 않는다(nāt

37) HBI, pp.668-669 ; Documents, p.144,151.

38) Kośa Ⅲ, pp.1-59.

māsi): 당신이 믿고 있는 Ātman, 즉 한 존재의 Skandha를 버리고 다른 존재의 Skandha(蘊, 온)를 취(取)하는 어떤 실재, 어떤 내재자(內在者), 또는 어떤 Puruṣa, 그런 Ātman은 존재하지 않는다. 세존은 [이렇게] 말씀하셨다. "업도 있고 과보도 있다. 그러나 Dharma의 인과관계를 제외하고는 이 Skandha를 버리고, 저 Skandha를 취하는 주체(作者, 작자)는 없다. 무엇이 인과적 관계인가? 이것이 있으므로 저것이 있고 이것이 생김으로 저것이 생긴다; 즉 연기(緣起)이다."[39)]
외도가 [다시] 묻기를: 그러면 당신이 부정하지 않는 어떤 종류의 Ātman이 있는가요?
답: 다만, 번뇌와 업에 의해 조건 지워진 Skandha만이 중유상속(中有相續)의 방법으로, 등불처럼, 다시 태어나게 된다. Skandha에 주어진 이름뿐인 어떤 Ātman, 즉 명칭으로만 있는 Ātman은 부정하지 않는다. 그렇지만 Skandha가 다른 세상으로 간다(輪轉, 윤전)는 그런 생각과는 전혀 거리가 멀다! Skandha는 순간성(刹那滅, 찰나멸)이다. [그러므로] 그것이 윤회한다는 것은 불가능하다. 영속하는 어떤 원리나, 어떤 Ātman이 전혀 없이, 다만 번뇌와 업에 의해 조건 지워지고, 만들어진 온(蘊)의 상속(相續)이 모태(母胎)에 들어간다. 그리고 이 상속이 죽는 존재에서 생겨나는 존재로 계속 연장되며, 중유를 형성하는 상속에 의해 이동한다고 우리는 말한다.

***

이 텍스트는 불변하는 실체 또는 Ātman을 전제로 하지 않고도 인생의 과정은 물론 윤회전생이 가능하다는 불교의 윤회사상을 간략하게 잘 보여주고 있다. 자아 또는 영속하는 실체 개념을 가지고 윤회와 업의 문제를 생각하는데 습관이 되어있던 상황에서 무실체(無實體)와 상속이론(相續理論)으로 인과적 연속성을 설명

---

39) KośaⅨ, p.260과 비교.

할 수 있다고 명백히 주장한 것이 독특한 점이다. 바수반두는 그가 속한 학파의 근본 입장에 충실하여 그 근거를 경전에서 찾았던 것이며, 여기 인용되고 있는 텍스트 역시 『제일의공경』이다. 사실, 바수반두는 이 경에서 Dharma의 인과관계를 제외하고는 이 Skandha를 버리고 저 Skandha를 취하는 주체, 즉 요소와 별개로 있는 행위의 주체(kāraka)를 분명하게 부정하는 근거를 본 것이다.

그의 부가적 설명에 의하면 요소 Skandha는 상속의 방법으로 등불처럼 전생하며, 또한 이것은 가아(假我)로서 인정될 수 있다는 것이다. 그러나 영속하는 어떤 원리나 Ātman과 같은 실체 개념과는 전혀 관계가 없다고 분명히 하고 있다. 요소들의 성격에 대해서는, 그것은 순간성(찰나멸)이며, 그것 자체가 다른 세상으로 윤회하는 것이 아니라 상속 현상으로 이동한다고 한다. 즉, 정신·물질 요소들은 매 순간마다 변하면서 연속적으로 흐르는 상속 현상이며, Ātman과 같은 불변하는 실체적 존재가 거기에 없음에도 불구하고, 무명과 번뇌와 업 때문에 더러워지기도 하고 깨끗해지기도 하면서, 존재가 죽어도 단절됨이 없이 계속된다고 보는 상속설이다.

이 텍스트는 Kośa의 문맥에서 볼 때, 유정들에 대한 존재 현상의 묘사와 연기이론의 구체적인 전개 항목과의 중간에 위치하고 있다는 것이 주목된다. 여기 인용된 『제일의공경』은 「파아품(破我品)」에서 Vātsīputrīya(독자부)의 Pudgala(보특가라)설을 논박할 때 또다시 무실체·상속(無實體·相續)이론의 근거로 사용된다.

3. 상속차별(相續差別)

ⅰ. 무아(無我)를 전제로 하면서 업설(業說)을 말할 때, 가장 먼저 문제가 되는 것은 행위의 주체(kartṛ) 및 향수자(享受者, bhoktṛ)를 어떻게 보느냐 하는 것이다. 부파들 중에서 Pudgala의 실재를 인정하는 Vātsīputrīya를 제외하고, 대부분의 학파들, 특히 유부와 경량부는 상속(saṃtāna)설에서 해답을 구하고 있다. 그러나 간단없이 순간순간에 발생하고 소멸하는 정신·물리적 요소들의 상속이 어떻게 윤회하며, 과보에 적응될 수 있느냐 하는 의문이 생긴다. 유부의 경우, Dharma의 순간성을 말할지라도 아주 짧은 지속을 인정하고 있으며 존재의 기본요소로서 법체(法體)를 상정하고 있으므로 득(得, prāpti)이란 개념을 도입하여 인과적 연속성을 설명할 수 있었다.[40] 그러나 철저한 순간성을 주장하는 경량부는 훈습(熏習, vāsanā)과 상속전변차별(相續轉變差別, saṃtati-pariṇāma-viśeṣa)이라는 좀 특이한 이론을 세워야만 했다. 경량부에 의하면 우리의 의지적 행위는 순간적이고 그것이 생기자마자 곧 소멸된다. 그러나 그것이 심상속(心相續, cittasaṃtāna)을 훈습하여 그 속에 특별한 잠재능력(śaktiviśeṣa)을 만든다. 이렇게 훈습된 상속은 전변을 계속하여 마지막 순간에 가서 과(果)를 생산한다는 것이다.[41] 바수반두는 과목재배(果木栽培) (식물 종자)의 비유와 함께 다음과 같이 기술한다.

---

40) Kośa Ⅱ, pp.179- ; HBI.p.672 ; E.Lamotte: 'Le Traité de l'acte de Vasubandhu Karmasiddhiprakaraṇa'(이후 Karmasiddhi로 약칭함), pp. 15-16.

41) Kośa Ⅳ, p.64, 249 ; Ⅷ, p.142 ; Ⅸ, pp.282-283, 300 ; HBI, pp.672-673 ; Karmasiddhi, pp.22-23, 88.

ii. KośaⅨ, p.296(T.1558, pp.138c-139a):

"과일이 어떻게 종자에서 생겨나게 되는지 살펴보자. 세간에서는 과일이 종자에서 생긴다고 말한다. 그러나 그렇게 말하면서 과일이 파괴된 종자에서 생겨난다고 주장하지도 않으며, 과일이 (파괴되고 있는) 종자에서 즉시 직접 생겨난다는 것을 뜻하지도 않는다. 실제로, 과일은 종자에 그 원인을 가진 상속전변(相續轉變)의 최고 순간에서 생산된다. 종자는 연달아 새싹·줄기·잎 결국 과일을 있게끔 하는 꽃을 피운다. 종자가 과일을 생산한다고 말한다면, 그것은 종자가 중간 단계의 상속을 통해, 꽃에서 과일을 생산하는 효능을 설계하기 때문이다. 만일 꽃에 있는 효능, 즉 과일을 생산할 능력이 (이전의) 원인으로서 종자를 갖지 않는다면 꽃은 종자에 상응하는 과일을 생산하지 못할 것이다. 마찬가지로 과보가 행위으로부터 생기지만 파괴된 행위에서 생기지도 않으며 행위 직후에 곧 생긴다고 말하지도 않는다. 과보는 업에서 일어난 상속전변의 마지막 순간에서 생긴다. 상속 또는 Saṃtāna는 행위(업)를 근원으로 해서 한 줄로 간단없이 연속되는 물질·정신의 요소들(skandha)을 의미한다. 이 한 줄로 된 연속적인 순간순간들은 서로 다르다: [거기에는] 상속의 전변(pariṇāma), 또는 변화가 있다. 이 전변의 마지막 순간은 특별한 또는 절정의 효능, 즉 과보를 즉시 생산하는 능력을 가진다: 이 점에서 마지막 순간은 다른 순간들과 구별된다. 그래서 이것이 Viśeṣa 또는 전변의 최고 순간이라고 불려진다."

바수반두는 또 이런 비유를 들고 있다(KośaⅨ, p.299):

"레몬의 꽃을 진홍색 안료로 물들이면 식물적 상속의 특별한 전변이 있게 되어, 새 레몬의 씨가 붉게 된다. 그러나 그 씨를 다시 심으면 그 붉은 씨에서 또다시 붉은 씨가 생기지는 않는다."

***

Kośa의 이 상속전변차별설에는 훗날, 교리적 발전에 기여할 수 있는 내용들이, 상당히 함축되어 있다. 그러나, 여기서는 아직 훈습 및 종자설이 비유로만 도입되었다는 것을 잊지 말아야 할 것이다. 비수반두도 이점을 분명히 하고 있다. Kośa 제Ⅱ장(p.185)에서: "종자(Bīja)란 상속의 Pariṇāmaviśeṣa(전변차별)에 의해 직접 또는 간접적으로 과보를 생산할 수 있는 능력, 심리·물리적 유기체(nāmarūpa), 또는 오온의 복합체를 의미한다."라고 밝히고 있다. 여기서 말하는 훈습 및 종자설은 하나의 가설 또는 보조적 개념으로 쓰이고 있을 뿐이다.42)

경량부의 상속(SérieⒻ)은 위에서 본 바와 같이 훈습될 수 있으며 끝없는 변화를 거듭한다. 특히 그 구성요소들은 찰나멸, 순간성(kṣaṇa)이다. 즉 생겨나자마자 다음 찰나에 즉시 소멸한다. 그것의 소멸은 자발적이며 단 한 순간도 머물지 않는다. 이런 상속설이 어느 정도에서 심리적 도덕적 요구를 만족시켜 줄 수 있느냐 하는 것은 아직 남은 문제이다.

Ⅲ. 「파아품(破我品)」에 보이는 상속설

42) Kośa의 저자 바수반두가 후기에 『大乘成業論』를 역시 썼다면, Kośa에서 전개된 相續 이론은 그 후, 상당한 발전 내지 변화를 했다고 할 수 있다. 일체 種子를 저장하는 微細識(sūkṣmacitta)說을 비롯하여 種種心(nānācīṭṭā)과 集起心(ācayacitta) 등의 괄목할만한 이론의 발전이 있었다고 보아야 할 것이다. Cf. Karmasiddhi, pp.24-27, 100-103.

1. 요소의 상속

바수반두는 Kośa의 「파아품(破我品)」 서두에서 이렇게 전제하고 있다.

> "다른 교의에서 "나(我)"에 대해 상정하는 말은 요소의 상속(Skandhasaṃtāna)을 비유적으로 표현한 것이 아니고, 요소로부터 독존하는 실체아(實體我)를 말하고 있는 것이다. 이 실체아에 대한 믿음 때문에, 번뇌가 생겨 삼계에 윤회하게 되며 해탈이 불가능하다."43)

요소 상속설을 기본 정설로 보는 그의 입장은 KośaⅨ장 전체에서 일관되게 주장된 내용이라 할 수 있다. 실체아를 주장하는 교의는 불교 외의 다른 학파들 특히 Sāṃkhya나 Vaiśeṣika(「파아품」 후반부에 등장) 등을 가리키는 것일 수 있겠으나, 여기서는 우리 텍스트의 문맥으로 보아 주로 Vātsīputrīya의 Pudgala(보특가라)설을 겨냥하고 있는 것이다.44)

Pudgala설 또는 인격론(personnalismeⒻ)을 주장했던 독자부(犢子部, vātsīputrīya)는 그들의 논서가 거의 소실되어 간접적인 자료들, 특히 논박의 대상으로 소개된 자료에 의해서 알려져 있을

43) KośaⅨ, p.230 ; 야소미트라는 KośaⅨ를 주석 하면서 한 시구를 인용하여 이렇게 표현하고 있다: "의식(manas=citta)이 '나'라는 생각을 동반하고 있는 한, [再]生의 연속은 중단될 수 없으며, 영혼(ātman)이 있다는 견해가 존속하는 한, 언제나 '나'라는 관념이 마음으로부터 제거되지 않는다. 그런데 당신을 제외하고는 이 세상 누구도 ātman의 非存在(nairātmya vādin)를 가르치는 스승이 없다. 그러므로 당신의 가르침 밖에는 다른 해탈의 길이 없다." (Yasomitra, Ⅸ, p.697 ; Louis de la Vallée Poussin의 인용. KośaⅨ, p.230, n.1)

44) KośaⅨ, pp.272-273, 282-295

뿐이다. 그래서 이 학파의 정확한 실체에 대해서는 의문이 많지만, 그들의 주장과 입론은 상당히 명확했던 것 같다.[45] 이 학파의 제1 명제에 의하면 Pudgala는 분명한 실재로서(sāksītkṛtaparamārthena) 알려지며, 요소와 관계에서 Pudgala는 요소와 동일(sama)하지도 않고 다르지도(visama) 않다는 것이다.[46] 요소와 동일할 수가 없다. 왜냐하면 Pudgala가 소멸(uccheda)할 것이기 때문이요, 요소와 다르다면 상주(śāśvata)할 것이므로 무위(asaṃskṛta)일 것이다. 요소와 Pudgala의 관계를 불과 연료의 관계로 비유하기도 하고,[47] 또한 언설로 말할 수 없는(avaktavya) Pudgala의 존재를 주장하기도 한다.[48] Vātsīputrīya의 이런 조심스러운 표현, 또는 혼합적 정의에도 불구하고, 사실 Pudgala는 브라만, 힌두, 쟈이나의 실체아(ātman)가 할 수 있는 역할을 거의 모두 하고 있다. 즉 Pudgala는 행위의 주체로서 윤회하고(saṃkrāmati), 과보를 받으며 현재의 요소를 버리고 미래의 요소를 취할 뿐만 아니라 열반에 까지도 이른다고 주장한다.[49]

Vātsīputrīya의 이와 같은 Pudgala설은 부파불교 시대에 정통을

45) 犢子部에 대해서: A.Bareau의 'Les sectes bouddhiques du petit véhicule' (Paris, 1955), pp.114-120 ; E.Lamotte의 'Histoire du bouddhisme indien' (Louvain 1958), pp.673-675 ; E.Conze의 'Buddhist thought in India' (London 1962), pp.122-134 ; 'Vātsīputrīya學派의 出現과 그 背景(1)' (伽山李智冠스님華甲紀念論叢, pp.698-706)

46) KośaⅨ, p.232 ; J.Masuda의 'Origin and doctrines of early Indian Buddhist schools' (Asia Major 1925), p.53 ; A.Bareau (앞의 책), p.115

47) KośaⅨ, pp.234-235

48) KośaⅨ, p.237

49) Louis de la Vallée Poussin의 'Nirvāṇa' (Paris 1925), pp.36-37 ; A.Bareau (앞의 책), p.115 ; J.Masuda (앞의 책), p.55

주장하는 학파들에게는 실체적인 아(我)를 주장하고 있는 이단으로 보였으며 목표가 분명한 공격의 대상으로 떠올랐던 것이다.[50] 실로 바수반두는 여기서 Pudgala설을 마치 은닉된 실체아(實體我)처럼 집요하게 논박하면서, 상속이론을 적극적으로 전개하고 심화시켜 가는 방법을 취하고 있다.

i. 인간이란(『인계경(人契經)』: KośaⅨ, pp.245-246)

KośaⅨ에 인용된 『인계경』을 통해 우선 인간존재에 대해 그가 말하는 내용부터 살펴보기로 한다:

"『인계경』에서 붓다가 말씀하시기를: '눈(眼)을 의지하고 색(色)을 대상과 조건으로 해서 안식(眼識)이 생긴다. 이 셋이 함께 화합하므로 접촉(觸)이 생기고, 동시에 수·상·사(행)[受·想·思(行)] 등이 생기게 된다.' 이들 네 가지: 식(識, vijñāna)·수(受, vedanā)·상(想, saṃjñā)·사(思, cetāna)는 무색온(無色蘊, ārūpya-skandha)이요 눈과 색은 색온(rūpa-skandha)이다. 이것이 "사람(人)"이라고 말할 때 말할 수 있는 모든 것이다."[51]

인간이란 이와 같이 정신·물질요소들, 즉 색·수·상·행·식 등 5온의 일시적인 모임일 뿐이요, 거기에는 요소들과 구별되는 실체아란 없으며, Sattva 또는 Pudgala는 다만 5온의 모임에 편의상 부여한 이름일 뿐이라는 것이다. 텍스트는 이렇게 계속하고 있다:

50) KośaⅨ, pp.231-233 ; A.Bareau, 'Le Bouddhisme' (Paris 1966), p. 85, 109 ; E. Lamotte (앞의 책), p.675.
51) KośaⅨ, p.245.

다양한 뉘앙스를 표현하기 위해 다음과 같은 갖가지 어휘들 즉 Sattva(有情, 유정), Nara(不悅[불열], 人[인]), Manuja(意生, 의생), Mānava(儒童, 유동), Poṣa(養者, 양자), Jīva(命者, 명자), Jantu(生者, 생자), Pudgala(補特伽羅, 보특가라) 등을 사용한다. [그리고 사람들은] 자신에 대해 1인칭을 사용하여 "나의 눈(眼)이 물질(色)을 본다."고 말하고, 또한 일상적 언어습관에 따라, "이 존자(尊者)는 어떤 이름(데바닷따라든가), 어떠한 가문, 어떠한 종성(種姓, Gotra)이고, 어떠한 음식을 먹고, 어떠한 행복과 고통을 받고, 어떠한 수명으로 머물고, 수명을 마친다."고 말한다. 그러나 비구들이여 이것을 알아야 한다. 이것은 다만 말하는 방식이요, 세상의 통념에 따라 표현된 언설일 뿐이다. 왜냐하면, Pudgala에는 인연에 의해 생기고, 행위에 의해 만들어진 무상하고 조건지어진 것들 밖에 없기 때문이다.[52]

여기에 나열된 Sattva 등 여러 어휘들은 모두 윤회의 주체 또는 어떤 실체적인 의미로 쉽게 전환 가능한 술어들이다. Jīva와 Pudgala는 초기불교와 동시대의 Jaina에게는 영혼과 비영혼의 원리로서 중요한 철학적 의미를 갖는 실재체(實在體)이기도 하다.[53] 그러나 바수반두는 이들 명칭에 대해서 형이상학적인 특수한 의미를 전혀 부여하지 않는다. 우리가 "나(我)"라고 생각하는 것은 정신·물질의 요소들이 일시적으로 모인 것에서 비롯된 것이다. 인간존재의 구성요소로서 이 5온 그 자체가 경험의 주체요 인식의 주체이며 그 배후에 요소들과 구별되는 고정불변하는 영원한 실체아(實體我) 같은 것은 있을 수 없다는 것이다. "어리석고 배움이 적은 범부만이 말에 집착해서 아(我)가 있다고 상상하지만 거기에

52) KośaⅨ, pp.245-246 ; Cf. 『雜阿含』의 『人契經』: 大正2(T,99, No306, pp.87c-88a).

53) Jaina의 5實在體 중에 영혼과 물질의 實在體 ; Cf. L.Renou et J.Filliozat의 l'Inde classique(Ⅱ) (Paris, 1953), p.644.

는 아(我)도 아소(我所)도 없다."라고 하는 근본불교의 무아 사상을 바수반두는 다시 한번 재확인하고 있는 것이다.[54)]

ii. 짐과 짐꾼(『중담경(重擔經)』: Kośa IX, pp.256-257)

무아설에 따라다니는 고전적인 문제는 업에 의한 윤회와 그 주체 문제를 어떻게 조화시키느냐 하는 것이다.

불변하는 실체 또는 자아 같은 존재를 가정하지 않고, 어떻게 여러 생존의 순간에서 자기 동일성(identity)을 보장하며 업과에 대한 도덕적 책임의 소재를 설명할 수 있느냐 하는 것이 풀기 어려운 문제이다. 무아설에서 비롯된 이와 같은 종교적 철학적 문제에 대한 해답을 위해 부파불교 시대에 가장 뚜렷하게 부상된 두 이론이 Pudgala설과 요소 상속설이라는 것은 이미 앞에서 살펴보았다.[55)] Pudgala설의 경전적 근거로 자주 인용되고 있는 것이 바로 『중담경(重擔經)』인데, 여기서 우리는 5온과 Pudgala의 관계에 대한 양면적인 해석 가능성을 본다. 이 경에서 붓다는 제자들에게:

"비구들이여, 나는 이제 너희들에게 무거운 짐(bhāra)과 짐을 취함(bhārādāna)과 짐을 내려놓음(bhāranikṣepaṇa)과 짐꾼(bhārahāra)에 대해 말하겠으니 자세히 듣고 잘 생각하라. 어떤 것이 무거운 짐인가 이른바 5온이다. (……) 어떤 것이 짐꾼인가 이른바 Pudgala가 그것이다. 그는 어떠어떠한 이름을 가졌으며, 어떠한 생(生)과 어떠한 종성(種性)에 속하며 어떠

54) Kośa IX, pp.247-251 ; 여기서 바수반두는 중요한 초기경전들에 근거하여 無我說을 확인하고 있다.
55) 『印度哲學』, 第3輯, p.25

한 음식을 먹으며 어떠한 괴로움과 즐거움을 받고 수명은 어떠한지 (…) 등이다."[56]

---

56) 大正2 (T.99, No.73), p.19a-b ; KośaⅨ, p.256 ; 동일 경전이 여러 異譯에 나타난다: 大正2 (T.125, K.17), p.631c-632a; SN.Ⅲ, pp.25-26 ; Traité, p.215. Pāli經과 『增一阿含』에서는 짐꾼(bhārahāra)의 순위가 두번째로 同一하지만, 『雜阿含』에서는 짐꾼(擔者)이 네번째 순위로 나열되고 있으며 Kośa의 내용과 一致하고 있다.

Pāli	增一阿含	雜阿含
0.Bhāram ca vo bhikkhave desissāmi, bhārahāraṃ ca bhārādānaṃ ca bhāranikkhepanañ ca, tam suṇātha//	0.我今當說擔 亦當說持擔人 亦當說擔因緣 亦當說捨擔 汝等比丘 諦聽諦聽 善思念之 (…)	0.我今當說重擔取擔捨擔擔者. 諦聽善思. 當爲汝說.
1.Katamo bhikkhave bhāro// Pañcupādānakkhandha ti ssa vacanīyaṃ, Katame pañca, Seyyathīdaṃ rūpupādānakkhandho vedanupādānakkhāndho saññupādānakkhandho saṅkhārupādānakkhandho viññāṇupādānakkhandho, ayaṃ vuccati bhikkhave bhāro//	1.彼云何名爲擔. 所謂五盛陰是. 云何爲五. 所謂色痛想行識陰. 是謂名爲擔.	1.云何重擔. 謂五受陰. 何等謂五. 色受陰. 受想行識受陰.
2.Katamo ca bhikkhave bhāhāro// puggalo tissa vacanīyaṃ, yoyaṃ āyasmā evaṃnāmo evaṃgotto, ayaṃ vuccati bhikkhave bhārahāro//	2.彼云何名爲持擔人. 所謂持擔人者. 人身是也. 字某名某. 如是生. 食如是食. 受如是苦樂壽命長短. 是謂名爲持擔人.	(2. 3.)
(3. 4.)	(3. 4.)	4. 云何擔者. 謂士夫是. 如是名. 如是生. 如是姓族. 如是食. 如是受苦樂. 如是長壽. 如是久住. 如是壽命齊限.

독자부(犢子部, Vātsīputrīya)는 이 비유에 근거하여 인간존재를 구성하고 있는 것은 단순한 5온만이 아니라 언설로 말할 수 없는 Pudgala가 존재한다고 주장하게 된다. 만일 Pudgala가 5온에 주어진 이름일 뿐이고 5온이 짐이라면 '짐이 짐을 진다.'는 부조리한 말이 되지 않겠느냐고 반문한다. 사실상, 이 경전의 표현에 따르면, 5온과 구별되는 어떤 존재가 인정되고 있는 것처럼 보인다. 그러나 바수반두는 이렇게 논박한다. 붓다가 바로 그 점을 염려하여 Pudgala에 대한 설명을 첨가했다는 것, 즉: "그것은 다만 세상의 통념에 따른 것이요, Pudgala는 언설로 표현할 수 있고 무상하고 실재 자체가 아니라는 것을 잘 이해할 수 있도록 하기 위해 이 존자는 이러한 이름, 이러한 종성 (…) 등이라고 말한 것이다. 그러므로 Pudgala는 언설불가한 어떤 실체가 아니다." 라는 것이다.[57]

이어서 바수반두는 요소들의 관계에 대해 간단하지만 중요한 설명을 하고 있다: (현장 역에 의하면) "5온 요소들은 그 자체(自相, 자상)가 고통이다. 그러므로 중담(重擔)이라고 부르게 된다. 요소 상속의 전(前) 순간들(전전찰나[前前刹那])은 후(後) 순간들을 이끌고 있다. 그래서 [이전 순간이] 짐꾼이라는 이름을 갖게 된 것이다."[58] 티벳역에서는 이렇게 기술하고 있다: "요소들의 순간만이 있을 뿐이다. 전 순간의 요소들이 뒤따르는 순간의 요소들에게 압박(고통)을 준다. 그러므로 전 순간이 관습적으로 짐이라

57) KośaIX, p.257
58) 현장 역: 大正29(T.1558), p.155b 卽五取蘊自相逼害得重擔名. 前前刹那引後後故名爲荷者 ; 진제 역: 大正29(T.1559), p.306c 諸陰自能滅諸陰. 謂前陰於後陰. 爲顯荷負重擔義. 故說此文.

고 불려지고 후 순간은 짐꾼으로 불려지게 된 것이다."[59]라고 하여 요소의 전순간과 후순간의 역할에 대해 현장 역과의 다소 차이를 보이고 있으나 모든 요소가 한순간에는 짐이요 다른 순간에는 짐꾼이라는 것이 된다. 요소들은 모두 순간의 연속적 과정에 있는 것이며 서로가 서로에게 짐이요 짐꾼인 관계 속에서 상호 영향을 주고받는 인과관계의 사슬로 연결되어 있다는 것으로 이해할 수 있다.

2. 동일성 부정과 상속성(相續性)

우리는 Jātaka(본생담)류의 경전에서 붓다 자신이 과거와 현재의 자기 존재를 동일시하는 수많은 예화를 본다: "지난 세상에 나는 잘생긴 [사람]이었다."(KośaⅨ, p.253), "과거에 Sunetra라고 이름했던 그 스승이 바로 [지금의] 나 자신이다."(KośaⅨ, p.271) 등의 예를 볼 수 있다.[60]

만약 인간 존재가 요소들의 부단한 과정일 뿐이고 불변하는 실체적 아(我)가 없다면, 과거 어느 때의 X는 더 이상 현재 순간의 X가 아닐 것이다. 그렇다면 이 관계를 어떻게 설명할 수 있는가? 바수반두의 대답은 이렇다: "마치 불이 타면서 여기까지 이르렀

---

59) Th.Stcherbatsky의 'The Soul theory of the Buddhistes' (Bulletin de l'Académie des Sciences de Russie 1919), p.843

60) Jātaka류의 불교문학이 지니는 특성과 묘미는 결론부분(dénouement Ⓕ)에 있는데: (거의 규칙적으로) 지난 세상에 또는 과거의 어느 시점에 일어났던 사건의 주인공들이 현재의 누구누구라는 특정인물로 정체가 밝혀지면서 모험담의 결말이 이루어지며, 바로 이 부분에 인과적이고 교훈적인 내용의 핵심이 놓여 있게 된다.

다."(yathā sa evāgnir dahann āgata iti)라고 말하는 것처럼, 지금 이 순간 나를 구성하고 있는 요소들이 과거의 나를 구성했던 바로 그 요소들의 상속이라는 관계를 가지고 있다는 것이다.61) 좀 더 고전적인 표현으로는 우유(乳)와 낙(酪)의 관계, 술과 식초의 관계의 비유 등이다. 이들 사이에는 동일성은 없지만 그렇다고 전혀 다른 것일 수 없는 관계이다. 왜냐하면, 우유 없이 낙이 있을 수 없고 술 없이 식초가 있을 수 없는 불가분의 밀접한 관계에 있기 때문이다. 우리는 여기서 요소들의 연속적 과정 속에 동일성은 부정되지만 상속성으로서 불가분의 관계가 있음을 알 수 있다.

상속설에 이의를 제기하는 또 다른 대화를 보자: (문) Pudgala가 없다면 무엇이 Saṃsāra 안에서 여행하나? 윤회하는 것 자체가 윤회한다고 말할 수는 없지 않은가? (답) 당신들은 이 Pudgala가 [윤회 속에] 여행하며, 이 여행은 옛 요소를 버리고 새 요소를 취(取)하는 것으로 생각하지만 그것은 받아들여질 수 없다: "정글을 태우는 불에 대해서, 불은 불꽃의 순간들로 이루어져 있지만 그 순간들이 연속을 이루고 있기 때문에, 사람들은 그 불이 여행(이동)한다고 말한다. 마찬가지로 끊임없이 갱신되는 요소들의 협력이 비유적으로 존재라는 이름을 얻게 되며, 갈애의 힘에 지탱되어 요소들의 연속이 윤회세계를 여행한다는 것이다.62)

우리는 이미 앞 장에서 윤회를 인정한다면 Skandha를 버리고 취하는 어떤 내재자(內在者), Puruṣa, 또는 Ātman의 존재를 인정해야 된다고 주장하는 외도의 말을 인용한 적이 있다.63) 여기서

61) KośaIX, p.272.
62) KośaIX, p.271 ; Cf. SN.IV, p.400
63) 『印度哲學』 第3輯, p.23

는 Vātsīputrīya학파가 같은 방식으로 문제를 제기하고 있다. [생기(生起)한다고 말할 때] Pudgala가 어떤 순간에 다른 요소를 취하기 때문에 생기한다고 말한다. 마치 세간에서 어떤 사람이 어떤 지식 또는 어떤 자질(품격)을 획득했을 때 사제자(司祭者), 문법학자, 사문(沙門)이 생겼다고 말하는 것과 같다는 것이다.64) Vātsīputrīya의 이런 집요한 Pudgala설에 대해서 바수반두는 이미 앞에서 연구되었던 『제일의공경(第一義空經)』을 인용한다. "행위도 있고 과보도 있다. 그러나 [상주하는 주체와 같은 인상을 주는] 제법(dharma)의 인과적인 발생을 제외하고는 이 온(skandha)을 버리고 다른 온을 취하는 주체는 없다."는 경전의 말을 상기시킨다. 따라서 요소들을 버리고(nikṣeptar) 취(取)하는(upādātar) 주체로서 Pudgala 같은 것은 없다는 것이다.65)

---

64) KośaⅨ, p.259

65) KośaⅨ, pp.259-261 ; 바수반두는 여기에서 Paramārthaśūnyatā-sūtra와 함께 Phālguna-sūtra의 유명한 구절을 인용하고 있다. 즉, "取하는 者(preneurⒻ)가 있다고 나는 말하지 않는다." 산스끄리뜨본에 "upādatta iti phālguna na vadāmi."로 되어 있다고 L.de la Vallee Poussin은 인용하고 있다(KośaⅨ, p.260, n.3 ; 참고, 『雜阿含』, 大正2 (T.99, No372), p.102b: '我不說言有取者.'). 그러나 Pāli본에서는 'upādiyatīti ahaṃ na vadāmi.'로 나온다(SN.Ⅱ, p.14), 이 Sūtra는 세계를 보는 방식에 문제가 있음을 지적하고 緣起說로서 대답을 주고 있는 내용이다: 영혼(ātman)과 인격적 실체의 존재를 믿고 있는 Phālguna가 世尊께 이렇게 묻는다: "대체 누가 접촉을 하고, 누가 느끼고, 누가 욕망하고, 누가 집착(取)하는 것입니까?"(ko nu kho bhante phusati (…) vediyati (…) tasati (…) upādiyati). 世尊은 그에게 '누군가'(ko) 있어서 접촉한다는 식의 질문 자체가 잘못 되었다고 꾸짖으신 후, 문제를 보는 방식을 이렇게 제시한다: " '世尊이시여, 무슨 緣으로(kimpaccayā) 해서 접촉이 있고, 느낌이 있고, 욕망이 있고, 집착이 있습니까?'라고 묻는다면 그것은 적당한 물음(kallo pañho)이다. 거기에는 적당한 대답(tatra kallaṃ veyyakaraṇam)이 있다. [즉 緣起로써] 六入處를 緣으로 해서 觸이 있고 觸을 緣으로 해서 受가 있다 라고 대답할 것이다."(SN.Ⅱ, pp.13-14).

3. 상속이론과 기억·인식(記憶·認識) 등의 문제

i. 봄(見)과 기억

상속이론과 식(識) 또는 인식 문제 그리고 특히 기억현상의 문제는 별도의 연구를 요하는 중요하고도 어려운 과제이다. 여기서는 상속이론의 관점에서 이 문제를 한정적으로 살펴보기로 한다. 우선 기억 문제에 있어서, 불변하는 어떤 실체의 존재를 인정하지 않고 기억현상을 어떻게 설명할 수 있는가 하는 질문이 이렇게 제기된다:

> "만일 아(我, 체[體]))가 절대적으로 없다면, 발생하자마자 바로 사라져 버리는 마음이 어떻게 오래전에 보았던(anubhūta) 어떤 대상을 기억(smaraṇa)할 수 있으며 어떻게 예전에 보았던 것과 유사한 대상을 [보고] 그것을 인지(認知, pratyabhijñāna)할 수 있는가?"[66]

반수반두는 여기서 "기억과 인지(認知)는 상속 안에서 어떤 종류의 마음으로부터, 예전에 지각된 대상의 개념, 즉 '기억의 대상(smṛtiviṣaya(s))'이라고 하는 것에서 이런 마음이 생길 때, 직접적으로 발생한다."[67]고 전제하고 기억이 유발되는 계기에 대해서 긴 설명을 하고 있으나 그 기억이 어떻게 보존 전달되는지 그 경과에 대해서는 명확하고 충분한 설명을 주지 않고 있다.[68] 우리

---

66) KośaIX, pp.273-274

67) KośaIX, p.274 ; 현장 역, 大正29(T.1558), p.156c: "如是憶知從相續內念境想類心差別生."

는 『제일의공경』의 "눈(眼)이 생길 때 다른 어떤 곳에서 오지 않으며 그것이 사라질 때 어떤 곳에 축적되지 않는다."라는 구절에서 불변하는 인식 주관적인 어떤 자아도 부정하고 있는 것을 이미 보았다. 이런 관점에서 본다면, 기억이 어딘가에 보전되었다가 되살아난다는 방식의 사고는 할 수 없었을 것이다. 우리 텍스트는 상속이론으로 대답을 주고 있는데, 먼저 이렇게 질문이 제기된다: "어떻게 한 순간의 마음이 보고 다른 순간의 마음이 그것을 기억할 수 있단 말인가?" Devadatta가 본 대상을 Yajñadatta가 기억한다는 것은 모순이 아니겠는가 하고 지적한다. - (답): Devadatta와 Yajñdatta 사이에는 연관(sambandha)이 없다. 즉: 상속을 이루는 마음의 경우처럼 그들의 마음이 원인과 결과의 관계에 있지 않다. - 사실 우리는 한 마음이 보고 다른 마음이 그 대상을 기억한다고 말하지 않는다. 왜냐하면, 두 마음은 같은 상속에 속하고 있기 때문이다. 어떤 대상을 지닌 과거의 한 마음이 그 대상을 기억(회상)할 수 있는 어떤 다른 마음, 현재 마음의 존재를 생기시킨다고 우리는 말한다. 마치 과일이 종자로부터 시작해서 상속 전변의 마지막 단계의 힘에 의해서 생산되는 것처럼, 기억의 마음은 봄(見, 견)의 마음에서 생긴다.[69] 우리는 앞에서 업의 문제와 종자설의 비유를 이미 인용한 적이 있는데, 여기서는 기억의 문제와 관련하여 바수반두가 역시 종자설에 의지하고 있음을 주목할 수 있다. 즉 단순한 순간 상속설로서는 설명이 부족하다는 것을 의식하고 강한 존속의 의미를 내포하는 종자설의 도움을 구하고 있는 것으로 보인다. "자아가 없는데 누가 기억하는가?"라는 의문

68) KośaⅨ, pp.275-276.
69) KośaⅨ, p.276 텍스트를 약간 수정하여 정리하였음.

과 함께 기억하는 자와 기억되는 대상의 관계를 '소(牛, 우) 주인'과 '소'의 관계(즉 주인과 종속자 관계)로 설정하며 기억하는 자를 주인 또는 소유주(所有主)로 볼 수 있지 않겠느냐는 질문에 대해 (바수반두의 대답): 당신이 주인이라고 부르는 것은 단순히 원인이고 종속자라고 부르는 것은 다만 결과일 뿐이다. 사실상, 원인은 그 지배력으로 결과를 산출하게 한다. 그러므로 원인은 주인이고, 결과는 그 산출의 순간 원인에 종속됨으로, 종속자이다. 원인이 주인으로서 충분한데 왜 당신은 굳이 기억을 부여할 수 있는 어떤 자아를 요청하는가? 기억은 기억의 원인이 되는 것에 달려있다. Saṃskāra의 복합체, 또는 동질의 상속을 이루는 5온이 Caitra(소주인)와 소(牛)로 불린다. 'Caitra-상속'이 '소-상속'의 다양한 변형과 이동의 원인이 되기 때문에 Caitra-상속이 소-상속을 소유한다고 말한다. 그렇지만 거기에는 어떤 실체, 하나의 실재적인 Caitra(주인)도 없고, 다른 하나의 실체인 소(종속자)도 없다. Caitra-상속에는 원인이란 속성 외에 어떠한 소유주의 성질도 주인의 성질도 없는 것이다.[70]

우리는 여기서 속성은 실체에 의존한다는 통념, 즉 의식 현상의 배후에는 그것을 떠받치는 바탕으로서의 실체가 있어야 한다는 고정관념을 깨고 상속이론과 인과법칙에 의해 기억현상까지도 설명할 수 있다는 바수반두의 주장을 보게 된다. '소 주인'과 '소'의 관계는 앞에서 살펴본 '짐 진 자'와 '짐'의 비유와 같은 맥락에서 인과적 연속이 있을 뿐이라는 기본 입장에 서 있으며 기억을 축적할 수 있는 어떤 가설도 제안되지 않고 있다. 다만 기억전달의

70) KośaIX, pp.277-278: Vātsīputrīya가 문제를 제기하고 바수반두가 대답하는 형식으로 된 긴 내용을 요약 정리한 것임.

문제에 있어서 순간상속의 연쇄 사이에 있을 수 있는 어떤 단절을 보완하기 위한 장치로서 종자설을 도입하고 있다는 것을 주목할 수 있을 뿐이다.

ii. 식(識) 또는 인식현상

정신과 물질 요소들은 순간적이며 생겨나자마자 즉시 소멸하는 부단한 연속 자체라는 것을 이미 앞에서 살펴보았다.[71] 이런 조건 속에서 '인식한다(vijñāti)는 것은 무엇이며 식(識, vijñāna)은 대상에 대해 무엇을 하는가?'라는 당연한 질문이 제기될 수 있다.[72] 이 물음에 대해 바수반두는 아주 독특한 대답을 주고 있다.

> 아무것도 하는 것이 없다. 다만 Vijñāna는 대상과 유사하게 생겨날 뿐이다(tout simplement, il nait semblable à l'objetⓕ). 마치 과일은 아무것도 하지 않지만, 그 과일이 종자에 유사하게(상응해서) 생겨나기 때문에 종자에 상응하고 종자를 재생산한다고 말해지는 것처럼, Vijñāna는 대상에 대해 어떤 작용도 실행하지 않지만, 그 대상에 유사하게 생겨나기 때문에 대상을 인식한다고 말한다. Vijñāna의 바로 이런 유사성(similitudeⓕ)은 Vijñāna가 그 대상의 형상(ākāra)을 가진다는 것이 된다.[73]

---

71) 『印度哲學』, 第3輯, pp.20-23 ; KośaⅨ, p.261: "마음(citta)과 마음의 작용(caitta)은 순간 순간에 없어지고 나타난다."

72) KośaⅨ, p.280.

73) KośaⅨ, p.280 ; 認識 현상에 대한 經量部의 주장이 KośaⅠ, p.86에는 이렇게 나타난다: "눈(cakṣus)은 色(rūpa)을 보지 않는다. 거기에는 보는 기관도 없고 보여지는 것(대상)도 없다 ; 거기에는 어떠한 보는 행위도(action de vior) 어떠한 보는 주체도(agent qui voitⓕ) 없다. 그것은 다만 원인과 결과의 작용(유희) (jeu de causes et d'effetsⓕ)일 뿐이다."

우리는 이미 앞에서 경량부의 순간성 상속이론의 필연적인 결과로서 외계대상이 직접지각될 수 없다는 것을 확인한 바 있다. 왜냐하면, 지각에 잡히기 전에 이미 그 대상은 사라져 버리기 때문이다.74) 그러나 우리는 여기서 실제 대상은 지각되지 않지만, 그 대상은 의식이 재현하는 영상, 다시 말하면 형상(ākāra)의 흔적을 의식 속에 남긴다는 것을 알 수 있다. 이 재현된 형상이 이미 과거에 속하는 어떤 것을 현재에 있다고 믿게 하는 것이다. 경량부 이전의 부파에서 보는(특히 유부의) 의식은 아무런 내용도 갖지 않은 순수 식이었으며, 그것은 투명성 자체로서 이해되었다. 그러나 경량부는 그와 반대로 의식은 형상들로 채워져 있다고 주장하게 되며 이것이 관념론으로 방향전환을 하는데 결정적인 행보가 된 것으로 본다.75) 우리 텍스트는 이 대상의 형상설을 분명하게 언급하고 있는 것으로 주목된다. 바수반두는 여기서 계속 그의 상속이론에 초점을 맞추어 이렇게 전개해 간다. Vijñāna가 대상을 인식한다고 말하지만 "그 대상이란 단순히 그의 원인들 중의 하나일 뿐이다." 달리 말하면 Vijñāna의 연속적인 순간들이 대경(對境)에서 생겨나는데, 전 순간이 후 순간의 원인이라는 관계에 있는 것이다. 따라서 Vijñāna가 Vijñāna의 원인이다. 원인이기 때문에 행위자(Kartṛ)로 명칭을 갖는데 마치 램프에 전진의 행위를 부여하듯이 인식의 작용을 부여하게 된다는 것이다.76)

그러나 실제 램프의 움직임이란 어떤 것인가? 우리가 피상적으

---

74) 『印度哲學』, 第3輯, p.23.

75) E. Lamotte의 'Historie du Bouddhisme Indien', p.669 ; H. De Glasenapp의 'La Philosophie indienne'(1951), p.263 ; T.R.V. Murti의 'The Central Philosophy of Buddhism'(1955), pp.81-82.

76) KośaⅨ, p.281.

로 하나의 단위처럼 보는(주체화할 수 있는) 그 램프는 불꽃의 순간들이 부단하게 연속되고 있는 과정에 비유적으로 부여한 이름일 뿐이다. 연속적인 순간들의 하나가 앞선 순간의 것과 다른 장소에서 발생할 때 램프가 움직인다고 말한다. 그렇지만 불꽃의 순간들과 구별되는 "움직이는 자"는 존재하지 않은 것처럼 마음의 상속을 Vijñāna라고 비유적으로 부르고 있지만, 이 상속현상과 구분되는 인식하는 자가 별도로 존재하지 않는다는 것이다.[77]

77) KośaIX, p.281 ; Cf. KośaIX, p.271.

『구사론』과 『성업론』을 통해서 본 종자(bīja)설

서언

종자(種子, bīja)에 대한 관심과 그것을 비유한 교설은 이미 초기 경전의 여러 곳에 나타나고 있다. 그러나 그것이 교리적인 문제와 결부되어 본격적으로 논의된 것은 부파불교 시대부터일 것이다. 정신·물질요소의 흐름으로서 인간존재의 문제와 시간적인 간격을 두고 성숙하는 업력(業力)을 설명하기 위해 부파불교에서는 각기 다양한 보완적 대안을 제출하게 되었다. 그들 중에 상속설(Saṃtāna)을 적극적으로 수용한 유부(有部) 비바사와 경량부(經量部) 계열 사이에 Dharma에 대한 기본관점의 차이로 득(得, prāpti)과 종자(種子, bīja)설이 제안되었으며 특히 종자설은 번뇌와 의식의 문제에 대한 깊은 반성과 함께 중요한 논의의 대상이 되었다. 종자 문제는 그 후 계속 발전하여 유식철학에서는 Ālaya식(識) 이론과 밀접하게 결부되어 인간 의식의 심층을 설명하는 중요한 요소의 하나가 된다.

우리의 연구는 주제에 제시된 것처럼 종자(bīja)문제에 초점이 맞추어질 것이며 우선 『구사론(俱舍論)』과 『성업론(成業論)』을 중심으로 이 문제를 연구하게 될 것이다. 이 두 논서는 그 명성만큼이나 다양한 원전의 출판 및 번역서들이 있으나, 우리가 이 연구에 주로 사용할 텍스트는 『구사론』의 경우 Abhidharmakośabhāṣyam of Vasubandhu (P. Pradhan), 현장의 『아비달마구사론(阿毘達磨俱舍論)』(L'Abhidharmakośa de Vasubandhu Ⓕ, Louis de LaVallée Poussin)이며, 『성업론(成業論)』의 경우 Karmasiddhiprakaraṇa(É. Lamotte의 불역 및 부록의 티벳역본), 현장의 『대승성업론(大乘成業論)』이다.[1] 우리는 이 논서들을 중심으로 해서 우선 종자설이 갖는 의미와 그 전개과정 및 심상속과의 관련성을 고찰할 것이며, 앞으로 유식 계통의 자료들을 통해서 어느 정도 체계화된 종자 이론을 종합적으로 검토하고 연구하게 될 것이다.

Ⅰ. Kośa에서 종자설(種子說)의 단서와 그 전개

1. Prāpti설과 그 문제점

1) Prāpti

종자 문제의 발단에는 Prāpti설이 직접·간접으로 관련되어 있기 때문에 종자 문제에 들어가기 전에 Prāpti설의 기본개념과 그 비판을 먼저 요약 정리하려고 한다. 유부(有部)는 그들의 Dharma 체계에서 색(色, rūpa), 심(心, citta), 심소(心所, caitta), 무위(無爲, asaṃskṛta)의 카테고리에 포함되지 않는 14심불상응행(心不相應行, cittaviprayukta-saṃskāra)을 인정한다. 이 후자 가운데 득(得, prāpti)과 비득(非得, aprāpti)이라는 유부 특유의 Dharma

1) Louis de La Vallée Poussin, L'Abhidharmakośa de Vasubandhu(Paris, 1923-1931: 이후 Kośa로 약칭) ; É. Lamotte, Le Traité de l'acte de Vasubandhu Karmasiddhiprakaraṇa(Belgique, 1936: 이후 Karmasiddhi로 약칭).

를 설정하고 있다.2) 득(prāpti)은 요소들을 소유자에게 결합시키는 힘 또는 원리이고, 비득(aprāpti)은 소유한 것으로부터 분리시키는 힘이다. 문자 그대로 획득과 비획득이라는 힘, 또는 어떤 원리이다. Kośa에 정의된 내용은 다음과 같다.

> 득(prāpti)은 획득과 구유(具有)이다. 즉 득은 두 종류가 있다. ① 획득되지(prāpta) 않은 것, 잃었던 것(vihīna)의 획득(lābha, pratilabha)과, ② 획득하여 잃지 않은 것의 구유(성취, samanvaya, samanvāgama)이다. 비득(aprāpti)은 그 반대이다.3)

유부에 따르면, '선(善) 또는 불선(kuśala, akuśala)'의 Dharma들은 득의 매개에 의해 개인의 상속에 결합된다. 즉 Dharma들과 상속 사이의 결합과 유지관계를 득이라는 제3의 요소를 개입시켜 이해하는 사고방식이다. 득의 기능과 관계를 Kośa에는 다음과 같이 명시하고 있다.

> 유위(有爲)의 Dharma가 자상속(自相續)에 떨어질 때, 이 Dharma에 대한 득 또는 비득이 있게 된다. 그러나 그것이 타인의 상속에 떨어지면 그렇지 않다. 왜냐하면, 아무도 타인의 Dharma를 구유(具有)하지 못하며, 아무도 비유정(非有情, asattvākhya)의 Dharma를 구유하지 못하기 때문이다.4)

2) Kośa Ⅱ, pp.178-179 ; H. von Glasenapp, La Philosophie Indienne (1949), pp.257-261 ; É. Lamotte, Histoire du Bouddhisme Indien(Louvain, 1958: 이후 HBI로 약칭), pp.662-663 ; 櫻部建, 『俱舍論の硏究』(京都, 1979), pp. 301-304.
3) Kośa Ⅱ, p.179 ; P. Pradhan, Abhidharmakośabhāṣyam of Vasubandhu(Patna, 1975), p.62.
4) Kośa Ⅱ, p.180.

우리가 득하게 되는 Dharma들은 자상속(自相續, svasaṃtāna)에 떨어진 Dharma들이다. 득은 개인의 상속과 유정에게만 한정된다. 타상속에 있는 것 또는 유정에 속하지 않는 것들과 구별된다. 더 나아가서 이 득·비득은 허공을 제외한 무위법(無爲法)에도 적용된다. 즉 택멸(擇滅)과 비택멸(非擇滅)의 득이 있다는 것이다.[5] 무위법인 Nirvāṇa의 득은 도(道)의 힘에 의해 수행자가 번뇌로부터 분리의 득을 획득한 것이라고 본다. 성인(聖人)은 '십무학(十無學)의 법(daśāsaikṣadharma)'을 구유하며 범부(凡夫)는 성법(聖法)을 구유하지 못한 것인데, 그것은 Prāpti와 Aprāpti에 의해서이다.[6]

유부의 Dharma체계에 따르면 이 득과 비득은 분명한 실유법(實有法, dravya-dharma)으로서 그 자체로 존재하며 인과적 작인(作因)을 가진 실재적 Dharma이지 결코 단순한 명칭만의 가명법(假名法, prajñapti-dharma)이 아니다.[7] 실유법으로서 이 Prāpti의 존재가 이미 초기경전에도 나타나고 있다고 유부는 주장한다.

> 경전(『중아함』 T. 26, p.736b)에서 '성자(聖者)는 Arhat(aśaikṣa)에 속하는 십법(十法)의 생기(生起, utpāda), 획득(pratilambha), 구유(samanvāgama)에 의해 오지(五支)를 버린 자가 된다.'[8]

---

5) Kośa Ⅱ, p.180.
6) Kośa Ⅱ, p.181.
7) Kośa Ⅱ, p.181, p.186 ; A. Bareau, Les Sectes Bouddhiques du Petit Véhicule(Paris, 1955), p.150(Sarvāstivādin의 these 111).
8) Kośa Ⅱ, p.181. Arhat의 十法은 八正道에 samyagvimukti와 samyagjñāna를 더한 것(참고 AN.Ⅴ, p.223) ; 五支는 五上分結을 의미한다(참고 n. 2).

이 경전에 사용된 획득과 구유라는 용어를 문자 그대로 받아들이고 성자가 십무학법(十無學法)을 '구유'한다고 할 때 이것은 분명히 실유법을 의미한다고 해석하고 있다. 더 나아가 유정(有情)의 상태나 조건을 결정짓는 원인으로서 적극적인 의미를 득(得)에 부여하고 그 당위성을 이렇게 주장한다. 즉 만일 현재의 찰나법만이 실재하고 득이 없다고 한다면 '성자(聖者)가 세속적인 생각을 일으키는 순간, 이 성자와 범부의 사이에 무슨 차이가 있겠는가?' 실제로 양자 사이에는 분명히 차이가 있는데 그것은 다음과 같은 이유에서이다. '성자는 비록 그가 세속적인 생각을 일으킬 때라도 일정한 청정한(anaśrava) Dharma를 [계속] 구유(prāpti)하고 있기 때문이다.'[9] 같은 맥락에서 유부는 번뇌의 단절을 위해서도 역시 득이 요청된다고 한다. 득이 존재하지 않는다고 가정할 때 어떻게 번뇌가 단절되었다거나 단절되지 않았다고 말할 수 있겠는가. 우리가 번뇌를 버리든 버리지 않든 그 번뇌의 Prāpti가 나타나거나 사라진다는 것이다 즉 번뇌에 대한 득의 소멸(vigama)을 통해서만 번뇌의 단절이 있을 수 있다는 것이다.[10]

득이란 이와 같이 제법을 다소 지속적인 단일체로 묶는 일종의 접착제로서 기능을 할 뿐만 아니라, 이 득이 있으므로 Dharma와 개인의 상속 사이에 지속적인 결합관계가 유지되며 또한 그들의 분리가 설명된다는 것이다.[11] 심리적 작용과 업행들의 책임소재가 개인의 상속에 귀속될 수 있는 것은 이 득이 있기 때문에 가

9) Kośa Ⅱ, p.183.
10) Kośa Ⅱ, p.183.
11) Kośa Ⅱ, pp.179-180 ; HBI, p.672 ; E. Conze, Buddhist Thought in India(1973), pp.139-140.

능하다. 그러나 이 득은 Dharma들을 개인의 상속에 결합시키는 작용을 하는 유부 특유의 실유법으로 간주되지만, 그것 자체를 일종의 지속하는 개아성이나 자아의 역할을 대신하는 것으로 유부는 보지 않는다.[12] 득도 다른 유위법들 가운데 하나일 뿐이지만 특수한 역할을 담당하고 있는 것이다.

2) 비판

Sautrāntika(경량부)는 유부에 의해 실유법으로 주장되고 있는 이 Prāpti를 인정하지 않는다. 그러므로 Prāpti의 존재성과 타당성을 여러 측면에서 분석하고 비판하고 있는데 두 가지로 요약하면 다음과 같다.

(1) 우리는 이미 앞에서 유부가 Arhat는 십무위법(十無學法)을 구유한다는 『중아함경』의 경문을 예로 들면서 Prāpti의 존재 근거를 세우고 있는 것을 보았다. 이 경에 보이는 구유라는 표현에서 Prāpti의 존재를 주장한다면, 다른 경에서 전륜왕이 칠보(七寶)를 구유(성취)한다[13]고 할 때도 당연히 같은 의미로 해석돼야 할 것이라고 경량부는 반박한다. 이 칠보에는 윤보(輪寶)와 옥녀보(玉女寶)가 포함되어 있는데 이 경우에 윤보는 무정물(無情物, asattva)이고 옥녀보는 타인에게 속하는(parakāya, parātmabhāva) Dh

---

12) HBI, p. 663 ; H. von Glasenapp, La Philosophie Indeinne, p.259.

13) DN.Ⅲ, p.59: Daḷhanemi (……) Sattaratana-samannāgato. Tass'imāni satta ratanāni ahes-uṃ, seyyathīdaṃ cakka-ratanaṃ, hatthi-ratanaṃ, assa-ratanaṃ, maṇi-ratanaṃ, itthi-ratan-aṃ, gahapati-ratanaṃ, pariṇāyaka-ratanaṃ eva sattamaṃ ; 『轉輪聖王修行經』, 大正1(T. 1), p.396 참고 ; 『轉輪王經』 大正1(T. 26), p.520b.

arma이기 때문에 앞에서 이미 내린 득의 정의에 모순된다고 지적한다.[14] 이런 반론에 대해 유부는 전륜왕의 칠보구유(七寶具有, samanvāgata)는 칠보를 마음대로 '지배(vaśitva)'하고 즐긴다는 뜻으로 해석해야 한다고 주장하면서 같은 용어인 구유를 두 경에서 하나는 은유적으로, 다른 하나는 실재의 구유라는 의미로 보아야 한다고 답한다.[15] 그러나 이런 자의적이고 일관성 없는 해석은 유부의 경전적 근거를 스스로 약화시킬 뿐만 아니라 충분한 설명이 되지 못하며, 또한 이 Prāpti는 색(色), 성(聲) 등이나 탐진(貪瞋)의 경우처럼 직접 지각되지도 않고, 안근(眼根) 등 감각기관의 경우처럼 추론되지도 않기 때문에 그것의 존재를 이끌어낼 수 없다고 경량부는 반박한다.[16]

(2) 유부는 제법의 생인(生因)과 구생설(俱生說)로 득의 작용을 강조하여 그 실유를 이렇게 주장한다.

> 득은 효용(作用, 작용)을 가지고 있으며, 그것은 제법의 생인(utpatti-hetu)이다. (……) Dharma들의 생기(生起)는 그들의 생기와 동시에 생기하는(sahaja) 득을 [그들의] 원인으로 갖는다.[17]

득이 제법의 생인이라고 주장할 경우 득은 오직 유위법에만 적용될 것이다. Nirodha(멸)는 무위법이므로 생기하는 것이 아니다. 따라서 무위의 득은 실재하지 않는다고 해야 할 것이다. 그리고

---

14) KośaⅡ, p.181 ; Louis de La Vallée Poussin, Vijñāptimātratāsiddhi (Paris, 1928: 이후 Siddhi로 약칭), p.55.
15) 위의 주, Siddhi, p. 55, p. 57.
16) KośaⅡ, pp.181-182.
17) KośaⅡ, p.181 ; Siddhi, p.56.

유위법(saṃskṛta-dharma)의 경우에서도 어떤 특정인에게 그가 아직 획득하지 않은 Dharma들에 대한 득은 현재에 존재하지 않을 것이며, 또한 존재의 영역을 바꾸거나 혹은 유루(有漏)·염오법(染汚法)에서 벗어남으로써 더 이상 소유하지 않는 Dharma들에 대한 득도 존재하지 않을 것이다. 따라서 전자(前者)의 득은 존재한 적이 없고 후자의 득은 이미 소멸되었으므로 제법생기(諸法生起)의 원인을 Prāpti라고 주장한 내용은 타당성이 없다고 반박한다.[18]

Dharma들의 생기(生起)는 그들의 생기와 '동시에 생기하는 득을 원인으로 갖는다(sahaja-prāpti-hetuka).'고 할 경우, 유부가 세운 유위사상(有爲四相)에서 생상(生相, Jāti)이나 그것의 수상(隨相)인 생생(生生, jātijāti)은 아무 소용도 없게 될 것이다. 왜냐하면 득(prāpti)과 득득(prāptiprāpti, 즉 anuprāpti)이 이들 역할을 대신할 것이기 때문이다.[19] 더 나아가 득이 생상을 대신할 경우 무정(無情, asattvākhya)인 Dharma들은 생겨날 수 없게 될 것이다. 왜냐하면, 득은 유정 Dharma에만 관련 있다고 이미 앞에서 정의 내렸기 때문이다.[20]

또한 모든 유정들이 욕계의 모든 번뇌에 대해 동일한 득(得)을 가지게 될 것이므로 번뇌에 속박되어 있는(sakalabandhana) 사람에게 있어서 번뇌의 '약, 중, 강'의 정도 차이를 설명할 수 없게 될 것이다.[21] 이런 차별이 Prāpti와는 다른 원인들에서 생긴다고

18) Kośa Ⅱ, p.182.
19) Kośa Ⅱ, p.182, p.194, pp.22-224 ; Siddhi, p.56.
20) Kośa Ⅱ, p.180, p.182.
21) Kośa Ⅱ, pp.182-183.

한다면 득이 하는 작용은 무엇이겠는가. 이와 같이 작용의 관점에서 볼 때 생인(生因)이나 구생(俱生)으로서 Prāpti의 존재는 불필요할 뿐만 아니라 기존의 다른 가설들과도 모순이 일어난다. 득의 실유법(實有法)으로서 존재 근거는 경전적인 실증성도 없고 논리적인 확증성도 보장되지 않는다는 것이다. 따라서 유부가 주장하고 있는 득은 단지 명칭으로만 있는 것(prajñāpti-dharma)에 불과하다[22]는 것이 경량부의 비판적 관점이다.

2. 종자설의 대두

Prāpti설을 인정하지 않는 경량부는 그 대안으로 종자(種子, bīja)설을 제안하게 된다. 유부의 득이 그들의 Dharma 체계에서 실재하는 실유법으로 분류되고 있는 것에 비해, 경량부의 종자는 그 자체로서는 어떤 Dharma 분류에도 들지 않는, 다만 가설로서 제안되고 있을 뿐이다.[23] 그러나 득이 추상적인 명칭과는 달리 종자는 실재하는 구체적 실물을 연상시키고 있으며 식물종자의 잠재적인 힘과 미래의 발전가능성을 내포한다는 점에서 단순한 비유 이상의 의미와 상상적인 효용성을 갖게 된다.

Kośa에서 이 종자설은 번뇌와 업력 문제를 중심으로 자연스럽게 전면에 등장하여 비유적인 명칭으로 사용되기 시작했다. 우리가 번뇌를 버리든 버리지 않든 그 번뇌의 득이 나타나거나 소멸된다는 유부의 사고방식을 부정하고 번뇌의 포기를 소의(所依, āś

22) Kośa Ⅱ, p.186, p.195.
23) Kośa Ⅱ, pp.183-186 ; E. Conze, 앞의 책, pp.141-142.

raya)의 상태(avasthā)로 설명하는 과정에서 종자설이 도입된다. 즉,

> 번뇌의 버림과 버리지 않음은 소의의 특정한 상태에 달려 있다. 성자에게 있어서는 도(道)의 힘에 의해 소의(āśraya)가 변화되어 과거의 상태와는 달라지게 된다. 일단 도의 힘에 의해 파괴된 번뇌는 더 이상 다시 나타날 수 없게 된다. 마치 불에 탄 종자(agnidagdha-bīja)가 이전과는 다르게 되어 다시 발아할 수 없게 되는 것과 같이 성자도 그렇게 번뇌를 단절했다고 우리는 말한다. 왜냐하면, 그의 소의는 번뇌를 발생시킬 수 있는 종자(bīja)를 더 이상 지니고 있지 않기[abījībhūta] 때문이다.[24]

인격을 이루는 소의가 번뇌의 잠재력을 지니고 있느냐 없느냐 하는 것이 문제이다. 팔정도에 의해 번뇌를 지닌 상태에서 번뇌가 없는 상태로 소의가 직접 바뀌는 것이다. 이 소의가 지니고 있을 번뇌발생의 힘을 발아할 수 있는 종자에 비유해서 설명하고 있는 것이다. 바로 이 번뇌종자를 버리지 않았을 때 우리는 그 사람이 번뇌를 구유(俱有, samanvāgata)하고 있다고 말하고 그것을 버렸을 때 우리는 그가 번뇌를 구유하지 않았다고 말할 수 있으나, 구유(성취)와 구유하지 않음(불성취)은 그 자체로 존재하는 실유가 아니라 다만 가명(假名, prajñāpti)일 뿐이라는 것이다.[25] 유부의 경우, 개인의 상속과 번뇌의 관계가 이루어지기 위해서는 필연적으로 득이라는 것이 개입해야만 했다. 그러나 경량부의 주장은 개체를 구성하는 소의(所依) 또는 존재요소의 흐름 가운데 번뇌의 종자가 있는가, 없는가 하는 점에서 성범(聖凡)의 차이를 구분할

24) Kośa Ⅱ, p.183.
25) Kośa Ⅱ, pp.183-184.

수 있다는 것이다. 과(果)를 발생시킬 능력으로서 소의의 상태를 결정짓는 종자에는 번뇌(kleśa)뿐만 아니라 선법(善法, kuśaladharma)의 종자들이 있다. 바수반두는 이 선법종자(善法種子)들에 관해서 생득(生得, utpattilābhika)과 가행득(加行得, prāyogika)으로 구분하고 있는데, 그것은 ①노력을 전제로 하지 않는(ayatnabhāvin) 선법과, ②노력으로 얻어지는(yatnabhāvin) 선법이다.

> 어떤 사람의 인격(āśraya)이 선법의 종자가 되는 자질을 [손상 없이] 완전하게 가지고 있을 때 그 사람은 전자(생득)의 선법을 지니고 있다고 말하고, 그런 자질이 손상되었을 때 그 사람은 선법을 지니지 못했다고 말한다. 실제로 성자의 경우에서와 같이, 번뇌의 종자들은 완전히 결정적으로 파괴되는 한편, 선법은 그 뿌리가 결정적으로 잘리지 않는다. 다만 악견(惡見)에 의해 선근(善根)을 자른 사람(samucchinnakuśalamūla)에 대해서 그 사람에게 속하는 선근의 종자가 될 자질이 악견(mithyādṛṣṭi)에 의해 손상 받았기 때문에 그 사람은 이 선근을 버렸다고 말하는 경우는 별도로 한다. 후자(가행득), 즉 노력, 다문(多聞), 사유(思惟), 명상을 통해서 생긴 선법은 생기고 나서 그것들을 [다시 새롭게] 발생시킬 능력(vaśitva, sāmarthyaviśeṣa)이 손상되지 않을 때, 그 사람은 그 선법을 구유(俱有)한다고 우리는 말한다.[26]

소유라든가 구유(samanvāgama)라는 말이 의미하는 것은 그 자체로 별도의 실유법(實有法), 즉 이른바 득(得, prāpti)이 아니고 그 사람(소의, āśraya, nāmarūpa)의 특정한 상태(avasthā)를 의미한다.[27] 즉 ①번뇌의 종자들이 성도(聖道, ārya-mārga)에 의해 뿌리째 뽑히지 않았을 때, ②번뇌의 종자들이 세간도(世間道, lau

26) Kośa Ⅱ, p.184.
27) Kośa Ⅱ, p.185.

kika-mārga)에 의해 파괴되지 않았을 때, ③생득의 선종자(善種子)들이 악견에 의해 손상되지 않았을 때, ④노력을 통해 얻은 선종자들이 이 선을 발생시키고자 하는 순간에 양호한 상태에 있을 때,[28] 이러한 조건에 있을 때 어떤 사람(āśraya)이 '번뇌를 구유한다.' 등으로 부른다는 것이다. 그런데 경량부의 관점에 따르면 소의의 상태, 즉 번뇌의 종자 또는 선(善)종자로서의 조건이 어떠하냐 하는 것이 중요한 것이다.

3. 종자(種子, bīja)의 의미

이제 종자 문제에 좀 더 집중해 보자. 종자란 무엇을 의미하는가? Kośa의 근품(根品)에서 바수반두는 종자를 다음과 같이 정의하고 있다.

> 종자란 상속(相續, santati)의 전변차별(轉變差別)을 통해 직접 혹은 간접적으로 결과를 생기할 능력을 가진 명색(名色, nāmarūpa)을 의미한다.[29]

종자는 이와 같이 별개의 어떤 실체가 아니고 잠재상태의 어떤 힘, 결과를 발생시킬 능력(samartha)을 가진 명색이다. 명색은 인간존재의 구성요소로서 오온(五蘊) 전체 또는 의식(識, vijñāna)을 수반한 사온(四蘊)을 말한다. 정형화된 연기설(緣起說)에서 명색은 의식(識)을 조건으로 발생하는 인과적 연쇄의 네 번째에 해당

---

28) Kośa II, p.185.
29) Kośa II, p.185: Kim punar idam bījaṃ nāma / yannāmarūpaṃ phalotpattau samartham sākṣāt pāraṃparyeṇa vā santatipariṇamāviśeṣāt ; P. Pradhan, 앞의 책, p.64.

하며 이 명색은 또한 육처(六處, ṣaḍāyatana) 즉 안(眼), 이(耳), 비(鼻), 설(舌), 신(身), 의(意) 등 육내처(六內處, ādhyātmika)의 조건이 된다.[30] 이 육내처는 감각영역을 의미할 뿐만 아니라 특히 존재의 기초적 구성(maula sattvadravya)으로서 인격 또는 소의(所依, āśraya)를 말할 때 이 육내처 혹은 그 일부를 지칭하기도 한다.[31] 우리는 이미 앞에서 경량부가 유부(有部)의 Prāpti설을 배격하고 소의의 상태에서 번뇌의 문제를 해결하려고 한 것을 보았다. 이때 소의는 번뇌 또는 선법(善法) 종자의 의지처로서의 역할에 중점이 있었으며, 성범(聖凡)의 구분을 함에 있어서도 번뇌종자가 거기에 있느냐, 없느냐 하는 데 달려 있었다.[32] 여기서는 특히 명색이라는 명칭을 사용하여 개체를 구성하는 존재요소의 흐름과 변화 가운데 종자를 문제 삼고 있다. 다시 말하면 상속(相續)이라는 생존의 역동적인 흐름 속에서 발생능력을 가진 정신·물질요소로서 명색(名色)이 부각된 것이다. 바수반두는 Kośa의 「수면품(隨眠品)」에서 번뇌와 수면에 관해 논의하면서 종자의 성격에 대해 다음과 같이 설명하고 있다.

> 수면(隨眠, anuśaya)이란 잠자고 있는 상태(睡位, 수위)의 번뇌(kleśa) 자체이며, 전(纏, paryavasthāna)이란 깨어있는 상태의 번뇌이다. 잠자는 번뇌는 종자상태(bījabhāva)에서 드러나지 않은(不現行, 불현행) 번뇌이다. 깨어있는 번뇌는 활동 중인 상태로서 드러난(現行, 현행) 번뇌이다.[33]

30) Kośa II, p.183 ; III, pp.94-95 ; HBI, p.40.
31) Kośa II, pp.110-111 ; III, p.126 ; IX, p.292.
32) Kośa II, p.183.
33) Kośa V, p.6.

Anuśaya와 Kleśa를 각각 별개의 실재(dravya)로 구별해서 보는 유부(有部) 비바사와는 달리, 경량부는 Anuśaya를 Kleśa가 잠자고 있는 상태로 보며, 그것을 번뇌종자라고 한다. Kāma-rāgānuśaya라고 할 때 그것은 Kāma-rāga의 수면(睡眠)상태, 즉 탐욕 번뇌가 잠재력 또는 경향성으로 있는 상태이다.[34] 번뇌가 활동 중이냐 잠자고 있는 상태냐에 따라 전(纏) 또는 수면(隨眠)이라고 불린다는 것이며, 번뇌가 잠재성으로 있는 것이 종자상태(bījabhāva)라는 것이다. 그러면 종자란 무엇인가라는 물음에 대해

> 종자란 앞의 번뇌(kleśa)에서 생겨나 [뒤의] 번뇌를 일으키는 힘(śakti), 개체를 이루는 인격(āśraya, ātmabhāva)에 속하는 힘을 의미한다. 마치 어떤 개인에게 [이전의] 지각적 지식(anubhavajñāna)에 의해 생긴 능력이나 상기(想起)할 수 있는 능력이 있는 것과 같고, 식물, 새싹, 줄기 등에 속하는 쌀을 산출할 능력이 [이전의] 벼 종자에 의해 생기는 것과 같다.[35]

극미요소를 논의하는 가운데, 경량부는 주어진 온(蘊, skandha) 속에 지각되지 않는 조대(粗大) 요소들이 비활동적으로 자체모습(svarūpatas)이 아닌 씨앗 상태(bījatas, śaktitas, sāmarthyatas)로 존재한다고 보았다.[36] 또한 식(識, vijñāna)과 다른 온(蘊, skandha)들은 각기 종자(種子, bīja)와 밭(田, 전, kṣetra)이라는 견해도 있으며,[37] 이미 초기경전, 『잡아함』에는 식(識)과 다른 요소들의 관계가 종자와 비유하여 설해지고 있다. 즉 취온(取蘊, upādāna)

---

34) Kośa V, p.1, pp.6-7.
35) Kośa V, pp.6-7.
36) Kośa II, p.147 ; III, p.132.
37) Kośa VI, p.138. 참고 AN.I, p.223.

에 상응한 식(vijñāna)은 필요한 조건이 주어지면 무성하게 생장할 종자(5종 종자, pañcabīja)와 같다는 것이다. 여기서 필요한 조건은 흙(地界, 지계)과 물(水界, 수계)인데, 흙은 사식주(四識住, vijñānasthitiḥ)에, 물은 희탐(喜貪, nandirāga)에 비교되고 있다.[38] 이 경전에서는 이들의 상호적인 조건의 중요성을 강조하고 있지만, 실제로 여기서 핵심적인 위치를 차지하고 있는 것은 식(識)이다. 이 식이 5종 종자를 나타내고 있는 것이다. 식으로서 이 종자가 특정한 성질, 즉 벼는 벼의 싹, 밀은 밀의 싹 등으로 발아할 특성을 원인으로 가지고 있으며 흙, 물 등은 종류가 무엇이든 구별 없이 단순한 발아와 생장을 촉진하는 원인이 되는 것이다.[39]

Kośa의 「근품(根品)」에 나타난 경량부 이론에 의하면 마음(citta)과 몸(kāya)은 상호적으로 종자(種子, anyonyabīja)의 관계이다.[40] 이 문제는 불교의 우주관에서 볼 때 색계(色界, 물질세계)

38) SN.Ⅲ, pp. 54-55 ; 비구들이여, 5종의 種子가 있느니라. 5종이란 무엇인가? 뿌리종자, 줄기종자, 가지로부터 생긴 종자, 마디종자, 열매종자 모두 다섯이니라(mūlabīja, khandhabīj-a, aggabīja, phalubīja, bīja bījaññeva pañcaman). 비구들이여, 이 5종 種子가 파괴되지 않고 부패하지 않고 풍화의 피해를 입지 않고 신선하게 잘 익었고 잘 심어졌어도 흙이 없고 물이 없으면, 비구들이여, 이 5종 種子가 자라고 크고 풍성하게 성장하겠느냐? (종자, 흙, 물이 모두 갖추어질 때 풍성하게 자랄 수 있다는 내용으로 대화가 계속됨) …… 비구들이여, 흙은 4識住로 보아야 하고, 물은 喜貪으로 보아야 하고, 5종 種子는 取著에 상응된 識으로 보아야 한다 (seyyathāpi bhikkhuve pathavīdhātu evemcatasso viññāṇaṭṭhitiyo daṭṭhabbā …… āpodhātu evaṃ nandirago daṭṭhabbo, …… pañcabījajātāni evaṃ viññaṇam sāhāraṃ daṭṭhabbaṃ) ; 大正2(T.99 N.39), pp.8c-9a: "有五種種子 何等爲五 謂根種子 莖種子 節種子 自落種子 實種子 此五種子 不斷不壞 不腐不中風 新熟堅實 …… 有地水界 彼種子生長增廣 比丘 彼五種子者 譬取陰俱識 地界者譬四識住 水界者譬貪喜." : 참고 大正2(T.99 N.893), p.224c.

39) KośaⅡ, p.138.

40) KośaⅡ, p.212, Siddhi, p.183, p.207 ; A. Bareau, Les Sectes Boudd

와 무색계(無色界, 정신만의 세계) 사이에서 유정(有情)존재의 생존구조가 바뀔 경우와 멸진정이란 무심(無心)상태의 특수한 선정체험의 순간에 일어날 수 있는 정신과 물질의 상속(相續)에 있어서 단절문제로 제기된다.

> 어떤 사람이 무색계(無色界, arūpyadhātu)에 태어나면, 물질요소(rūpa)는 오랫동안 단절되어 있게 된다. 만일 이 사람이 욕계(欲界, kāmadhātu)나 색계(色界, rūpadhātu)에 다시 태어나게 되면 그의 새로운 Rūpa는 오랫동안 이미 중단되었던 앞선 Rūpa의 상속(相續)에서 생겨나지 않고, 심(心, citta)에서 바로 생겨난다. 마찬가지로 입정(入定)에서 나온 마음은 입정 이전의 심을 원인으로 갖지 않는다. 즉 이 마음은 유근신(有根身, 감관을 갖춘 신체, sendriyakāya)에서 생겨난다. 그렇기 때문에 옛 스승들이 말씀하시기를, '이들 두 Dharma는 상호적으로 종자(anyonyabījaka)이다.'라고 한다. 즉 두 Dharma란 심(心)과 유근신을 말한다.41)

유부 비바사들은 과거의 Dharma를 실유로 인정하며, 입정한 마음(samāpatticitta)을 출정(出定)한 마음(vyutthānacitta)의 등무간연(等無間緣, samanatarapratyaya)의 관계로 봄으로써 심(心)의 단절문제를 해결한다.42) 그러나 경량부(Dārṣṭantika)는 출정(出定)에서 회복되는 심의 문제를 심신이 상호 종자로서 의존한다는 관점에서 해결하게 된다. 즉 멸진정 상태에서 단절되었던 마음은 유근신에서 다시 생겨나는데 이것은 심과 유근신의 두 Dharma가 상호적으로 종자(anyonyabīja)이기 때문에 가능한 것이다(멸진정

---

hiques du Petit Véhicule (Paris, 1955), p.158(Sautrāntika의 these 18).

41) Kośa Ⅱ, p.212.

42) Kośa Ⅱ, p.211.

에서 유심 또는 무심의 문제는 다음 항목을 달리하여 곧 연구하게 될 것이다).

야소미뜨라는 종자설에 관해 Kośa의 경량부설을 옹호하면서 특별한 잠재능력(śaktiviśeṣa), 즉 종자와 심(citta)의 관계에 대해 논하고 있다.[43] 즉 여기서 문제가 되는 것은, 종자(śaktiviśeṣa)는 심과 다른 것인가 동일한 것인가 하는 질문으로서 유부 비바사의 비판을 받는 부분이다. 만일 종자가 심과 다른 것이라면, 선·악 등의 종자는 이름만 다른 유부 비바사의 Prāpti일 것이라는 비난이 있게 되고, 반면 다른 것이 아니라면 불선이 선의 종자이기도 하고 선이 불선의 종자이기도 하다는 것을 인정하게 되어 선(kuśala), 불선(akuśala), 무기(無記, avyākṛta), 유루(有漏, sāsrava), 무루(無漏, anāsrava)의 종자(bīja)들이 뒤섞이는 혼동을 가져올 것이라는 유부 비바사의 비판이 있게 된다.

그러나 경량부는 Dharma에 대한 그들의 기본 입장에 서서, Bīja는 Citta와의 관계에서 다른 것(arthāntara)도 아니고 동일한 것(anarthāntara)도 아니라고 대답한다. 왜냐하면 Bīja라는 것은 다만 상대적 명칭일 뿐(upādāyaprajñaptirūpatvāt)이기 때문이다.[44] 사실 경량부의 종자는 Prāpti와는 달리 처음부터 어떤 실재하는 실체로 받아들여진 것이 아니기 때문에 심(citta)과의 동이(同異) 문제가 심각하게 제기될 수 없다. 야소미뜨라는 이어서 종자와 심(citta)이 다른 것이 아니라고 하더라도 선·악 등의 발생에 혼동이 생길 수 없다는 방식으로 역설하고 있다. 즉 종자설의 존재 이유가 바로 동일한 마음의 흐름에 성질을 달리하는 두 가지 마음이

43) Abhidharmakośavyākhyā de Yaśomitra, pp.67-68.
44) Yaśomitra, 앞의 책, p.68.

계기(繼起)할 수 있다는 것을 설명 가능케 하는 것이라고 한다.[45]

종자란 실제로 우리가 지은 업의 훈습에 의해 우리 안에 축적된 잠재적인 힘(śakti, sāmarthya)이다. 앞에서 본 바와 같이 Kośa의 「수면품(隨眠品)」에서는 번뇌가 활동중인 것을 전(纏)이라 하고 잠재상태로 잠자는 것을 종자상태(bīja-bhāva)라고 했다. 또한 앞의 번뇌에서 생겨 뒤의 번뇌를 일으키는 능력(śakti)을 번뇌종자라고 정의한다. 우리가 행한 업의 여습(餘習)이 새로운 번뇌를 만들어내는 잠재능력으로서 존재요소의 흐름 속에 잠재해 있는 것이 종자인 것이다. 우리는 앞에서 성자와 중생의 구별이 개체를 구성하는 존재요소 가운데 번뇌의 종자가 있느냐 없느냐 하는 점에 차이가 있다고 하고, 도(道)의 힘에 의해 파괴된 번뇌가 불에 탄 종자로 비유되는 것을 볼 수 있었다. 앞의 「근품」에서는 명확하게 종자란 상속전변차별(相續轉變差別)을 통해 결과를 발생할 능력을 가진 명색(名色), 즉 오온(五蘊)이라고 정의하고 있다. 이것은 종자가 잠재능력으로서 예치되는 곳, 즉 번뇌가 훈습되는 장(場)으로서 명색이라는 의미와 잠재능력을 가진 명색이 그대로 종자라는 넓은 의미의 뜻을 가지고 있다.

4. 상속전변설(相續轉變說)과 종자

의지를 가지고 행한 업은 과(果)를 발생할 힘(śakti)으로서, 존재요소의 흐름 가운데 종자 상태로 잠재하게 되고 이것이 상속전

---

45) Yaśomitra, 앞의 책, pp.68-69 ; D. S. Ruegg, La Theorie du Tathāgata garbha et du Gotra (Paris, 1969), pp.480-481.

변차별을 통해 열매를 맺음으로써 현실화한다고 본다. 이들 술어는 Kośa의 「근품(根品)」에 다음과 같이 설명되고 있다.

> 상속(saṃtati)이란, 부단한 흐름의 연속을 이루며, 인과관계에 있는 과거·현재·미래의 제행(諸行, saṃṣkāras)이다. 전변(轉變, pariṇāma) 즉 상속의 전변이란, 매 순간마다 그 자신과 다르게 생겨나는 이 상속의 변화(anyathātva)이다. 차별(viśeṣa), 즉 전변의 최고 순간은 과(果)를 즉시 생기할 수 있는 능력(功能, 공능)을 가진 상속의 순간이다.[46]

경량부의 상속전변차별설은 불교 외부 또는 내부에서 처음부터 존재론적인 몇 가지 중요한 문제점을 가지고 출발한 것이다. 외부적으로는 자아(ātman)나 형이상학적 실체 또는 제1 원인(pradhāna)을 전제로 해서 세계의 전변을 설명하는 상캬 등의 학파에 맞서서 상주하는 실체를 부정하고 무아(無我)의 관점에서 상속전변을 독자적으로 밝혀야 했다. 또한 부파 내부적으로는 법체(法體)의 삼세실유(三世實有)를 주장하는 유부(有部) 등에 맞서서, 현재의 한순간만 존재하고 곧 사라지는 Dharma와 업력(業力)의 연속성을 설명해야 하는 문제가 있었다.[47] 여기서 상속전변이란 존재요소의 흐름, 즉 상속이 매 순간마다 그 자신과 다르게 생성하고 변화하는 것이며 전 찰나와 후 찰나가 다른 모양으로 되는 것(anyathātva)이다. 이것은 상주(常住)하는 궁극적 실체의 어떤 속성이 소멸하고 다른 속성이 나타난다는 변화의 의미와는 다른 것이다.

---

46) KośaⅡ, p.185 ; P. Pradhan, 앞의 책, p.64.

47) HBI, pp.668-669 ; L. Silburn, Instant et Cause(Paris, 1989), pp.266-274 ; 『인도철학』 3, pp.16-27.

경량부의 상속설에 관한 일반적인 문제들은 이미 다른 곳에서 취급했기 때문에 여기서는 종자설을 중심으로 그 의미와 중요성을 고찰하기로 한다. 앞에서 보았듯이 경량부의 상속은 존재를 구성하는 정신·물질요소인 '온(蘊)의 상속(skandhasaṃtāna)'이다. 업은 그것이 이루어지는 순간, 이 존재요소의 흐름에 잠재적인 힘으로서 종자를 예치하게 되고 그 상속을 훈습하여 내적 발전을 결정짓게 된다.48)

바수반두는 이렇게 잠재적인 힘을 가진 정신·물질요소로서 상속이 발전하는 과정을 식물종자의 예로써 독특하게 설명한다. 식물종자의 생장과정과 상속전변차별(相續轉變差別)의 대비에 의해 해석했던 것이 중요하다. 씨앗이 땅에 떨어져 발아하고 성장하는 중간 단계를 거쳐 최종적으로 꽃이 피고 열매를 맺기까지의 과정은, 업이 이루어진 후 잠복기간을 경과하고 발전을 계속하다가 마지막 단계에서 과(果)를 즉시 내는 특별한 능력을 갖는 것과 비교될 수 있다는 것이다.

Kośa의 「파아품(破我品)」에 보이는 두 가지의 설명 방법을 대비해 보면 다음 페이지의 '표-1'과 같다(종자비유의 전반부와 후반부를 잘라서 병렬). 업과 과보 사이의 필연적인 관계(karmaphalasaṃbandha)는 이미 초기경전의 여러 곳에 식물종자와 비교하여 설해지고 있었다. '심은 종자만큼 그 열매를 거둔다(yādisaṃ vappate bījaṃ, tādisaṃ harate phalaṃ)',50) '악을 행하든 선을 행하

48) Kośa Ⅱ, p.185 ; Ⅴ, p.63 ; Ⅸ, p.296 ; HBI, pp.672-673 ; L. Silburn, 앞의 책, pp.307-312..

50) SN. Ⅰ, p. 227 ; 大正2(T.99, N.1115), p.295a : "隨行殖種子 隨類果報生." ; 大正2(T.100, N.44), p.388: "如人自造作 自獲於果報 行善自獲善 行惡惡自報 譬如下種子 隨種得果報."

든 그 사람이 익힌 대로 따르나니, 오곡의 씨앗을 심어 각기 그의 열매를 거두는 것 같다.'[51] 이런 단순한 원인·결과의 비유는 초기 불교 시대부터 격언처럼 되어 통용되고 있었던 것 같다. 그러나 부파불교 시대에 오면서 업의 성격과 과보의 메카니즘에 대한 사색이 깊어감에 따라 문제의 중심이 행위의 발단과 결과 사이에 벌어진 중간 과정에 놓이게 되었다. 경량부의 상속전변설과 종자설은 바로 이 중간 과정을 설명하는 데 그 중요성이 있었으며, 거기서 종자설이 더욱 부각되고 발전하게 된 것 같다.

(A) 세간에서 과일은 씨앗에서 생긴다고 말하고 있다. 그러나 그렇게 말하면서 과일이 파괴된 씨앗에서 생겨난다고 주장하지 않으며, 파괴되고 있는 씨앗에서 즉시 직접적으로 생겨난다는 것을 뜻하지도 않는다.	(B) 과보는 업으로부터 생긴다고 말한다. 그러나 그 과보가 파괴된 업에서 생기지 않으며, 업이 행해진 직후에 곧 생기지도 않는다.
실제로 과일은 씨앗에 그 원인을 가진 상속전변의 마지막 순간에서 생성된다.	과보는 업에서 일어난 상속전변의 마지막 순간에서 생긴다.
종자는 연속적으로 새싹·줄기·잎[을 내고], 결국 과일을 있게 하는 꽃을 피운다. 종자가 과일을 생성한다고 말한다면, 그것은 종자가 중간단계의 상속을 통해 꽃에서 과일을 생성하는 잠재능력(효능)을 설계하기 때문이다. 만일 꽃에 있는 잠재능력(효능)이 (이전의) 원인으로서 종자를 갖지 않았다면 그 꽃은 종자에 상응하는 과일을 생산하지 못할 것이다.	상속은 업을 근원으로 하여 한 줄로 중단없이 연속되는 물질·정신요소들을 의미한다. 이 한 줄로 된 연속적인 순간들은 각각 다르다. 즉 [거기에는] 상속의 전변(pariṇāma), 또는 변화가 있다. 이 전변의 마지막 순간은 특별한 잠재력(효능), 과보를 즉시 생기할 힘을 가진다. 이 점에서 마지막 순간은 다른 순간들과 구분된다. 그래서 이것이 차별(viśeṣa), 또는 전변의 마지막 순간이라고 불려진다.[52]

표-1 Kośa의 「파아품(破我品)」종자 비유 대비

---

51) 大正2(T.125), p.826c: "爲惡及其善 隨人之所習 如似種五穀 各獲其果實."

‘어떤 과(果)가 이숙(異熟, vipāka)이라는 이름을 얻기 위해서는 그것이 상속전변의 마지막 순간에 생기되어야 하고, 그 인(因)의 다소 큰 세력으로 인해 어느 정도 지속되어야 한다.’49)고 경량부 논사는 주장한다. Kośa의 「업품(業品)」에는 ‘미세상속점점전변차별(微細相續漸漸轉變差別, sūkṣmaṃ santati pariṇāmaviśeṣa)’이란 긴 표현을 써서, 과(果)를 맺는 내용을 ‘보시(布施)의 의지(思, 사)에 의해 훈습된 이 상속은 점차 미세한 전변을 하여 결국 많은 과(果)를 내는 단계에까지 이른다.’고 한다.50) (이숙인에 관해서는) 이숙인이 될 수 있는 Dharma는 불선(不善)의 법이거나 선유루(善有漏)의 법이어야 하는데, 그것은 이들만이 이숙(異熟)에 필요한 요건으로서, 종자와 습기에 비교되는 자공력(自功能, svaś akti)과 갈애의 습윤(abhisyandita)을 가지고 있기 때문이다. 무기법(無記法)은 무력(無力)하여 습기는 있어도 썩은 씨앗이 싹틀 수 없는 것과 같고, 무루법(無漏法)은 씨앗이 온전해도 습기가 없어 싹트지 않는 것과 같아서 모두 이숙인(異熟因)의 조건이 되지 못한다51)고 한다. 경량부는 업력을 식물 종자가 지닌 잠재적인 힘

49) KośaⅨ, p.296.

49) KośaⅡ, p.272: [경량부에 의하면] 두 가지 조건에서 果는 vi-pāka라는 이름으로 불린다. ①그것이 相續轉變(pariṇāmaviśeṣa)의 마지막 순간에 생기되어야 하고 ②그 因의 다소 큰 勢力으로 인해 어느 정도 동안 지속되어야 한다. 그런데 俱有(sahabhū)와 相應(saṃprayukta)의 두 개의 因에서 생긴 果는 첫째의 특성을 나타내지 못한다. 왜냐하면 두 개의 因은 그들의 果를 설계함과 동시에 실현한다. 能作(kāraṇa), 同類(sabhāga), 遍行(sarvatraga)의 세 개의 因에서 생긴 果는 두 번째의 특성을 나타내지 못한다. 왜냐하면 긴 윤회동안 이 果들의 되풀이되는 생성이 무한할 것이기 때문이다. 따라서 vipāka의 유일한 설명은 變異(變易, vipariṇāma?)와 成熟이다(玄奘, 『阿毘達磨俱舍論』, p.33a 참고).

50) KośaⅥ, p.20 ; 현장, 앞의 책, p.69b.

과 같은 것으로 보았으며 종자가 발아해서 점차 생장하여 열매를 맺기까지의 과정을 업과 과보 사이의 중간단계를 설명하는 데 적용한 것이다. 중관파의 용수도 부파의 업설을 비판할 때, 경량부의 업설을 밝히기 위해서 바수반두와 비슷한 방법으로 '종자에서 비롯된 새싹상속'과 '의지(思)에서 시작된 심상속'을 대비시켜 중간 과정에 주의하면서 그 내용을 요약하고 있다. 『중론(中論)』 제17장을 앞에서 보인 「파아품」의 내용과 같은 방식으로 대비시켜 보면 다음 페이지의 '표-2'와 같다.

짠드라끼르띠(Candrakīrti)의 주석이 달린 『중론』 제17장 7-10게를 상대되는 내용의 게송끼리, 즉 ⑦과 ⑨, ⑧과 ⑩을 병렬시켜 보았다. 『중론』의 이 내용은 Kośa의 「파아품」에 보이는 상속전변설의 내용과 거의 비슷하게 기술되어 있다. 한편으로 '종자→새싹 등의 상속→과일', 다른 한편으로 '의도(思, 사)→심상속→과보'의 단계를 비교하여 고찰한 것이며, 여기서도 역시 '새싹 등의 상속' 또는 '심상속'이라는 중간 과정이 중요한 문제로 되어 있다. 물론 용수는 여기서 단멸론과 상주론을 주된 논제로 올려놓고 있지만, 실제로 종자와 새싹 등 상속과의 관계, 또는 업과 심상속과의 관계가 어떻게 이루어지며, 결국에는 과(果)를 내기까지 이르는가를 모순 없이 설명하는 것이 공통된 관심사였으며, 이 설명을 하기 위해서 종자설을 개입시키지 않을 수 없었고, 이것을 또한 최대한으로 활용하고 있었던 것이다.[56]

---

51) Kośa Ⅱ, p.271 ; AN. Ⅰ, p.223: 행위는 밭이요 의식은 씨앗이요 갈망은 습기이다(kammaṃ khettaṃ viññāṇaṃ bījaṃ taṇhā sineho) ; 註 38) 참고.

56) 용수의 中觀사상에서 본다면 행위가 이루어진 적도 없고, 또 행위자도 없으니, 과보의 성격을 논할 여지가 아예 없는 것이다(참고 『中論』

(A) ⑦종자로부터, 새싹 등 상속(aṅkur-aprabhṛtirsaṃtāna)이 발전한다. 거기에서 과일이 [있게 된다]. 그러나 종자가 없으면 상속의 발전도 없다. (게송)	(B) ⑨의도(思, cetas)로부터 심상속(citta saṃtāna)이 발전한다. 거기서 과보가 [있게 된다]. 그러나 의도(思)가 없으면 상속의 발전도 없다. (게송)
종자는 순간적임에도 불구하고 '새싹·마디·줄기·잎' 등의 상속, 즉 그 씨앗과 같은 종류의 특정한 과일을 생기할 특별한 능력에 상응하는 상속의 원인이 되고 나서 곧 파괴된다.	선 또는 불선의 특별한 의지에 상응하는 의도(心) 때문에, 이 마음(心)을 원인으로 하는 심상속이 발전한다.
이 새싹 등의 상속은 종자 때문에 발전한다. 그 때문에 잇따라 보조적 원인들이 충족된다면 비록 아주 작은 원인에서라도 다수의 큰 과(果)들이 나온다. 그러나 종자가 없으면, 즉 종자가 없는 상태에서 새싹 등의 상속은 발전하지 못한다. 따라서 종자가 있을 때 상속이 존재하고 종자가 없을 때 상속은 존재하지 않으므로 새싹 등 상속에 속하는 과일은 종자를 원인으로 갖고 있다는 것이 증명된 것이다. (주석)	선 또는 불선의 의지에 의해 훈습된 이 심상속으로부터 −만일 보조적 원인들이 충족된다면 − 선도(善道) 또는 악도에서 [받게 될] 낙(樂) 또는 불락의 과보가 생길 것이다. 그러나 심(心)이 없으면, 즉 심이 없는 상태에서 심상속은 발전하지 못한다. (주석)
⑧상속은 종자에서 오고, 과일은 상속으로부터 생긴다. 과일은 종자를 전(前) 항으로 갖고 있다. 그러므로 [종자는] 단멸된 것도(ucchinna) 항상된 것도(śāśvata) 아니다. (게송) ……	⑩상속은 심에서 오고, 과보는 상속으로부터 생긴다. 과보는 업을 전(前) 항으로 갖고 있다. 그러므로 [업은] 단멸된 것도 항상된 것도 아니다. (게송) ……57)

표-2 『중론』 제17장 7-10게와 그에 대한 짠드라끼르띠의 주석 비교

제17장, 제29-30게). 그러나 우리는 여기서 部派佛敎의 실재론적인 관점에서 문제를 보고 있다.

57) E. Lamotte 역, Candrakīrti prasannapadā Madhyamakavṛtti (in Mélanges chinois et bouddhi-ques. Vol. Ⅳ, Bruxelles, 1936), pp.272-273.

부파불교의 각 학파는 각기 그들의 Dharma에 대한 다양한 철학적 관점에 따라 업을 보는 입장을 달리하고 있었다. 유부(有部)의 경우 업이 한 번 이루어지면 그 업이 과보를 낼 때까지 지속한다. 그들의 기본철학 삼세실유설(三世實有說)에 따라 유위법(有爲法)의 작용은 현재뿐이지만 그 체(體, svabhāva)는 삼세에 실유하므로, 현재에 업을 설계하고(ākṣipati) 그것이 과거가 되었을 때 과보를 낸다(prayacchati)는 것이다.[58] Kāśyapīya(飮光部, 음광부)와 분별설부(分別說部)도 과(果)를 아직 실현되지 않은 일부의 과거는 실유한다는 관점이므로, 과거 업의 지속을 옹호하는 입장이다.[59] 경량부의 경우 업은 순간적(kṣantika)이다. 생기자마자 곧 파괴된다. 그러나 그 업은 심상속에 훈습되고 전변을 계속하게 된다는 것이다.[60] 과거의 업에서 직접 과를 낸다고 보는 견해와는 다른 것이다.

사실 부파의 각 학파들은 업의 성격을 규정하는 문제와 함께 업의 설계(能引, 능인)와 결과 사이의 과정이 어떻게 이루어지는가를 설명하는 데 많이 노력했던 것이며, 그런 노력으로 나타난 대표적 이론이 유부의 Prāpti설과 지금 여기에서 문제 삼는 경량부의 종자설인 것이다. 우리는 『성업론』에서 심상속의 문제와 함께 이 문제를 다시 검토하게 될 것이다.

---

58) KośaⅤ, pp.49-65 ; J. Masuda, Origine and Doctrines of Early Indian Buddhist Schools (Asia Major, 1925), p. 39 ; HBI, pp.666-667 ; Karmasiddhi, p.81: "謂過去業 其體實有 能得當來 所感果故."(현장, 앞의 책, p.782c).

59) KośaⅡ, p.52 ; HBI, p.665 ; Karmasiddhi, p.81 ; A. Bareau, Le Bouddhisme (in: Les Religions de l'Inde, Paris, 1966), p.109.

60) KośaⅣ, pp.5-8 ; Ⅴ, p.58 ; HBI, pp.668-669, pp.672-673 ; Karmasiddhi, pp.23-24, p.81 ; 『印度哲學』, 3(1993), pp.16-27.

Ⅱ. 『성업론』에서 심상속과 종자

1. 심상속과 레몬 꽃

이제 우리는 상속설과 종자 문제를 경량부 제파(諸派)의 다양한 이론을 중심으로 살펴보겠다. 우리는 앞에서 상속설과 종자설이 원인과 그 결과 사이의 중간 과정을 설명하는데 중요성이 있다고 강조한 바 있다. 이 중간 과정에서 어떻게 단절 없는 연속이 성공적으로 이루어져 과(果)를 맺게 되느냐 하는 점이 문제임을 보았다.

『성업론(成業論)』에서는 심상속의 성격과 멸진정(滅盡定, nirodhasamāpatti) 등 특수한 심적 계기에서의 단절과 연속의 문제들이 다양하게 제기되고 있다. 심상속은 정확히 어떤 특성을 가지며, 과(果)를 보장하는 전변의 끝까지 과연 안전하게 이르게 되는가? 심상속이 어느 취약한 순간에 얼마 동안이라도 중단된다면 그 상속이 지니고 있는 종자들(잠재능력)이 소멸해버리지 않겠는가 하는 것이 주된 의문들이다. 우선 『성업론』에 요약된 업의 성립과 상속전변의 내용을 살펴보면,

> 특별한 의지(思差別, 사차별, cetanāviśeṣa)가 심상속(cittasaṃtāna)에 훈습작용을 하여 거기에 잠재능력(śakti)을 만드는 것만으로 충분하다. 바로 이 잠재능력의 전변차별(轉變差別, pariṇāmaviśeṣa)을 통해 나중에 특정한 과(phalaviśeṣa)가 생기게 된다. 마찬가지로 레몬 나무의 꽃(mātuluṅgapu-ṣpa)을 적색 염료(lākṣārasarakta)로 물들이면 그 꽃의 상속이 전변하여(pariṇāmate) 과를 맺는 순간 그 씨(kesara)가 적색(raktavarṇa)이 된

다. 내처법(內處法, ādhyātmikadharma)의 훈습(bhāvanā)도 같은 방식으로 이루어진다는 것을 알아야 한다.[61]

업은 본질적으로 의도적 의식적 행위이다. 따라서 윤리적으로 선(善) 또는 불선으로 규정될 수 있어야 한다. 즉 진정한 업이 되기 위해서는 반드시 의지(cetanā)가 수반되어야 한다는 것이다.[62] 위의 상속설에는 경량부의 의도 또는 의지(思, 사) 중심의 업사상이 강하게 나타나 있다. 의도된 업은 종자의 상태(잠재능력)로 상속에 예치되고 그것을 훈습한다. 이렇게 훈습된 상속은 변화를 겪게 되는데, 어떤 때는 긴 과정을 거치게 된다. 그 변화의 최고 정점이 과보의 상태 즉, 결실이다.[63]

Kośa에서는 일반적으로 상속을 정신·물질적 요소들의 상속 또는 단순히 온상속(蘊相續, skandha-saṃtāna)으로 표현하고 있었지만, 여기서는 심상속(心相續, citta-saṃtāna)이라고 명시하여 의지(思)의 중요성을 강조하고 있다. 식물 종자의 경우에서도 Kośa에는 일반적인 종자의 성숙과정이 상속전변과 대비되어 함께 인용되고 있다. 예를 들면 씨앗은 과(果)의 원인으로서 식물적인 상속의 변화과정을 씨앗과 과 사이에 겪게 된다. 즉 (식물의) 줄기, 가지, 잎, 꽃 그리고 열매라는 과정을 거쳐 일생이 끝나는 것으로 표현되고 있다.[64] 여기서는 레몬 꽃과 씨앗이라는 특정한 식물을 예로 들고 있다. 게다가 그 흰 꽃에 염색, 특히 적색(raktavarṇa)

61) Karmasiddhi, p.88.
62) L. de La Vallée Poussin, La Morale Bouddhique (Paris, 1927), p.102 ; Karmasiddhi, pp.8-10 ; HBI, pp.36-38.
63) Karmasiddhi, pp.22-23 ; HBI, pp.672-673.
64) KośaⅨ, p.296.

의 염색이라는 극히 구체적인 비유를 들고 있다는 것이 특이하다.[65]

레몬 꽃의 염색 비유는 이숙과의 이론과 함께 Kośa에도 잠깐 언급된 것을 볼 수 있다. 그러나 여기 『성업론』에서는 짧은 텍스트에서 무려 4번이나 이 식물이 인용되고 있다.[66] 레몬 꽃을 염색했을 때, 염색된 꽃도 떨어지고 색소도 사라지지만 그것이 과일의 씨앗으로 어김없이 전달되어 붉은 씨앗을 맺게 된다는 인과의 필연성과, 그 붉은 씨앗을 다시 심었을 때 새로운 과일의 씨는 붉게 되지 않는다는 1회적인 이숙무기(異熟無記)의 과를 생생하게 표현하고 있다.

2. 멸진정(滅盡定)과 심상속(心相續)

경량부의 상속은 앞에서 본 바와 같이 심에 의해 훈습될 수 있는 심상속이고 끊임없이 변화하는 상속이다. 경량부는 업과 과보의 필연적인 관계는 받아들이지만, 과거업이 그 자체로(svabhāvatas) 실유하여 과보를 낸다는 유부의 주장이 잘못되었다고 비판하고 업의 순간성을 전제로 해서 독자적인 이론을 세운다. 그들에 의하면 업은 이루어지자 마자 곧 파괴된다. 그러나 그 업에 의해 훈습된(bhāvita) 심상속이 그 공능(śakti)의 특별한 변화를 통해 결국 낙·불락의 과를 내게 된다는 것이다.[67]

---

65) 赤色, raktavārṇa의 rakta는 語根 √raj, √rañj에서 나온 과거수동분사형으로서 붉음, 赤色, 紅色 등의 의미와 함께 물듦, 染着, 染欲, 愛着 등의 뜻을 포함한다. 이것은 心相續의 熏習, 즉 vāsanā, bhāvanā, 또는 能熏, vāsaka, bhāvaka 등과 강한 비교가 된다.

66) Karmasiddhi, § 19, 20, 32, 40 ; KośaIX, p.299.

과를 맺기까지의 과정에서 이 심상속은 그 자체가 끊임없이 변화를 겪고 있을 뿐만 아니라 이 상속을 유지하는 데 참여한 모든 Dharma들, 즉 심법은 물론 이것을 받치고 있는 색법(色法) 등은 순간적(kşanika)이다. 그 본성은 생긴 후 즉시 소멸하는 것(utpādānantaravināśisvabhāva)이며, 그 소멸은 자발적이요 어떤 인(因)에 달려 있지 않다. 따라서 그 소멸은 즉각적이다.[68] 이런 심상속의 성격 규정은 불가피하게 인격의 자기동일성 문제와 함께 심리적·도덕적 문제 등이 뒤따르게 된다. 지금 여기에서 우리의 주제는 특히 심상속 자체가 그의 흐름 도중에 만나게 되는 위기의 순간을 어떻게 극복하느냐 하는 문제가 핵심과제이다. 이점에 있어서 가장 대표적인 것이 멸진정 상태에서 생길 수 있는 단절(samcchinna)의 위기이다. 무심정(無心定, acittasamāpatti)이나 무상천(無想天, asamjñideva) 등 심상속이 단절될 수 있는 상태를 경과한 후 어떻게 이전의 잠재력이 중단되지 않고 미래로 연속되어 그 과를 낼 수 있겠는가 하는 질문으로 집약된다.

심상속의 중단위기는 특정한 영역과 시간으로 나누어 생각할 수 있다. 하나는 윤회세계에서 유정존재의 생존구조가 다른 구조로 [물질의 세계(色界, 색계)에서 정신만의 세계(無色界, 무색계)로 또는 그 역으로] 바뀔 때 일어나는 문제이고, 다른 하나는 Nirodhasamāpatti(멸진정)로 대표되는 선정체험의 특수한 순간에 일어날 수 있는 유심(有心) 또는 무심(無心)의 문제들이다.[69] 실제

67) Karmasiddhi, pp.22-23 ; HBI, p.668, p.672.
68) Karmasiddhi, pp.23-24 ; KośaⅣ, pp.4-5 ; HBI, p.668.
69) Karmasiddhi, p.90 ; KośaⅡ, pp.203-212 ; Ⅷ, p.207 ; Siddhi, pp.204-214.

로 이 후자가 모순 없이 설명된다면 전자의 의문도 동시에 해소될 수 있는 것이다.

Nirodhasamāpatti(멸정, 멸진정)의 완전한 명칭은 Saṃjñāvedita nirodhasamāpatti로서 멸수상정(滅受想定), 또는 상수멸정(想受滅定)으로 번역되며, 수(受, 감수)와 상(想, 생각)이 소멸하는 선정(等至, 등지)이라는 의미이다. 이 선정은 무상정(無想定, asaṃjñis amāpatti)과 비교하여 설명되는 경우, 무상정이 범부가 행하는 선정으로 간주되는 반면, 멸진정은 아라한이 행하는 선정으로서 열반의 경지와 혼동되기도 한다.[70] 무상정이 사선정(四禪定)의 영역에 속하는 데 비해 멸진정은 비상비비상처(非想非非想處, naivasa ṃjñānāsaṃjñāyatana) 또는 유정(有頂, bhavāgra)이라 불리는 경지를 넘어선다고 경전에서는 말한다.

> 비구는 비상비비상처를 완전히 넘어서서 상수멸정에 도달해서 머문다.[71]

부파의 논사들은 심상속이 중단되는 것으로 정의되는 이 멸진정, 그러나 이 선정에서 나오면 심을 다시 회복하게 되는 이 멸진정 상태에서 의식이 어떻게 지속될 수 있는지 또는 단절되었다가 연속될 수 있는지를 설명해 보려고 했다. 이 문제에 대해 학파들의 의견은 크게 두 경향으로 나누어진다. 하나는 멸진정의 무심

---

70) 滅盡定에 대하여 MN. I, p. 160, p. 301 ; Ⅲ, p.45 ; SN. Ⅱ, p.212 ; AN. I, p.41 ; Ⅳ, p.454 ; Kośa Ⅱ, pp.201-204, pp.211-213 ; 『大智度論』(Lamotte), pp.1033-1034 ; HBI, pp.46-47.

71) AN.Ⅳ, p. 454: puna ca paraṃ āvuso bhikkhu sabbaso nevasaññān āsaññāyatanaṃ samatikkamma saññāvedayitanirodhaṃ upasampajja v iharati …….

(無心, acitta)을 기본 입장으로 하는 것이고, 다른 하나는 멸진정의 유심(有心, sacitta), 즉 어떤 세심(細心, sūkṣmacitta)의 동반을 인정하는 것이다.72)

유부 비바사를 비롯한 일부 학파에게 멸진정은 무심(acitta)의 상태이다. 인식론적 반성을 통해서 볼 때, 만일 어떤 식(識, vijñāna)이 멸진정에서 존재한다면 거기에는 근경식(根境識)의 촉(觸, sparśa)이 있을 것이고 이 촉을 연으로 해서 수(受, vedanā)와 상(想, samjñā)이 있게 될 것이다. 따라서 이 선정 중에 어떤 식이 존재한다면 상수는 중단되지 않은 것이다. 그러므로 멸진정에서는 심(心)이 중단된다고 보아야 한다는 것이다. 그렇다면 선정 중에 심이 완전히 중단된 상태에서 어떻게 출정(出定)때 심이 회복되는가 하는 문제에 대해 과거의 Dharma를 인정하는 유부 비바사는 입정심(入定心, samāpatticitta)이 출정심(出定心)의 등무간연(等無間緣, samanantarapratyaya)이 되기 때문에 다음으로의 연속이 가능하다는 것이다.73) 그러나 유부 비바사의 이런 주장은 오랫동안 심(心)이 중단되는 멸진정 상태에 등무간연을 무리하게 적용하고 있으며, 특히 과거의 Dharma가 그 자체로 실유한다고 할 때 뒤따르는 심각한 문제들을 극복하지 못한다는 비난을 받게 된다.

3. 경량부의 의식 이론과 종자

72) KośaⅡ, p.211, n. 3 ; Karmasiddhi, p.90, n. 71 ; P. Demiéville, Le Concile de Lhasa (Paris, 1952), pp.132-134 ; G. Bugault, La notion de "Prajñā" ou de sapience selon les perspective du《Mahāyāna》(Paris, 1968), pp.173-186.

73) KośaⅡ, p.211 ; Karmasiddhi, pp.80-86, pp.90-91.

Dharma에 대한 기본 입장을 달리하는 경량부 제파74)는 의식의 단절 문제를 다양하게 분석하고 각기 다른 방식으로 해답을 찾는다. 이러한 과정에서 그들은 종자설을 계속적으로 중요한 계기(契機)에 개입시키고 있다.

(1) Dārṣṭāntika(經部本師, 경부본사)들은 색심(色心)이 상호의존한다는 관점에서 심상속의 단절 문제를 해결하려고 한다. 멸진정 동안 중단된 뒤, 심은 물질적 상속이 종자 상태로 보존했던 그 자신의 (심)종자에서 다시 생겨나 상속을 계속한다는 것이다. 『성업론』에는 이렇게 요약되고 있다.

> 출정(出定) 후에 심이 존재하게 되는 것은 색근(色根)에 의지했던(rūpīndriyāśrita) 종자의 힘(bījavaśāt)에 의해서이다. 사실 '심과 심소(citta-caitta)'를 생기하는 종자(bīja)들은 경우에 따라 다음 두 상속, 즉 심상속(cittasaṃtāna) 또는 색근상속(rūpīndriyasaṃtāna) 중 하나에 의지(근거)한다.75)

---

74) 經量部 諸派의 정체는 아직도 명확하지는 않지만, 有部에서 분열해 나온 학파로서 다양한 명칭을 가지고 긴 발전을 해온 것으로 파악되고 있다. 경량부계열의 학파들 문제에 대해서는 de la Vallée Poussin의 VijñaptimatratāSiddhi, pp.221-224와 E. Lamotte의 Karma Siddhi, pp.19-20에 자료제시와 함께 비교적 잘 요약되어 있다. ①불멸 후 1세기경에 Kumārata를 선구자로 하는 Sauryodayika(日出論者)가 최초의 經量部로 알려지고 있으며, Dārṣṭ-āntikācārya 또는 Dārṣṭāntika(譬喩師)로 불려지기도 한다(經部本師로 간주됨). ②불멸 4세기경에 엄밀한 의미의 Sautrāntika(또는 Saṃkrāntivādin)이 나타났으며, 학파에 관한 대부분의 자료들이 이 연대에 일치하고 있다. ③그 후 經主 Vasubandhu와 함께 Sūtrapramāṇ-ika(經爲量者)로 알려진 경량부 등으로 구분된다. A. Bareau 교수는 Les Sectes에서 다양한 자료를 통해, Sautrāntika의 학파명들을 분석한 결과, 대부분의 경우 동일한 명칭이 다른 이름 또는 별명 등으로 불려진 것이며, 실제로 뚜렷하게 구분되는 명칭은 Dārṣṭāntika와 Sautrāntika(또는 Saṃkrāntivādin)라고 보고, 이 두 명칭만 구분하여 그들의 명제를 정리하고 있다(Les Sectes, pp.155-166 참고).

우리는 이미 Kośa의 「근품(根品)」에서 심과 유근색(有根色, sendriyakāya)이 상호의존하는 관계로서 두 Dharma는 '상호적으로 종자(anyonyabījaka)'라는 것을 보았다. 규기(窺基)는 『성업론술기(成業論述記)』에서 더 구체적으로 '아라한이 멸진정에 들어갈 때, 심장의 색(hṛdayamāṃsarūpa)이 출정심(出定心)의 Bīja(종자)를 지닌다(parigrah).'고 하여 색법이 심의 원인이 된다는 것을 보여준다.[76] 그러나 여기서 우리의 관심을 끄는 것은 물질적인 기관이 어떻게 심(心)의 종자들을 간직할 수 있으며 또한 그 반대의 현상이 어떻게 가능한가 하는 점이다. 앞에서 인용한 Dārṣṭāntika들은 '종자의 힘'(bījavaśāt)에 의해서라고 강조한다. 심의 요소가 물질에, 물질의 요소가 심에 은닉되어 유지될 수 있다면 그것은 종자(bīja)라는 방편에 의해서 가능하다고 본 것 같다. 색심의 상호의존설로서 상속의 단절 문제를 어느 정도 설명할 수 있다 하더라도, 심상속이 단절(chinna)되는 무심정(無心定, acittasamāpatti)이나 무상천(無想天, asaṃjñideva)에 머문 후에, 어떻게 전업(前業)이 온전히 보전되어 다음 상속으로 이어져서 나중에 낙(樂) 또는 불락(不樂)의 과(果)를 맺을 수 있을까 하는 의문은 여전히 남는다.

(2) Vasumitra(世友), Sautrāntika이사(異師)들은 멸진정 후에 심의 연속 문제를 유심(有心, sacitta)의 관점에서 해결하려고 한다. 멸진정이 비록 무심(無心) 상태로서 의식이 결핍된다고는 하

75) Karmasiddhi, pp.91-92.
76) Siddhi, p.221.

지만 어떤 미세심(微細心, sūkṣmacitta)을 동반하고 있다고 생각하게 된다. 이 미세심(sūkṣmacitta)의 존재를 분명하게 인정하고 받아들인 것은 Vasumitra에 의해서인 것 같다. Kośa II와 『성업론』에서 바수반두는 그것을 명시하여 다음과 같이 인용하고 있다.

> 존자 Vasumitra는 Paripṛcchāśāstra에서 이렇게 말한다. 멸진정(nirodhasamāpatti)을 완전히 무심(acitta)으로 간주하는 사람들은 그 선정이 끝난 후에 어떻게 심을 다시 취하게 되는가를 설명해야 하는 어려움에 직면하게 된다. 그러나 나는 이 멸진정에 세심(細心, sūkṣmacitta)이 동반되고 있다고 주장한다. [그러므로] 나는 그런 어려움에 빠지지 않는다.77)

『대비바사론(大毘婆沙論)』에 의하면, 이 세심의 존재를 Dārṣṭāntika와 Vibhajyavādin에서도 주장했던 것으로 되어 있다. 이들에 의하면 '유정(有情)들이 무색(無色, ārūpya)일 수 없는 것처럼, 멸진정이 무심(無心, acittaka)일 수 없다. 정말로 심이 결핍된다면 명근(命根, jīvitendriya)은 단절될 것이고 멸진정도 있을 수 없으며 그것은 죽음일 것이다.'78) 라고 주장한다. Kośa를 주석하면서 Yaśomitra는 이렇게 말한다. '비바사들에게 이 두 등지(等至)와 다음의 무상(無想, āsamjnika)상태는 무심(acittaka)이지만, Vasumitra에게는 그것들이 불현의식(不現意識, aparisphuṭa-manovijñāna)으로서 유심(有心, sacittaka)이다.'79) 바수미뜨라는 이 유심을 주장할 근거가 경전에도 있으며 멸진정이 죽음과 어떻게 다른

77) Karmasiddhi, p.93 ; Kośa II, p.212.
78) 『대비바사론』(T.1545), p.774a ; P. Demieville, Le Concile, p.133 ; A. Bareau, Les Sectes, p.164 (Dārṣṭāntika의 thèse 40).
79) Yaśomitra, 앞의 책, p.167 ; P. Demieville, Le Concile, p.33 ; Siddhi, p. 207.

가를 구분하기 위해서도 멸진정의 유심이론이 받아들여져야 한다고 생각했던 것이다. '멸진정에 든 사람에게 있어서 그의 신체적 행(kāyasaṃskāra) 등은 파괴된다(niruddha). 그러나 그의 기관은 쇠퇴하지 않고 그의 식(識, vijñāna)은 신체를 떠나지 않는다.'라고 하는 경전의 말을 인용한다.80) 사실 MN. I 에는 죽은 자와 멸진정에 든 자와의 차이가 무엇인가 하는 질문에 대한 답으로서 다음과 같이 설명한다.

> 죽은 자, 생명을 다한 자의 경우에는 신체적 행(kāyasaṅkhāra), 언어적 행(vacisaṅkhāra), 정신적 행(意行, 의행, cittasaṅkhāra)이 소멸되고(parikkhīṇo), 체온(煖, 난, usmā)이 완전히 사라지며(rūpasantā), 기관(根, 근, indriya)이 완전히 파괴된다(viparibhinnāni). 그러나 상수멸정에 든 수행자의 경우 신행, 언어행, 의행은 소멸되고 파괴되지만, 수명은 소멸되지 않고(aparikkhīṇo), 체온은 사라지지 않으며(avūpasantā), 기관(根, 근)은 파괴되지 않는다(vippasannāni).81)

죽은 자의 경우 신·어·의(身·語·意)의 활동(行)이 완전히 소멸됨은 물론 수명, 체온, 기관도 파괴된다. 그러나 멸진정에 든 수행자의 경우, 앞의 3개 활동요소들은 소멸되지만 수명, 체온, 기관은 그대로 유지된다는 분명한 차이가 있다. 이 텍스트에 의하면, '식(識)이 신체를 떠나지 않는다.'라고 하는 바수미뜨라의 인용구는 보이지 않지만, 문맥상으로 보아 이 식이 불현의식(不現意識, aparisphuṭamanovijñāna)으로서 멸진정에서도 존속하고 있다고 생각했던 것 같다. 다른 경전에서는 위 경전에 나열된 수명, 체온,

80) Karmasiddhi, p.93 ; Siddhi, p.204.
81) MN. I , p.296 ; 大正1(T.26), p.789a.

기관 대신에 수명, 체온, 의식(āyu usmā viññāṇam)의 형식으로 나타나기도 한다. '수명, 체온, 의식이 신체를 떠난다면, 신체는 마치 나무처럼 사유를 결여한 채(acetanā) 버려져 있게 된다.'[82] 고 하고, 또 다른 텍스트에서는 수행자가 멸진정에 들 때 최종적으로 활동이 중지되는 것이 의행(意行, cittasaṅkhāra)이고 다시 멸진정에서 깨어 나올 때는 '의행이 최초로 생기고 그 다음 신행이 생기고 마지막으로 언어의 행이 생긴다.'[83]고 한다. 위에서 본 내용과 비슷한 여러 경전의 문맥을 종합해 볼 때 멸진정 중에서도 어떤 미세심이 존속한다고 주장할 근거가 있다는 것이다.

(3) 경량부 논사들은 무심(無心) 상태에서 존재하는 세심(細心)을 정의해 보려고 많은 시도를 한다. 부파불교의 육식(六識)의 한계 내에서 이 세심은 Manovijñāna, 즉 제6 의식일 것이라고 보았다. 그러나 인식론적 반성에서 어려움에 직면하게 된다. 상수멸로 정의되는 멸진정에 어떻게 의식이 동반될 수 있는가. 이런 의문들에 대해 어떤 논사들은 상수(想受)가 결여된 의식을 생각했고 또 다른 논사들은 심리작용(caitta)이 없는 의식이라고 생각했다.[84] 『성업론』에서는 다음과 같이 설명되고 있다.

'3사화합(三事和合, trikasaṃnipāta)에서 촉(觸, sparśa)'이라는 구절은 의

---

82) SN.Ⅲ, p.143: Āyu usmāca viññāṇaṃ, yadā kāyaṃ jahantimaṃ, ap aviddho tadā seti, parabhattam acetanaṃ ; 大正1(T.26), p.789a: "有三法生身死已身棄塜間 如木無情 云何爲三 一者壽 二者暖 三者識." ; 大正2(T. 99), p.150b: "壽暖及與識 捨身時俱捨 彼身棄塜間 無心如木石." ; Kośa Ⅱ, p.215.

83) MN. Ⅰ, pp.301-302.

84) Karmasiddhi, pp.94-95.

(意, manas)와 법(法, dharma)과 의식의 3사가 화합할 힘이 있을 때 촉이 생긴다는 것을 의미한다. 그러나 [멸진]정의 상태에서 그것들은 촉을 발생할(utpād) 능력이 없고, 촉에서 기인하는 상(想)과 수(受)도 발생할 수가 없다. 왜냐하면 입정심(入定心, samāpatticitta)이 손상되었기(dūṣita) 때문이다. 그러므로 만일 이 선정상태에서 촉이 존재하지 않는다면, 하물며 상과 수인들 어찌 존재하겠는가? 따라서 이 [멸진정] 상태에서는 심소(心所, caitta)가 결여된 어떤 의식(manovijñāna)만이 있을 뿐이다.[85]

멸진정에서 존속하는 의식은 이와 같이 상수(想受)가 결여되거나 심리작용이 없는 어떤 의식으로 생각되었다. 어쨌든 이 상태에서는 식의 대상과 행상(行相)이 지각될 수 없다(asaṃvidita)는 것에 모두 동의하고 있었던 것 같다.

이렇게 검토되고 수정되긴 했지만, 여전히 이 심상속이 업의 훈습을 받고 종자를 지닐 수 있으며 내적 변화를 통해 이숙(異熟)의 결과로까지 갈 수 있을 것인지는 의문이 있었다. 사실상 심상속은 전식(轉識, pravṛttivijñāna)의 연속이다. 그들은 각기 그들 자신의 기관(根, 근), 대상(境, 경), 특별한 행상(行相) 그리고 뚜렷한 도덕적 가치를 가지게 되는 안식(眼識) 등인 것이다.[86] 이런 식들이 서로서로 영향을 미친다거나 선심(善心)이 번뇌에 의해 영향을 받는다는 것이 어떻게 가능할 수 있을까. 경량부 각 학파는 이런 문제점들에 대해 다양한 설명을 하고 있는데, 사실상 그것은 그들의 불확실성을 드러내는 것이었다.

Skandha 또는 오온 요소들이 훈습되고 종자를 지닐 수 있다고 보는 기본 입장에서부터, 상속 그 자체에서 전 찰나(pūrvakṣaṇa)

85) Karmasiddhi, p.95.
86) Karmasiddhi, p.25.

가 후 찰나(uttarakṣaṇa)를 훈습한다는 주장과, 또는 전식(轉識)의 각 순간들이 그들의 개별적 현실에서는 변하고 있지만 그들이 속하는 유(類, jāti) 또는 식류(識類, vijñānajāti)는 변하지 않고 그대로 지속되며 이것이 훈습되고 종자를 지닌다고 주장한다.[87] 이와 같이 다양한 방식으로 해결책을 모색하고 추구하던 끝에, 이 경량부 계열에서 심상속으로서 전식을 유지하고 새로운 종자 또는 잠재능력을 보존하는 어떤 하의식(下意識)을 이론적으로 체계화하게 된다.

4. 종종심(種種心)과 집기심(集起心)

세심(細心, sūkṣmacitta)과 상속 및 종자 문제를 탐구하던 이들 경량부는 긴 우회와 탐색 끝에 결국 경험의 의지처, 종자들이 저장되는 어떤 하의식(subconscient)의 존재를 인정하기에 이른다. 이 하의식은 일미온(一味蘊, ekarasaskandha), 승의보특가라(勝義補特伽羅, paramārthapudgaala), 세심(細心, sūkṣmacitta) 등 다양한 어휘로 불리고 있다.[88] 바수반두는 이 세심이 경위량자(經爲量者, sūtraprāmāṇika)에 의해 받아들여졌다고 말하고, 학파들의 이런 심리학적 방법을 적용하여 『성업론』에서 주목할 만한 이론적 토대를 구축한다.[89] 그는 과감하게 마음에는 두 종류가 있

87) Karmasiddhi, p.25, pp.95-100 ; Siddhi, pp.183-186 ; E. Lamotte, La Somme du Grand Véhicule d'Asaṅga (Louvain, 1973), pp.41-43. (能熏·所熏 등의 문제는 種子六義와 함께 다음 종합적 연구에서 다시 취급할 것임).

88) J. Masuda, 앞의 책, pp.67-69 ; A. Bareau, Trois traités sur les Sectes Bouddhiques(J.A., 1954), pp.265-266.

다고 전제하고 이것을 종종심(nānācitta)과 집기심(ācayacitta)으로 나누어 논술하고 있다.

> 두 종류의 마음(citta)이 있다. 하나는 집기심(ācayacitta)이다. 왜냐하면, 무량한 종자들(apramāṇabīja)이 저장되는 곳이기 때문이다. 다른 하나는 종종심(nānācitta)이다. 왜냐하면 그것은 상이한 소연(所緣, ālambana)들, 행상(行相, ākāra)들, (차별)양식들(viśeṣa)을 가지고 작용(pravartate)하기 때문이다.[90]

종종심은 활동하는 현행식(現行識)으로서 상이한 소연 등과 끊임없이 작용하고 생멸하는 육전식(六轉識)이고, 집기심은 세심으로서 일체종자를 저장하고 생기하는 심이다. 즉 전식(轉識)과 선, 불선의 Dharma들은 세심을 훈습하여(bhāvayanti), 그 속에 다양한 제법의 종자들을 예치해 놓는다. 이렇게 훈습된 세심은 일체종자(sarvabīja)를 지닌 집기심을 형성한다.[91] 세심은 예치된 종자들이 성숙하지 못하도록 얼마 동안 억제한다. 그러나 그의 상속은 변화(轉變, 전변)하게 되고 그 억제력은 점차 감소하는 한편, 종자들의 힘(bījabala)은 증강되어 결국 과(果)를 내게 된다는 것이

---

89) Karmasiddhi, pp.100-102.

90) Karmasiddhi, p.101 ; 현장, 『大乘成業論』(T.1609), p.784c: "心有二種 一集起心 無量種子 集起處故 二種種心 所緣行相 差別轉故."

91) Kośa Ⅱ, p.177 ; 현장, 『阿毘達磨俱舍論』(T.1558), p.21c : 集起(cinoti)하기 때문에 citta라고 한다(集起故名心) ; Siddhi, pp.183-184: 더럽고 깨끗한 모든 Dharma의 종자들이 集起(cita)되기 때문에 心(citta)라고 한다(雜染清淨諸法種子之所集起故名爲心). 心(citta, cint-aya-ti)과 集起(cita, ci-no-ti)의 두 語根은 각각 〈cit〉와 〈ci〉로서 원래 서로 다른 것인데도 불구하고 일찍부터 혼용하고 있었던 것 같다. 같은 방식으로 『攝大乘論』(T.1594), p.134a: "何因緣故 亦說名心 有種種法 熏習種子 所集積故."

다. 『성업론』에는 다음과 같이 설명되고 있다.

> 이 식의 종자(識種, 식종)들이 억제된 상태에서 이숙과식(異熟果識, vipākaphalavijñāna)은 매 순간(kṣaṇe kṣaṇe) 특별한 변화(轉變差別, 전변차별, pariṇāmaviśeṣa)를 겪게 되고, 식종(識種)을 억제하던 힘은 완전히 소실될 때까지 점차 감소한다. 그것은 마치 끓는 물과 날아가는 화살의 속도가 완전히 사라질 때까지 점차 감소하는 것과 같다. 이리하여 식의 종자들은 그 과(果)를 생기하게 된다. 제일 먼저 이들 종자들에 의해 의식(manovijñāna)이 생기고, 그 다음으로 조건에 따라(anu-pratyayam), 나머지 식들이 차례로(krameṇa) 생겨나게 된다.92)

이숙과식(異熟果識) 즉 세심에 특수한 변화가 일어나서 저장된 종자들이 현세화하는 과정은 유식체계의 식전변 과정과 상당히 흡사하다. 이 발전의 결과는 상속의 이숙 상태로서, 거기에서 성숙된 식의 종자와 선·불선법의 종자들은 낙·불락의 과보를 산출한다. 세심은 따라서 이숙과식이며, 종자들을 지니고 중단없이 연속되는 상속을 형성한다.

> 일체종자(sarvabījaka)를 지닌 이숙과식(異熟果識)은 생겨나서(pratisaṃdhibandha) 죽을 때까지(cyuti) 중단됨이 없이(samucchinna) 전전상속(展轉相續)한다(saṃtānena pravartate). 이숙(vipāka)이란 사실에서 이러저러한 생존(janman)으로 존재하면서 결정적으로 소멸되는 열반에 이르기까지 다양한 행상(行相)으로(ākāraviśeṣa) 상속유전한다.93)

현행식(現行識)과의 관계 속에 세심의 개념이 정립됨으로써 멸

---

92) Karmasiddhi, pp.101-102.
93) Karmasiddhi, p.100.

진정의 상태가 유심(有心)이냐 무심(無心)이냐 하는 종래의 의문에 대해서도 다음과 같이 설명을 할 수 있게 된다.

> 이 식(세심)이 [멸진정에 든 동안에] 중단되지 않으므로, 무심(無心)이라 불리는 이 상태는 또한 유심(有心)이라 불린다. 이 상태[멸진정]에서 육식신(六識身, ṣaḍvijñānakāya)[즉 현행식]은 더 이상 존속하지 않기 때문에 무심이라 불린다. 멸진정을 준비(加行, 가행)하는 마음의 힘에 의해 육식의 종자들이 잠정적으로 억제되어(vinaṣṭa) 나타나지(現起, 현기) 않게 된다. 그 때문에 이 정이 무심정(無心定)이라고 불린다. 그러나 일체 마음이 무심인 것은 아니다. …… 이 [종종]심은 정(定) 등의 상태에서 결여되기 때문에 무심이라고 하는데 [그것은] 마치 다리가 하나만 있고 나머지 다리들이 없을 때 다리 없는 의자(āsana)라고 말하는 것과 같다.[94]

현행식, 즉 육식은 멸진정 상태에서 더 이상 존속할 수 없고 종자 상태로 유보되거나 중단될 수밖에 없다. 그러므로 고전적인 육식의 범위 내에서 볼 때 멸진정은 무심이라 할 수 있다. 그러나 세심(sūkṣmacitta)은 이 상태에서도 단절되지 않고 지속한다. 사실상, 이 세심은 열반을 제외하고는 어떤 순간에도 중단되는 일이 없으며, 또한 집기심(集起心, ācayacitta)으로서, 일체 종자(bīja)를 지니고 보존하는 어떤 장소, 또는 일종의 부식토(腐植土)와 같은 역할을 하게 된다. 이제 이 집기심의 응용과 함께 심상속의 위기 즉, 지속과 단절의 갈등 문제는 어느 정도 해소된 것처럼 보인다. 그러나 종자들이 예치되고 훈습되는 장(場)으로서 명색(名色), 정신·물질 요소의 상속 문제에서 집기심으로의 단순한 문제 이전(移轉)이 아니기 위해서는 풀어야 할 숙제들이 여전히 남아 있다.

---

94) Karmasiddhi, pp.100-101.

다른 한편, 종자의 관점에서 볼 때, 집기심으로서 세심 또는 이숙과식(異熟果識)의 존재가 이렇게 부각되고 인정될 수 있었던 근원에는 바로 종자 문제가 있었다는 것을 강조하지 않을 수 없다. 종자 문제의 종합적인 연구는 다음 과제로 남겨둔다.

부파불교에 있어서 존재 문제: 실유와 가유*

---

* 『인도철학』 제8집, 1998.

Ⅰ. 서언

초기에 상좌, 대중 2부로 분열한 부파불교는 그 후 지말분열을 거듭하여, 20여 개 이상의 학파를 형성하기에 이르며, 다양한 학설을 제안하고 발전시켜, 인도불교의 중요한 철학사상을 탄생시키는 데 큰 영향을 주게 된다.

우리는 그들 가운데 오늘날까지 비교적 많은 논서를 남기고 있는 학파들을 중심으로 존재론적인 문제에 관한 자료들을 수집하고 분석하여 인도불교철학을 체계화하는데 공헌하고자 한다. 이 목표의 일환으로, 우선 이 글에서는 인도불교 발전에 주도적인 역할을 했던 몇몇 학파의 철학적인 경향을 다시 조명해보고 이들이 제창한 존재문제, 특히 실유(dravyasat)와 가유(prajñaptisat) 문제를 중점적으로 분석하고 연구하려고 한다.

Ⅱ. 존재문제: 실유(實有)와 가유(假有)

인도불교는 기원전 3세기경부터 학파들 사이에 존재론적인 문제로 심각한 견해 차이를 보이기 시작했다. 전통에 의하면 부파불교는 18 내지 20여 개의 학파를 형성하고 있었으며 논의되었던 문제도 다양하고, 서로 복잡하게 얽혀 있었다.[1)] 이들은 500여 개

1) A.Bareau: Les sectes bouddhiques du petit vèhicule, Paris(이후 Les sectes로 약칭) ; Les religious de l'Inde, Paris, 1966(이후 Les religions로 약칭), pp.83-98 ; E. Lamotte: Histoire du bouddhisme indien, Lauvain, 1967(이후 HBI로 약칭), pp.571-606 ; 平川彰: 『インド佛教

이상의 명제를 가지고 논쟁을 벌였는데, 그 가운데 특히 존재론적인 문제를 취급하고 있는 명제가 약 50여 개, 즉 전체 논의된 내용의 10분의 1을 차지하고 있었다.[2] 학파들을 철학적인 경향성에 따라 대별해 보면 다음과 같이 구분할 수 있을 것이다. 즉 ①개아론자(個我論者)들 ②실재론자들 ③유명론자(唯名論者)들이다.[3]

①개아론(pudgalavāda)은 독자부-정량부(Vātsīputrīya-Sāṃmitī ya)가 중심이 되어 개아(pudgala)의 실재를 주장하는 이론이다. P udgala는 물질(色, rūpa)처럼 실체(實物, dravya)도 아니고, 우유(kṣīra)처럼 요소들의 집합에 붙여진 단순한 명칭(假名, 가명 praj ñapti)도 아닌 분명한 실재로서(sākṣītkṛtaparamārthena) 존재한다.[4] Abhidharmakośa Ⅸ와 『성실론(成實論)』에 의하면 독자부(犢子部, Vātsīputrīya)는 5법장설(五法藏說: 三世[삼세], 無爲[무위], 不可說[불가설])을 내세웠는데 여기서 불가설(avaktavya) Pu dgala의 실재를 주장했다고 한다.[5]

근본불교가 인간존재를 5온 요소(skandha)로 분석하고 고정불변하는 실체적인 자아(ātman)가 없다는 무아설(anātman)을 주장

史』, 上卷, 東京, 1985, pp.143-159.

2) Les sectes, pp.259-295.

3) HBI, pp.664-675 ; E. conze: Buddhist thought in India, London 1 973, pp.121-144 ; Les religins, pp.109-111.

4) L'Abhidharmakośa de Vasubandhu, par de la Vallée Poussin, Paris, 1923-1931(이후 Kośa로 약칭), Ⅸ. 「破我品」 ; Les sectes, pp.114-12 0 ; HBI, pp.673-675 ; Renou & Filliozat: L'Inde classique Ⅱ, Paris, 1985, p.559.

5) KośaⅨ, p.237 ; 『大智度論』, 大正25(T.1509), p.61a ; 『成實論』, 大正32(T.1646), p.260c ; J. Masuda: Origin and doctrines of early In dian Buddhist schools, 1925, pp.53-54.

한 데 대하여, 5온과 동일하지도(sama) 않고 다르지도(visama) 않은 인격적인 어떤 실재, 즉 Pudgala가 있다고 주장함으로써 부파불교 내에서 심각한 논쟁을 불러일으키게 된다. 이 Pudgala설은 인간존재의 정체성 문제와 업사상을 둘러싼 문제를 풀려고 내놓은 해결책이었으나 무아설을 위협하는 대안이었다.6) 이 논쟁은 상당히 심각했던 것으로, 상좌·대중 근본 2부의 분열 이후, 대략 기원전 280년경에 상좌부를 다시 분열시킨 계기가 되었던 것이다.7) pudgala설을 받아들이는 쪽은 독자부(Vātsīputrīya)라는 학파를 형성하게 되고, Anātman(무아)사상에 위배되는 것으로 보고 그것을 거부하며 정통을 주장하는 쪽이 상좌부로 계속 남게 된다.

위에서 제기된 문제를 우리의 연구 방향에서 요약해 본다면, 이 Pudgala설을 어떻게 받아들이느냐에 따라서 두 개의 다른 입장이 나오게 된다. 즉, Pudgala를 실체로서 존재한다고 받아들일 경우 이것은 사실상 비불교적인 체계에 속한다고 할 것이다. 그러나 Pudgala를 가명으로서(prajñaptitas) 받아들일 경우, 이것은 불교의 근본교리에 크게 위배되지 않을 것이다. 문제는 Pudgala를 실유로 보느냐 가유로 보느냐 하는 것이었으며 사실상, 그 후 계속된 논쟁의 핵심은 이 문제에 집중되었던 것이라고 할 수 있다.8)

②정통성을 주장해 온 상좌부(Sthaviravādaⓢ, Theravādaⓟ)는 기원전 250년경 다시 내부적인 분열을 하게 되는데, 가장 유력한

6) Les religions, pp.84-85 ; HBI, p.673.
7) Les sectes, pp.84-85 ; HBI, p.575.
8) KośaⅨ, pp.232-239 ; R. Grousset: Les Philosophies Indiennes(I), Paris, 1931, pp.185-192.

두 개 학파, 상좌부(分別說部, 분별설부)와 설일체유부(說一切有部)를 형성하게 된다. 이 두 학파는 상좌부 내에서 두 개의 근간을 이루며 발전을 하게 된다. 설일체유부(약칭하여 유부)는 서북 인도에서 크게 교세를 떨치게 되며 상좌부는 남방불교를 대표하게 된다. 이 두 학파는 Abhidharmapiṭaka를 비롯하여 많은 논서와 철학서를 남기고 있다.9)

상좌부와 유부는 존재론적인 관점에서 양자 사이에 상당한 차이점이 있기는 하지만, 이들은 모두 실재론적인 경향을 표방하는 학파들이다. 위 두 학파의 철학은 자아(ātman)의 존재를 부정(nairātmyavāda)하고, 정신·물질적 요소들의 실재(skandhavāda)를 인정하는 두 개의 기본명제 위에 구축되어 있다. 좁은 의미의 인간 존재와 넓은 의미의 일체 존재는 물질(色, rūpa), 감각(受, vedanā), 지각(想, saṃjñā), 성향(行, saṃskāra), 의식(識, vijñāna) 등의 물질적 정신적인 요소들로 이루어져 있으며 이 구성요소를 넘어서서 또는 합성된 전체로서 실체는 존재하지 않는다. 즉 독립적이고 실체적인 자아(ātman)는 부정되며, 요소들의 상속(skandhasaṃtāna)으로서 가명 또는 명칭만으로 있는 것은 인정된다. 우리는 상좌부와 유부를 실재론자들로 보고 있는데, 그것은 이 학파들이 불변하는 실체로서 Ātman의 실재를 부정하는 한편, 개별적인 요소들(dharma)의 실재성을 분명히 인정하고 있기 때문이다.10)

---

9) Les sectes, pp.131-137, pp.167-171 ; A.Bareau: Les premiers Conciles bouddhiques, Paris, 1955, pp.112-118 ; HBI, pp.585-606, pp.657-658.

10) H. von Glasenapp: la Philosophie Indienne, Payot, Paris, 1951, pp.245-263 ; HBI, pp.29-34, 665-668, 671 ; E. Conze, 앞의 책, pp.107-111 ; Les religions, pp.45-48.

근본불교에서는 자아라고 하는 것이 5온 요소가 상호의존하여 일시적으로 모인 것에서 비롯되었을 뿐, Ātman이라는 고정불변하는 실체가 따로 존재하는 것이 아니라는 점을 밝힘으로써 아집(我執)과 무명(無明)을 제거하려는 데 궁극적인 목적을 두고 있었으며 요소들(dharma)의 존재방식에 대해서는 명확한 언급이 없었다. 따라서 5온 무아설이 그것 자체로 개별적인 요소들의 실유를 인정하는 실재론적인 의미를 포함하지는 않았다. 그러나 Abhidharma불교 시대에 이르러, 부파들은 근본불교의 교설 내용을 세밀히 분석하고 해석하는 데 많은 노력을 기울이게 된다. 특히 상좌부와 유부는 초기불교의 5온, 12처, 18계를 더욱 철저히 분해하고 재분류하면서 체계화하여 일체법의 총목록을 작성하였다. 유부는 제법을 물질적인 것(색, 11), 심적인 것(심왕, 1), 심리작용적인 것(심소, 46), 언어논리적인 것(심불상응행, 14), 무제약적인 것(무위, 3) 등 75법으로, 상좌부는 물질적인 것(28), 심적인 것(1), 심리작용적인 것(52), 무제약적인 것(1) 등 모두 82법으로 분류하게 된다. 이것은 다원론적이고 실재론적인 토대 위에 존재요소를 분류하였던 것이며, 초기불교에서는 명시되지 않았던 요소들의 실재를 드러내고 더욱 확인시키는 작업이었다. 이렇게 해서 상좌부와 유부는 요소의 실재를 인정하는 요소 실재론 또는 법유론(法有論)의 철학을 확립하게 된다.[11)]

특히, 유부는 그들의 Dharma이론을 체계화하기 위해 제법의

11) H. von Glasenapp, 앞의 책, pp. 257-261 ; HBI, pp.658-667 ; T. R.V. Murti: The Central philosophy of Buddhism, London, 1960, pp.66-70 ; Nyanatiloka, Guide through the Abhidhamma piṭaka, colombo, p.12 ; 平川彰, 앞의 책, pp.192-226.

존재현상을 두 개의 범주로 구별하게 된다: ①명칭으로만 존재하는 것, 가유(假有, prajñaptisat), 즉 관행상의(세속적인) 진리(saṃvṛtisatya)와 ②실제로 존재하는 것, 실유(實有, dravyasat, vastusat), 궁극적 진리(paramārthasatya)로 구분한다.12)

첫 번째 범주는 집합, 그룹, 구성된 전체에 명목상 관행상의 규정으로만 붙인 단지 이름뿐인 존재를 지칭하는 데 사용된다. 그것은 가유, 가명유(假名有)일 뿐이다. 예를 들면 옷감, 물병, 숲, 수레라고 부르는 것이 여기에 속한다. 이들은 모두 요소들, 부분들의 화합으로 이루어진 것들이며 그 구성요소들을 분석하고 분해하면 실체가 사라져 버릴 일시적인 인연화합(hetupratyayasāmagrī)에서 생긴 명칭일 뿐이다. 수레(ratha)는 차축, 바퀴 등 부분들로, 물병(ghaṭa)은 색(色, rūpa), 향(香, gandha), 미(味, rasa), 촉(觸, spraṣṭavya) 등의 요소로 분해해 버리면 그 실체는 사라져 버린다. 마찬가지로 자아, Ātman도 온(蘊, skandha), 처(處, āyatana), 계(界, dhātu)의 그룹에 적용되어 붙여진 단순한 명칭, 가명일 뿐이요 독립적인 별개의 실체로 존재하는 것이 아니다.

두 번째 범주는 실제로 존재(hi asti)하는 것이다. 그것은 더 이상 분할되지 않는 소여(所與), 단순한 요소들이다. 이 요소들은 짧은 순간적 지속이기는 하지만 자성(自性, svabhāva), 또는 자상(自相, svalakṣaṇa)을 가진 실재적 존재로 인정된다. 더 이상 쪼개질 수 없는 색의 원자(atom), 수, 상, 행, 식 등은 실재적인 실

---

12) KośaI, p.186, 214. KośaVI, pp.139-142, 159 ; E Lamotte: Le Traité de la Grande Vertu de Sagesse de Nāgārjuna II, pp.725-730 ; cf. 『印度哲學』, 제3집(1993): 「第一義空經과 Vasubandhu」, pp.21-22.

체로 인정되고 있다. 바로 이 점에서 유부는 그들의 실재론적인 입장을 명백히 보여주고 있는 것이다. 유부는 이렇게 하여 궁극적 요소로서 Dharma가 과거 현재 미래 삼세에 실유한다는 삼세실유 또는 일체실유(sarvaṃ sati)설을 주장하게 되며 범실재론(汎實在論, Pan-realism)적인 특성을 가진 학파가 된다.[13]

유부가 구축해 놓은 이와 같은 Dharma체계와 극단적인 실재론을 직접 비판하기 시작한 것은 다름이 아닌 유부에서 파생한 분파인 경량부(Sautrāntika)였다.[14] 이 학파는 Abhidharma를 인정하지 않고 경전의 권위만을 받아들인다고 하여 그런 이름을 갖게 된 것이다. 유부의 번잡한 Dharma의 숲에서 가지를 쳐내기 위해 경량부는 다른 어떤 근거보다도 경전의 증언을 앞세운다. 한 경에서 부처님은 이렇게 설했다고 한다: "비구들이여, 여기에 이름뿐(saṃjñāmātra)이고, 명칭뿐(pratijñanamātra)이며, 언설방식일 뿐(vyavahāramātra)인 다섯 가지가 있으니 그것은 과거, 미래, 허공, 열반, 개아(個我)다."[15] 이 경에서 경량부는 명칭만의 존재라는 유명론적(唯名論的)인 비판적 시각에 주목했던 것이다.

경량부는 우선 유부의 삼세실유설에 대해 직접 비판을 가하기 시작한다. 과거는 이미 작용이 끝난 것이고, 미래는 아직 작용하지 않은 것이므로, 실재하는 것은 (작용 중인) 현재 순간뿐이라고 보며, 작용(kāritra)이 없는 과거와 미래의 실재성을 부정한다.[16]

---

13) H. von Glasenapp, 앞의 책, p.257 ; Les Religions, p.85 ; E. conze, 앞의 책, p.138.

14) KośaV, pp.50-65 ; La Vallée Poussin: 「Documents d'Abhidharma」 in: M.C.B.5. 1937, pp.53-87.

15) KośaIV, p.5. n. 2 ; Madhyamakavṛtti, p.389.

16) KośaV, pp.58-59 ; IV, pp.4-8, cf. La Vallée Poussin, 앞의 책.

3무위법(asamskṛta)도 그 실재성이 부정된다. 허공(ākāśa)은 단순히 물질의 결여로서 실재가 아니고, 열반은 연기(緣起)에 의해 일어난 현상적 존재의 소멸로서, 존재(bhāva)에 후속하는 비존재(paścādabhāva)이며, 비실재라는 부정적인 열반을 주장한다. 경량부는 특히 유부가 색법에 포함시켜 실재하는 것으로 본 무표색(無表色, avijñapti)과 14심불상응행법(心不相應行法, cittaviprayukta saṃskāra)의 실재를 부정하며 그것들이 단지 관념적인 것이요 가명적 존재일 뿐이라고 선언하게 된다. 그리고 심소법(心所法, caitta)들의 수를 극히 제한하여 실재의 범주에서 잘라버렸다.17)

그렇지만 경량부는 물질(rūpa)과 마음(citta, vijñāna)과 수, 상, 사(受, 想, 思) 등의 일부 심소법을 실재하는 것으로 인정하고 있다. 따라서 경량부는 유부의 극단적인 실재론을 비판했지만 철학적 관점에서 볼 때 유명론적이라기보다 실재론적인 입장을 분명히 하고 있는 학파라고 할 수 있다. 경량부는 유부의 Dharma체계를 신랄하게 비판하면서도 새로운 방향을 열어가는데 상당히 긍정적인 기여를 하게 된다. Dharma의 순간성 이론과 재현적 지각설이라든지, 물질적 원자(極微, 극미)의 특성 등등, 인도불교의 새로운 도약을 위한 문제 제기와 자극을 주는 건설적인 비판을 했던 것이다. 경량부는 유부의 Dharma체계에서 많은 가지들을 절단하여 유명론적인 영역으로 던져버렸지만, Rūpa(색)와 Citta(심왕) 그리고 일부 심소법을 명백한 실재로 받아들임으로써 실재론의 진영에 머물고 있었던 것이다.

우리는 지금까지 상좌부, 설일체유부 그리고 경량부의 존재론적

---

17) KośaIV, pp.12-14 ; II, p.150 註 ; KośaII, pp.282-284 ; les sectes p.157 ; HBI, p.664.

인 문제를 살펴보았다. 이들 상좌부 중요학파들은 그들을 구별 짓게 하는 많은 차이점이 있음에도 불구하고 이들의 교학체계는 실재론적인 경향을 강하게 나타내고 있었으며, 이들 학파는 사실상 부파불교의 대표적인 실재론자들이었다. 경량부는 유부를 비판하면서 유명론적인 경향을 보이기도 했지만, 실재론적인 입장에서 벗어나지 않았다. 현대의 일부 학자들은 오래전부터 경량부 철학을 유명론[18]으로 보려는 시각이 있지만, 부파불교에 있어서 유명론적인 철학은 우리가 다음 항에서 고찰하게 될 대중부 계열 학파에서 사실상 본격적으로 나타나고 있었다고 할 수 있다.

Ⅲ. 설가부(說假部)와 가유(假有)

1. 설가부(Prajñaptivādin)

Prajñaptivādin, 설가부는 대중부의 한 지말학파로서, 가명론자 또는 유명론자들(nominalistesⒻ)을 지칭한다. 설일체유부라는 명칭이 일체 실유(sarvaṃ asti)에서 유래된 것이라면, 설가부는 "일체가 가명일 뿐(皆是假名, 개시가명)"이라는 명제에 걸맞는 학파의 명칭이다.

대중적이고 진보주의적인 성향을 가진 대중부(Mahāsāṃghika)는 상좌부(SthaviraⓈ)와 분열을 한 후, 많은 새로운 종교적 철학

---

18) 예를 들면, H. Von Glasenapp, 앞의 책, p.262 및 그의 영향을 받은 일부 학자들.

적인 이론을 발생시켰는데, 그중에서도 초세간적인(lokottara) 불타관[19]은 대중부 계열학파들의 종교적인 특성을 부각시키고 강조하기에 충분했다. 그러나 불타관에 못지않게 존재론적인 문제에서도 큰 변화가 일어났다. 그것은 대중부 계열학파들 사이에 가명론 또는 유명론적인 경향이 새롭게 부상되어, 인도 불교철학에 있어서 혁신적인 변화의 조짐을 보이고 있었다는 것이다.[20] 우리는 이점에 주목하면서 설가부의 계보와 가명 또는 가유 문제를 고찰하려고 한다.

설가부(prajñaptivādin)에 대해서는 아직도 해결되지 못한 문제점들이 상당히 남아 있지만, 비교적 초기에 속하는 일차적인 자료들은 이 학파의 계보와 위치에 대해 많은 일치점을 보여주고 있다. 잘 알려진 『사리불문경(舍利弗問經, Śāriputraparipṛcchāsūtra)』과 Vasumitra의 『이부종륜론(異部宗輪論, Samayabhedoparacanacakra)』에 의하면,[21] 설가부(Prajñaptivādin)는 상좌부와 대중부의 근본분열 후에, 불멸 후 Ⅱ세기 말(B.C.E. 300년 경), 2차 지말분열 때에 다문부(多聞部, Bahuśrutīya)에 이어서 대중부에서 직접 분열해 나온 학파이다. 그러나 Theravādin(Ⓟ상좌부)의 Dīp

19) Mahāsāṃghika 및 支末학파들(특히 lokottaravādin) ; cf. Les sectes pp.55-77 ; Renou & Filliozat의 L'Inde classique, II, pp.565-568 ; La Vallée Poussin 역의 Vijñaptimātratāsiddhi, II, pp.762-813.

20) Les Sectes, pp.302-304 ; E. Conze, 앞의 책, pp.119, 195-198.

21) 『舍利佛問經(Śāriputraparipṛcchāsūtra)』(大正24, T.1465)은 大衆部 계통의 작품인데 317년과 420년 사이에 번역되었으나 역자 미상이다. Vasumitra(기원 2세기 경)의 저술인 『異部宗輪論(Samayabhedoparacanacakra)』(大正49)은 漢譯本 3. Tibet역 1이 전해진다: 602년 현장 역, 『異部宗輪論』(T.2031) ; 5세기경에 Kumārajīva(?) 역, 『十八部論』(T.2032) ; 557과 569사이 Paramartha 역, 『部執異論』(T.2033) ; Dharmākara의 역 Tibet本, Tanjour, Mdo XC.11.

avamsa(『도사』)와 Saṃmatīya(정량부) 전통(Bhavya의 리스트3)에 따르면,[22] 2차 지말분열 때 대중부에서 파생한 일설부(一說部, Ekavyāvahārika)와 함께 나란히 형성된 우가부(牛家部, Gokulika 또는 Kukkutika)에서 불멸 3세기 전반에(B.C.E. 250년경), 다시 3차 지말 분열로 생긴 두 개의 학파가 다문부(多聞部)와 설가부(說假部)라고 한다. 다시 말하면 설가부는 대중부라는 큰 줄기에서 직접 또는 2차적인 분열로 형성된 학파로서 다문부와 항상 동반되고 있는 대중부의 한 학파라는 것이 적어도 1차 자료에 속하는 4개의 전통에서 확인시켜주고 있는 것이다. 위 4개 전통에서 모두 설가부와 다문부는 초기 형성 단계부터 밀접한 관계를 유지하고 있었다는 것을 보여주고 있으며 교리적인 친연관계도 암시하고 있다. 그러나 Vasumitra와 Vinītadeva에 의하면, 다문부는 설일체유부와도 교리적인 친연관계를 가졌던 것 같으나, 설가부는 대중부에 더 밀착되어 있었던 것으로 보인다.[23]

서북(西北) 불교 전통을 주석한 것이기는 하지만 진제(眞諦)는 설가부를 다문부의 개혁 종파로 보고 있으며, 설가부(Prajñaptivādin)를 '다문분별부(多聞分別部, Bahuśrutīya-vibhajyavādin)'라고 부르고 있다. 이 호칭은 "다문부(Bahuśrutīya)의 교리에서 구별을

22) Pāli 전통의 Dīpavaṃsa(V, 39-54) ; Mahavaṃsa(V, 1-13) ; Saṃmatīya전통(Bhavya의 리스트 3, Tāranātha의 리스트 3). cf. H.B.I, p.588, 591 ; A. Bareau의 les Sectes, pp.16-22, 84-85 ; Renou & Filliozat, 앞의 책, pp.560-561 ; 平川彰, 앞의 책, pp.146-156.

23) Les Sectes p.82, 85: Vasumitra는 多聞部를 大衆部의 枝末학파로 구분하면서도 有部와의 교리적인 친연관계를 지적하고, Vinītadeva는 有部의 5번째 학파로 구분하고 있다. 한편, 說假部에 대해서는 7-8개의 명제를 기술하고 나머지는 大衆部와 비슷하다고 Vasumitra는 첨가하고 있다.

하는(vibhajya) 사람들"이라는 의미를 나타낸다. 이 개혁파 사람들(즉 설가부)은 실재와 허구를 구별했고, 상대적 진리(samvṛtisatya, 속제)와 궁극적 진리(paramārthasatya, 진제)를 구별했다. 그들은 전설적인 인물 Mahākatyāyāna(히말라야의 Anavatapta호수에 주석하다가 개혁을 위해 나온 인물)를 창시자로 하여 새로운 학파를 형성시켰다고 한다.[24)]

중현(衆賢, Saṃghabhadra)은 "가유론자들"에게 현재의 Dharma는 순전히 허구라는 명제를 부여하고 있으며 과(果)를 아직 산출하지 않은 과거업과 현재만이 실유한다고 주장하는 "분별론자"들과 그들을 분명히 구분한다. 그리고 순간론자("찰나론자")들과 모든 Dharma는 자성이 없으며 허공의 꽃(空花, 공화)과 같다고 주장하는 "도무론자(都無論者)"들과도 '가유론자'들을 구분하고 있다.[25)] Vasuvarman(婆藪跋摩, 바수발마)도 [『사제론(四諦論)』에서] 진제(眞諦)와 규기(窺基)가 혼동하는 경향을 보이는 '분별부'(Vibhajyavādin)로부터 '가명부'(설가부)를 분명하게 구별하고 있다. Vasuvarman에 의하면 설가부는 "진리(satya)에 3종이 있으니, 즉 ①은 고품(苦品, duḥkhavarga)이요, ②는 품제(品諦, 世諦, Samvṛtisatya)요, ③은 성제(聖諦, āryasatya)다. 고품은 5취온의 고요, 품제는 핍박과 괴롭히는 (逼惱, 핍뇌) 특성의 고요, 성제는 고의 일미(一味, ekarasa)다."라고 설했으며 한편 '분별부'(Vibhajyavādin)는 "일체 유위(samskṛta)들은 무상하기 때문에 모두 고통이

24) P. Demiéville: Origine des Sectes bouddhiques(M.B.C. t. I), Bruxelles, 1932, p.22, 49.

25) 『阿毘達磨順正理論』(大正29, T.1562), p.630c: "分別論者唯說有現. 及過去世未與果業. 刹那論者唯說有現一刹那中十二處體. 假有論者說現在世所有諸法亦唯假有. 都無論者說一切法都無自性皆似空花."

다."[26]라고 주장했다고 한다. 따라서 Saṃghabhadra와 Vasuvarman은 설가부와 분별부를 학파의 명칭이나 교리면에서 모두 분명히 구분하여 별개의 학파라고 기술하고 있다. 그런데 Bhavya는 설가부의 3종 진리를 다문부의 교설로 취급하고 있는데[27] 이것은 아마도 어떤 혼동이 있었을 가능성도 있지만, 한편 학파의 형성 관계를 미루어 볼 때 두 학파 사이에는 교리적으로 큰 차이가 없었다는 점을 보여준 것일 수도 있다.

설가부는 이와 같이 다문부와 함께 대중부의 근간에서 직접, 또는 2차적으로 지말분열해 나온 학파이며 두 학파는 어느 정도의 교리적인 친연관계도 가지고 있었던 것으로 보인다. 그러나 학파 내에서 다른 의견과 다른 목소리를 내고 구별을 했기 때문에 두 학파는 서로 분리되었으며 따라서 '다문분별부'라는 호칭도 주어졌을 것이다. 그렇지만 설가부는 상좌부의 분별설부와는 분명히 구별되며, 대중부 계열 학파 가운데 특히 가유를 주장했던 대표적인 학파였던 것으로 추정된다. 설가부(prajñaptivādin)라는 호칭은 이 학파에서 주장된 교설을 명확히 보여주는 이름이다.

2. 가유(Prajñaptisat)

가명(prajñapti) 또는 가유(prajñaptisat)에 대한 일반적인 정의 차원에서, 먼저 다문부 또는 설가부의 교설을 담고 있는 논서로

26) 『四諦論』(大正32, T.1647), p.380a: "又假名部說諦有三種 一苦品 二品諦 三聖諦 苦品者 謂五取陰苦, 品諦者逼惱爲相苦, 聖諦者是苦一味. … 又分別部說一切有爲皆苦 由無常故."

27) "Trois traités sur les sectes bouddhiques."(A. Bareau), J. A. CCXLIV, 1956, p.175.

추정되는 Harivarman(訶梨跋摩, 하리발마, 3세기?)의 『성실론(成實論, Satyasiddhiśāstra)』[28]에 주목해 보려고 한다. 『성실론』은 서론(發聚, 발취)과 본론의 4취(聚), 즉 사제(四諦)의 기본 틀에 따라 4장으로 구성되어 있으며, 내용은 대체적으로 소승과 대승의 과도기적인 교리의 양상을 보이고 있지만, 사실상 부파불교의 교리를 망라해 놓은 것 같은 다양한 이설(異說)을 싣고 있다.

여기서 우리의 주의를 끄는 것은 본론 멸제취(滅諦聚)의 첫째와 둘째 항목, 즉 제141장인 「입가명품(立假名品)」과 제142장인 「가명상품(假名相品)」이다. 이 두 품에서 『성실론』은 가명(prajñapti)의 의미를 정의하고 설가부의 중심 교설로 보이는 내용을 명제화하고 있기 때문이다. 먼저 「가명품」에서는 다음과 같이 문답식으로 가명에 대해서 설명을 시작한다.

> (문) 무엇을 가명이라 하는가?
> (답) 요소들(諸陰, 제음)로 인하여 분별이 있게 되는데 마치 "다섯 가지 요소들의 모임(오온)으로 인하여 사람(人, Pudgala)이 있다."고 말하고, "색(色), 향(香), 미(味), 촉(觸)으로 인하여 물병(瓶)이 있다."고 말하는 것과 같다.
> (문) 무엇 때문에 그것을 가명이라 하는가?
> (답) 경전에서 부처님이 말씀하시기를: '바퀴와 굴대 등등이 화합하기 때

28) 大正32(T.1646), 『成實論』은 Kumārajīva의 漢譯本만(411-412에 번역) 현재 남아있으며, 玄暢이 쓴 전기(『출삼장기집』, 序卷)에 의하면 著者는 經量部(Kumāralāta, 童受)의 영향을 받았을 가능성이 있다(『佛典解題事典』, pp.119-120). 그러나 Paramārtha 등의 증언에 따라 현대 학자들이 추정하는 것은 Bahuśrutīya 또는 Prajñaptivādin의 교리를 담고 있는 논서일 가능성이 높다는 것이다(P. Demiéville의 *Origine Sectes bouddhiques*, p.22, 47 ; Lin Li Kouaug의 Introduction, p.45 n.5 ; Johnston: *Buddhacarita*, Introduction pp.xxxxi-xxxv ; A. Bareau: *Les religions*, p.105 ; *Les Sectes*, p.297.

문에 수레(車, 거)라는 이름이 있게 되는 것처럼, 요소들(諸陰, 제음)이 화합하기 때문에 사람(人, 인)이라는 명칭이 있게 된다.'고 하셨다.
또 부처님이 비구들에게 말씀하시기를: '모든 법(dharma)은 무상(無常)하고, 고(苦)이고, 공(空)이며 무아(無我)이다. 뭇 인연이 화합해서 생긴 것이므로 결정된 성품이 없고, 이름만 있으며(但有名字, 단유명자), 생각으로만 있으며(但有憶念, 단유억념), 작용만 있기 때문이다(但有作用故, 단유작용고).'
다섯 요소들의 모임(五陰, 오음)으로 인하여 여러 종류의 명칭이 생겨나는데, 이른바 중생, 사람, 천인 등등이다. 이 경전에서 [이와 같이] 실유법(實有法)을 부정하기 때문에 다만 이름만 있다(但有名, 단유명, nāmamātra)고 말하는 것이다.29)

이 가명에 대한 설명은 상당히 고전적인 Dharma 분석 방식을 통해 간단명료하게 정리한 것이다. 우리 텍스트는 이어서 두 가지 진리(二諦, 이제)를 구분하여서 설명하고 있다.

또한 부처님은 두 가지 진리(二諦)를 말씀하셨는데, 이른바 진제(眞諦)와 속제(俗諦)이다. 진제는 색(色) 등의 법(法, 요소들)과 열반이요, 속제(俗諦)는 가설(假說)한 이름뿐이고 자성(自性, 자체)이 없는 것으로서 마치 색(rūpa) 등의 인연(hetupratyaya)으로 생긴 물병이나 다섯 가지 요소(五陰, 오음)의 인연으로 있게 되는 사람(人)과 같은 것이다.30)

요소들의 인연화합에 의해 구성된 것의 실재는 부정되고 속제(samvṛtisatya)로서만 인정되고 있는 반면, 색(rūpa)등 [요소들]과 열반을 진제(paramārthasatya)의 범주에 넣고 있다. 「가명상품(假名相品)」에서는 요소들로 이루어진 것들의 현상작용을 예시하고

29) 大正32(T.1646), p.327a.
30) 上同.

그것들이 모두 가명으로 있다는 것을 설명한다. 여기서 『성실론(成實論)』은 가명 또는 가유설을 명제화한다.

> 만일 자체가 없으면서도 작용이 있다면 그것은 가명으로 있는 것이다. 마치 사람이 행위(作, 작)를 하지만 사람의 실체나 업의 실체는 실재하지 않는 것과 같고, 또한 분별을 하여 원수, 친구 등이 있는 것과 같으니, '이 모두는 가명일 뿐이요 실법은 존재하지 않는다(皆是假名 非實法有, 개시가명 비실법유).'[31]

마지막 문구의 「皆是(개시)」는 아직도 진제(眞諦)를 예외로 하고 있어서 한정된 의미로 볼 수 있겠으나 여기서 『성실론』은 가명을 상당히 적극적으로 표현하여 『皆是假名 非實法有』라고 명제화시키고 있다. 『성실론』은 또한 「일체연품(一切緣品)」에서 무아(anātmya)의 의미로서 십공(十空, śūnyatā)[32]설을 인용하고 있는데, 상세한 내용 설명이나 십공이 무엇인지 열거되지 않고 있지만 이것은 부파불교 내에서는 대단히 과감한 표현인 것 같다.

우리는 위의 『성실론』 내용이 설가부의 교설이거나 적어도 다문부와 설가부가 함께 공유하는 기본 교설인 것으로 본다. "Les Sectes bouddhiques du petit véhicule Ⓕ"에서 앙드레 바로 교수는 앞에서 우리가 인용한 내용과 다른 여러 항목에 나타난 논쟁점들을 18개의 명제로 요약하여 Vasumitra와 Bhavya 등이 다문부의 교설로 기술한 내용과 함께 묶어서 정리하고 있다.[33] 이것은 아

---

31) 大正32(T.1646), p.328c.
32) 大正32(T.1646), p.364c: "又說十空緣一切法. 空卽無我."; p.365a: "汝說十空此中不得有無爲空."
33) Les Sectes, pp.82-83.

마도 그가 『성실론』이 다문부에 속하는 논서라는 가정에 따르고 있기 때문인 것 같다.[34] 그러나 그의 「Les Secters」 부록(논쟁점 분류표)에서는 "모든 것은 명칭일 뿐이다."라는 명제를 설가부와 『성실론』이 주장한 것으로 정리하고 "모든 유위법은 명칭일 뿐이다."라는 명제는 설가부만의 주장으로 분류하고 있다.[35]

부파의 약사(略史)와 교설을 각각 기술하고 있는 『이부종륜론(異部宗輪論, Samayabhedoparacanacakra)』에서, Vasumitra는 설가부가 주장한 명제를 7-8개의 항목으로 요약하여 나열하고 있는데, 여기서 (현장역본에 따르면) 1), 2), 3) 항목이 존재론적인 문제와 직접 관련된 내용이다.[36]:

1) 고(苦, duḥkha)는 요소(skandha)가 아니다.
[Bhavya: 고만이 완전한 실재이다.]
2) 12처(āyatana)는 진실한 실재(tattva)가 아니다(비진실).
3) 의존적으로 상속발전하는, 화합(sāmagrī)의 제행(saṃskṛta)은 가명으로만(prajñapti, prajñapyante) 고라고 한다.

34) Les Religions, p.105 ; Les Sectes, p.297, 303: 이 텍스트들에서는 『成實論』을 多聞部 또는 說假部의 교설을 담고 있는 작품으로 기술하고 있다.
35) Les Sectes, p.284.
36) 大正49, pp.15a-22c.

현장역(T.2031), p.16a	Kumārajīva역 (T.2032), p.18c	Paramārtha역 (T.2022), p.21a
其說假部本宗同義 ①謂苦非蘊 ②十二處非眞實 ③諸行相待展轉和合 假名爲苦. 無士夫用	彼施設根本見者 ①若說諸陰卽非業 ②諸不成 ③諸行展轉施設者. 無智士夫事	分別說部是執義本 ①苦非是陰 ②一切入不成就 ③一切有爲法相待假 故立名苦. 無人功力

[진제 역: 일체 유위법(samskṛtadharma)은 상대적인 명칭일 뿐이기 때문에 고라고 이름한다.]
[Kumārajīva역: 전전(展轉)하는 제행(諸行)은 명칭뿐이다.]

이와 같은 주장은 사실상 설가부가 유위의 제법과 연기(緣起)에 의해 발생한 것들, 일체의 실재성을 부정하는 것이 된다. 이것은 온(skandha), 처(āyatana), 계(dhātu) 등이 전혀 실재성이 없으며 단순히 이성적 존재라고 보는 것이 될 것이다.[37] 초기 경전의 일반적인 표현에 따르면 5온 12처 18계로 한정되는 유위법들(saṃskṛtadharma)은 총체적으로 일체(sarvaṃ), 세계(loka), 고(duḥkha)를 구성하고 있다.[38] 바로 이런 실재적 토대 위에 유부와 경량부는 그들의 법체계를 구축시킬 수 있었던 것이다. 그런데 설가부는 이와 같은 실재론적인 기본 틀을 단순한 이성적 존재로 간주하고 그 실재성을 부정하는 입장을 보이고 있는 것이다.

더욱이 『대비바사론(大毘婆沙論, Mahāvibhāṣā)』에 의하면 설가부(Prajñaptivādin)[39]는 10종 공(空)설을 제창했던 것으로 보인다.

Prajñaptivādin(『시설론(施設論)』)은 다수의 공(空)이 있다고 설하고 있다. 즉 ①내공(內空, adhyātmā-śūnyatā), ②외공(外空, bahirdhā-śūnyatā), ③내외공(內外空, adhyātma-bahirdhā-śūnyatā), ④유위공(有爲空, saṃs

37) HBI, p.664 ; J. Masuda, 앞의 책, p.36 ; Les Sectes, p.85.
38) SN,Ⅳ, p.15(Sarvaṃ) ; Ⅳ, p.52, 54(Loka) ; Ⅳ, p.28(Duḥkha)
39) "施設論說"에서 『施設論』이 有部의 Abhidharmapiṭaka, 즉 六足發智(七論)의 하나인 『施設足論』 또는 『施設論』을 지칭하는 것이 아닐까 의문을 가져 볼 수 있겠으나, 현존하는 『施設足論(施設論』)에는 十種空설을 발견할 수 없으며 암시된 곳도 없다.

kṛta-śūnyatā), ⑤무위공(無爲空, asaṃskṛta-śūnyatā), ⑥무변제공(無邊際空, atyanta-śūnyatā), ⑦본성공(本性空, prakṛti-śūnyatā), ⑧무소행공(無所行空, apravṛtti-śūnyatā), ⑨승의공(勝義空, paramārtha-śūnyatā), ⑩공공(空空, śūnyatā-śūnyatā)이 있다.

이와 같은 10종의 공은 다른 곳에서 상술한 것과 같다. 무엇 때문에 그렇게 많이 공을 여러 곳에서 분별하고 있는가, 공의 행상(行相)은 20종의 유신견(有身見, viṃśatiśikharasamudgata satkāyadṛṣṭiśaila)을 가까이 대치(對治, pratipakṣa)하는 데 도움이 되기 때문이다. 이 20종의 유신견은 모든 번뇌의 뿌리요(sarvakleśamūla), 윤회에 침윤하여 열반에 도달하지 못하게 하는 것이다. 그것은 심각한 과환(過患)인 까닭에, 그것을 가까이 대치하는 공을 빈번히 설하게 되는 것이다.[40]

『대비바사론』은 설가부가 10종 공을 설했으며 이 공의 행상으로 20종의 유신견을 가까이 대치한다고 밝히고 있다. 이 10종 공으로 20종 유신견을 대치한다는 내용은 『대비바사론』 8권과 『六육십권아비담비바사론(六十卷阿毘曇毘婆沙論)』 4권에도 보인다. 10종 공의 나열 순서에 약간의 차이가 있지만, 내용에는 큰 변화가 없다. 유신견에 대한 세밀한 분석과 함께 그 대치 방법으로 10종 공을 기술하고 있으나 제창자나 인용 근거에 대한 언급은 없다.[41] 우리는 아직 다른 곳에서 설가부가 10종 공을 설했다는 명확한 증거를 갖고 있지 못하다. 다만 앞에서 다문부 또는 설가부의 교리를 담고 있는 『성실론』에서 "무아(無我)의 의미로 10공"을 설했다[42]는 것을 보았을 뿐이다.

---

40) 大正27(T.1545), K.104, p.540a: "施設論說空有多種 謂內空 外空 內外空 有爲空 無爲空 無邊際空 本性空 無所行空 勝義空 空空 如是十種空 如餘處分別 問 何緣諸處多分別空 答 以空行相 是二十種薩迦耶見 近對治故 彼二十種薩迦耶見 能爲一切煩惱根本 流注生死不趣涅槃 過患增上故 多說彼近對治法."

41) 大正27(T.1545), p.37a ; 大正28(T.1546), p.27a.

우리는 여기서 이런 질문을 해 볼 수 있다. 이 10종 공의 발견자가 과연 설가부일까? 아니면 설가부가 대승 교리에서 그것을 차용했거나 또는 우리 텍스트의 저자들이 차용하여 설가부에 가탁시킨 것은 아닐까하는 의문을 갖게 한다. 더 나아가 설가부가 설했다는 10종 공이 5온 요소에서 자기동일적인 실체를 보는 유신견(satkāyadṛṣṭi) 또는 Ātman의 믿음을 대치하는 데만 적용되었는가, 아니면 5온 요소를 분석하고 분해하는 단계를 넘어서서 일체 제법의 법공(法空)까지 겨냥한 것은 아닐까 하는 질문을 해 볼 수 있다. (이런 의문들과 함께 남은 문제들은 다음의 연구 과제로 미루어 둔다.)

42) 참고 註33.

『대지도론』의 사실단(四悉檀, Siddhānta)*

* {인도철학}, 2002.

서론

『대지도론(大智度論)』은 『대품반야경(大品般若經)』에 대한 나가르주나(Nāgārjuna)의 주석서로 우리에게 잘 알려져 있으며 꾸마라지바(Kumarajīva)에 의해 한역되어 전해지고 있다.[1) 『대지도론』은 대승불교사상뿐만 아니라 초기 및 부파불교의 교리를 광범위하게 해설한 내용을 담고 있는 중요한 문헌으로 평가받고 있다.

우리가 여기에서 연구할 내용은 『대지도론』에 나타난 사실단(siddhānta)설이다. 논의 저자는 서품에서 『반야경』을 설하게 된 이유(因緣, 인연)를 20여 개의 항목에 걸쳐 밝히고 있는데, 그중 한 개의 항목에 많은 지면(서품의 1/3이상의 분량)을 할애하여 사실단(四悉檀)에 대해 논술하고 있다.[2) 이 사실단설은 다른 경론에서 그 예를 찾기 어려운, 『대지도론』만의 특성을 보여주는 교설 형식이다. 뿐만 아니라 이것은 이제설(二諦說)을 발전적으로 해석

---

1) 『大智度論』 (또는 『大智釋論』)은 꾸마라지바의 漢譯만 전해지고 있다(大正25, T.1509). 산스끄리뜨 原名은 Mahāprajñāpāramitā-śāstra 또는 Mahāprajñā-pāramitā-upadeśa[śāstra]일 것으로 본다. 라모뜨의 佛譯에서 Le Traité de la grande vertu de sagesse de Nāgārjuna로 표기하고, 축약해서 'Traité' 라고 한다. 『大智度論』이 과연 나가르주나의 眞作인지는 최근까지 의문이 제기되고 있다. 꾸마라지바의 漢譯에는 龍樹菩薩造라고 기술되어 있지만, 실제 論의 내용에는 나가르주나의 제자들의 저술들이 인용되어 있는 등 많은 의문점이 발견되기 때문이다. 日本의 干潟龍祥 교수는 『대지도론』에서 발견되는 의문들은 꾸마라지바의 가필 때문이며 原典은 나가르주나의 저술이라고 본다. 그러나 라모뜨 교수는 『대지도론』의 저자는 나가르주나가 아니라, 有部系에 출가했다가 다시 대승중관파로 전향한 어떤 학자이며, 4세기 초에 서북 인도에서 저술되었을 것이라고 본다(우리는 이 논문에서 著者 나가르주나라는 칭호를 피하고 "논의 저자"로 불렀다). cf. E. Lamotte의 Traité (Ⅲ), pp.Ⅵ-Ⅷ ; 平川彰의 『インド佛教史』 下, pp.34-40.

2) 四悉檀說: 大正25, pp.59b-61b(서품전체: pp.57a-62c).

하는 내용으로, 진제(眞諦)와 속제(俗諦)의 의미를 또 다른 각도에서 추구해 볼 수 있는 흥미로운 주제이기도 하다.

우리는 『대지도론』의 서품에 나타나는 이 사실단의 내용을 중심으로 불교 경론의 다양한 교설들이 어떻게 해석되고 평가되어 중관사상(中觀思想)으로 연결되는지 고찰할 것이다. 사실, 논의 저자는 육바라밀의 지혜바라밀 문제를 논하면서, 경론이 지닌 내용 자체에서 해석상의 문제점들을 잘 인식하고서 이렇게 [직설적으로] 지적한다.

> 누구건 반야바라밀의 체계(法)를 잘 파악하지 못한 자가 아비달마의 가르침에 접근하면 그는 실재론에 떨어질 것이고, 공의 가르침에 접근하면 허무론에 떨어질 것이며, 경장(蜫勒, 곤륵, piṭaka)의 가르침에 접근하면 때로는 실재론에, 또 때로는 허무론에 떨어지게 될 것이다.[3)]

아함과 니까야를 통해 붓다의 초기 가르침에 접근할 때, 우리는 연기법과 함께 Anātman(무아)설이 교리의 주축임을 쉽게 확인할 수 있지만, 때로는 Ātman을 암시하는 교설을 만나게 된다. 그리고 아비달마, 특히 유부계(有部系)의 논서에는 실체로서의 Ātman은 부정하지만, 요소로서의 제법(諸法)의 실재를 인정함으로써 실재론의 입장에 서 있다고 할 수 있고, 대승계에서는 아공(sattvaśūnyatā)과 법공(dharmaśūnyatā)을 주장하여 쉽게 허무주의로 비칠 수 있는 문제점을 가지고 있었다.

이 같은 문제들은 나가르주나의 대표작인 『중론(中論)』의 전편

3) 大正25, p.194a-b(Traité, pp.1094-1095). "若不得般若波羅密法 入阿毘曇門則墮有中 若入空門則墮無中 若入蜫勒門則墮有無中."

에서 제기되고 있으며 특히 「관사제품(觀四諦品)」(제24장)에서 나가르주나는 속제(俗諦)와 승의제(勝義諦)라는 이제설(二諦說)로 해답을 찾고 있다. 나가르주나에 의하면, "모든 붓다의 설법은 완전히 이제에 의지한다.", "이런 두 가지 진리의 구분을 모르는 자들은 붓다의 설법에서 심오한 진실(tattva, 실상)을 포착할 수 없다."[4]고 쓰고 있는데, 같은 맥락에서 『대지도론』의 저자는 사실단설에 의해 불법(佛法)을 해석하고 어떤 통일성과 질서를 찾으며 더 나아가 제법의 실상이 무엇인지 밝히려고 한다. 『대지도론』의 서품으로 직접 들어가 보자. 즉,

> 붓다는 제일의실단(第一義悉壇)의 특징을 설명하려고 이 『반야바라밀경』을 설하셨다. 사실단이 있는데, 첫째는 세계실단(世界悉檀, laukika-siddhānta), 둘째는 각각위인실단(各各爲人悉檀, prātipauruṣika-siddhānta), 셋째는 대치실단(對治悉檀, prātipakṣika-siddhānta), 넷째는 제일의실단(第一義悉檀, pāramārthika-siddhānta)이다. 이 사실단 안에 일체 12부경(dvādaśāṅga-sūtra)과 8만4천 법장(caturaśītidharmapiṭakasahasra)이 모두 포함된다. 이 사실단은 모두가 진실(satya)이요 서로 모순되지 않는다(ananyonyavyapakṛṣṭa). 불법에는 세계실단으로서 실재, 각각위인실단으로서 실재, 대치실단으로서 실재, 제일의실단으로서 실재가 있다.[5]

『대지도론』의 사실단설을 『중론』의 이제설에 비교해 볼 때, 앞의 세 실단들은 속제(saṃvṛti-satya)에, 네 번째의 제일의실단은 승의제(paramārtha-satya)에 해당한다고 말할 수 있다. 그런데 『대지도론』에서 사용하는 실단(siddhānta)이란 용어는 '√sidh'를

4) 『中論』 24장, 「觀四諦品」, 특히 게송 8-10.
5) 大正25, p.596(Traité, p.27).

어근으로 하는 동사 sidhyati의 과거분사형 siddha와 anta를 합성하여 만든 남성명사로서 그 의미가 다양하다. 즉 '인정된 정설', '관점', '견해' 또는 '최종결론', '원리', '기준', '공리' 등등의 뜻을 가진다. 우리는 『대지도론』의 문맥에 따라 잠정적으로 실단(siddhānta)을 "관점" 또는 "기준"의 의미로 사용하려고 한다.[6] 따라서 사실단은 4개의 관점 또는 기준을 뜻하게 된다.

『대지도론』은 붓다가 『반야바라밀경』을 설하신 것은 승의의 관점의 특징을 밝히기 위해서라고 전제하고, 모두 4종류의 관점, 즉 세간적 관점, 개별적 관점, 치료학적 관점, 절대적 관점이 있다고 본 것이다. 이 네 종류의 관점 안에 일체 교설(佛法, 불법)이 모두 포함될 뿐만 아니라 그것들이 모두 진실이고 서로 모순되지 않으며, 더 나아가 4종류의 관점들은 각각의 질서 또는 관점에서 실재한다고 한다. 이와 같이 붓다의 가르침에서 심오한 뜻을 파악하는 데는 기본적으로 네 가지 관점이 있으며 어느 하나도 등한시해서는 안 된다는 것이다. 이제 우리는 『대지도론』의 구분에 따라 사실단을 차례로 고찰하기로 하겠다.[7]

Ⅰ. 세간적 관점(世界悉壇, 세계실단)

6) Dict. Sanskrit-Français (par K. Stchoupak & L. Renou), pp.838-839 ; Sanskrit-English Dict. (M. Williams), pp.1215-1216 ; 『梵和大辭典』 p.1470 ; Traité, p.27, n.1.

7) 이 논문을 작성하면서 우리는 E. Lamotte 교수와 J. May 교수의 佛譯 작품들에서 도움을 받았으며 일부는 수정하여 인용했음을 밝힌다.

『대지도론』은 세간적인 관점을 설명하기 위해 고전적인 비교방식을 통해 존재현상의 기초적인 분석부터 시작한다. 즉,

> 세간적 관점(laukika-siddhānta)이란 무엇인가? 인연화합(hetupratyaya-sāmagrī)에 의해 생긴 실재의 Dharma(법)들이 있지만, 별개의 실체(자성, bhinnasvabhāva)를 가지고 있지 않다. 비유를 들면, 끌채, 굴대, 바퀴살, 바퀴 테 등의 화합에 의해 수레(ratha)가 있게 되지만, 그것을 구성하는 부분들과 별개의 [실체로서] 수레는 존재하지 않는다. 사람(人) 또한 그와 같아서 5온(skandha)의 화합에 의해 존재한다. 그러나 그 구성요소들과 별개의 사람(pudgala, sattva)은 존재하지 않는다.[8)]

인연화합에 의해 생긴, 즉 요소들의 복합체로서 사람 또는 수레가 존재하지만, 거기에는 별개의 불변하는 자성(自性, svabhāva)으로서의 실체는 없다는 것이다. 그렇지만, 앞의 예에서 보면, 부분품에 기초를 둔 수레라는 명칭, 가명은 세간적 또는 관습적 수준에서 긍정적이다. 구성된 전체에 붙여진 이름의 수레는 실재하고, 그 존재는 감지되고 경험되며 또한 언어로 표현된다. 따라서 세간적인 관점에서 그것은 동의(sammuti)를 얻고 있으며 그 존재는 진실(satya)인 것이다.[9)] 이런 세간적 관점을 받아들일 때, 경

---

8) 大正25, p.59b(Traité, p.28).

9) Vajirā 비구니와 Māra의 유명한 대화에서 고대적인 표현으로서 5蘊과 수레의 비유를 볼 수 있다: SN. I , p.135; 『雜阿含』, T. 99, pp.327a-b; 『別譯雜阿含』, T.100, pp.454c-455a.
kinnu satto ti paccesi / Māra diṭṭhigataṃ nu te //
suddhasaṅkhārapuñjo yaṃ / nayidha sattūpalabbhati //
yathā hi aṅgasambhārā / hoti saddo ratho iti //
evaṃ khandhesu santesu / hoti satto ti sammuti //
汝謂有衆生 此則惡魔見 唯有空陰聚 無是衆生者
如和合衆材 世名之爲車 諸陰因緣合 假名爲衆生
Milinda경에서는 이 수레의 비교가 발전되어 다시 취급된다. 즉: "수

전의 다양한 교설과 철학적 견해들에 대한 의미 있는 해석과 올바른 평가를 할 수 있다는 것이다.[10] 『대지도론』은 이어서 다음과 같이 지적한다. 즉,

① 만약 세간의 관점이 없다면 진실을 말하는 사람(實語人, 실어인)으로서 붓다가 어떻게 다음과 같이 말할 수가 있겠는가. 즉, "깨끗한 천안(天眼, divyacakṣus)으로 나는 중생들(sattva)이 선 또는 악업에 따라 과보(vipāka)를 받기 위해 이곳에서 죽어 저곳에서 다시 태어나는 것을 본다. 선업을 지은 자들은 천(deva)과 인간(manuṣya)계에 다시 태어나고 악업을 지은 자들은 삼악도(durgati)에 떨어진다."고.[11]

② 또 어떤 경에서 말하기를: "한 사람(一人, ekapudgala)이 많은 사람(bahujana)의 행복과 이익을 위해 세상에 출현하는데, 그는 붓다 세존(Buddha, Bhagavat)이시다."[12]

③ 『법구경(法句經)』에는 [이런] 말이 있다: "신(神, ātman)이 스스로 신(ātman)을 구할 수 있다. 어떻게 다른 사람이 신을 구할 수 있겠는가. 자기 스스로 선행과 지혜를 잘 실행하는 것이 가장 [자기를] 잘 구제하는 것이다." 〔이 내용은 좀 특이한 이본(異本)의 인용인 듯하다. Dhammapada, V. 160 및 Udānavarga, XXⅢ.V. 11의 내용은 다음과 같다. 즉: "각

레의 축과 다른 부분들 때문에 '수레'라는 命名, 假名, 世間的 표현, 이름(saṃkhyā prajñaptir vyavahāro nāma)이 형성된다. 마찬가지로 머리와 다른 구성요소들 때문에 '나가세나'라는 命名, 假名, 世間的 표현, 이름이 형성된다."(Milindapañha, ed. V. Trenckner, London, 1880, pp.27-28).

10) J. May의 Candrakīrti Prasannapadā Madhyamakavṛtti (Paris, 1959), pp.17-18; Murti의 The Central Philosophy of Buddhism (London, 1970), p.254.

11) 大正25, pp.59b-c(Traité, pp.28-29).

12) 大正25, p.59c(Traité, p.29) ; AN. I, p.22 ; 『增一阿含』(T.125), p.561a.

자는 진실로 각자 자신의 피난처(보호자)이다(attā hi attano nātho …). 다른 누가 진실로 피난처(보호자)일 수 있겠는가. 잘 훈련[調御, 조어]된 자신에 의해 얻기 어려운 피난처(보호자)를 얻는다."] 13)

④ 『병사왕영경(瓶沙王迎經, Bimbasārarājapratyudgamana-sūtra)』에서 붓다가 말씀하시기를: "범부(pṛthagjana)는 법을 듣지 않고, 범부는 '나(ātman)'에 집착한다."14)

⑤ "그렇지만 『(법)이야경[(法)二夜經, Dharmarātridvaya-sūtra]』에서 말씀하시기를: 붓다가 처음 도(道)를 얻으신 그 밤부터 열반에 드신 그 밤에 이르기까지 두 밤 사이에 붓다에 의해 설해진 교설은 모두 진실이요 오류[顚倒, 전도]가 없다."라고 했다.15)

위에 인용된 내용들은 고대는 물론 현대의 학자들에 의해 빈번히 거론되는 문제의 문구들이며, 철학적 견해에 따라 서로 다른 뉘앙스로 해석이 되고 있다. 사실상, 인용 ①은 초기 불전에서 붓다가 처음 삼명(三明, vidyā)을 얻어 정각을 성취하는 중요한 순간을 기술한 내용의 일부다. 여기서 천안통으로 윤회세계를 관찰하는 장면이 있는데, 업과 과보의 주체로서 중생(sattva)이 동일한 실체적 존재로 비춰지고 있다는 것이다.16) 윤회와 업사상은 불교 윤리의 초석이다. 그러나 거기에는 행위와 과보의 주체를 어떻게 볼 것인가 하는 중요한 문제가 있다. 이 문제는 무아 이론과 함께

13) 大正25, p.59c(Traité, p.29) ; Dhammapada, V. 160; Udānavarga, XXⅢ. V.11.

14) 大正25, p.59c(Traité, pp.29-30) ; 『中阿含』(T.26), p.498c.

15) 大正25, p.59c(Traité, p.30) ; DN.Ⅲ, p.135 ; 『中阿含』(T .26), p.645b.

16) MN.Ⅰ, pp.22-23, pp.247-249 ; 『中阿含』(T. 26), p.589c ; 『增一阿含』(T. 125), pp.666b-c ; 『四分律』(T. 1428), pp.781b-c.

불교사상사에서 꺼지지 않는 논쟁의 불씨가 되고 있다. 인용 ②는 1인(一人), Ekapudgala의 용어가 문제이다. 여기에서 1인은 불특정의 어떤 한 사람을 지칭하는 것일 수도 있지만, 또한 유일한 개인(個我, 개아)으로 해석이 가능한 것이 문제이다.

인용 ③과 ④는 Ātmanⓢ의 실재를 가정하고 있다는 것이다. 위 『법구경』의 "신(神), Ātman"과 함께 열반경에서 붓다가 최후로 유언처럼 남긴 충고의 말씀: "attadīpā viharatha attasaraṇā anaññasaraṇā."[17]의 Attaⓟ가 문제이다. 세간의 언어습관과 문법의 자연스러운 의미에 따라, Atta, 즉 Ātman을 재귀대명사로 보아 "각자"라는 의미로 해석할 수 있지만, 또한 문자 그대로 자아(ātman)의 의미로도 해석이 가능하다는 문제가 있는 것이다.

『대지도론』은 이런 문제의 문구들을 다양한 뉘앙스로 다시 해석을 시도하는 것이 아니라 세간적 관점, 즉 속제의 이론으로 해결하고 있다. 논의 저자는 이 점에서 상당히 분명한 입장을 취한다. 즉: "만약 사람(人, pudgala)이 진실로 존재하지 않는다면 어떻게 [거짓 없이] '내가 천안으로 중생들(sattva)을 관찰한다.'고 말할 수 있겠는가?" 그러므로 사람이 존재한다고 결론을 내려야 할 것이다. 그러나 그것은 다만 세간적인 관점에서 본 긍정이요 절대적 관점(제일의실단)에서가 아니라고 해석해야 한다는 것이다.

여기서 다시 제일의의 관점과 나머지 관점(실단)의 관계 및 진실성의 문제가 제기되고 있다. 그리고 세간적 관점에서의 실제의 의미와 한계가 그어진다. 『대지도론』은 이렇게 계속한다. 즉,

---

17) DN.Ⅱ, p.100, Ⅲ, p.58, 77 ; SN.Ⅲ, p.42, Ⅴ, p.154, 163.

[문] 제일의(第一義)의 관점은 진실(bhūta, satya)이다. 그리고 그것이 진실이기 때문에 제일의라고 불린다. [그러나] 다른 나머지 관점들은 진실일 수 없다.
[답] 그렇지 않다(정확하지 못하다). 네 개의 관점(실단)은 각각 별개로 볼 때 진실하다(各各有實, 각각유실). 진여(여여, tathātā), 법성(dharmatā), 실제(bhūtakoṭi)가 세간적 관점(세계실단)에는 없지만, 제일의의 관점에는 존재한다. 마찬가지로 사람 등(人等)이 세간적 관점에서는 존재하지만 제일의의 관점에서는 존재하지 않는다. 무엇 때문인가? 사람의 인(因)과 연(緣)(hetupratyaya)인 5온(skandha)이 있기 때문에 사람(人)이 존재한다. 우유의 인과 연인 색(色, rūpa), 향(香, gandha), 미(味, rasa), 촉(觸, spraṣṭavya)이 있을 때, 우유가 존재하는 것과 같다. 만약 우유가 실제로 존재하지 않는다면(實無, 실무), 우유의 인과 연도 역시 없을 것이다. 그러나 우유의 인과 연이 실제로 존재하므로(실유함) 우유 또한 당연히 존재한다. 한 사람에게 둘째 머리 또는 셋째 손의 인과 연이 없지만, 가명으로(만) 있는 경우와는 같지 않다. 이러한 특징들(nimittanāman)이 세간적 관점(세계실단)이다.[18]

진여, 법성 등으로 불리는 제법의 실상은 제일의실단에만 있다. 그러나 사람, 우유 등이 비록 요소들로 구성된 전체에 붙여진 이름, 명칭, 가명이지만, 세간적 관점에서는 진실로 존재한다는 것이다. 실제로 존재하지 않는 제2의 머리 또는 제3의 손처럼 구성요소로서 인과 연이 결여된, 다만 이름만 존재하는 것과는 구분된다는 것을 분명히 하고 있다. 따라서 세간적 관점에서 볼 때 5온의 요소들로 구성된 사람이 실재하고 참이고 진실인 것이다.

18) 大正25, p.60a(Traité, p.31).

Ⅱ. 개별적 관점(各各爲人悉檀, 각각위인실단)

> "개별적 관점(prātipauruṣika-siddhānta)이란 각 개인의 마음상태(心行, 심행, citta pravṛtti)를 고려하여(apekṣya), 법을 설한다."는 것이다. 즉, 같은 주제에 대해 혹자는 이해하고 또 혹자는 이해하지 못한다. 예를 들면, 한 경전에서 설하기를: "다양한 과보(vipākaphala)를 내는 업(karma) 때문에 다양한 세계에 다시 태어나서 다양한 접촉과 다양한 감각을 느끼게 된다."고 하였다. 반면에 Phālguna-sūtra에서는 "접촉하는 사람도 없고, 감각을 느끼는 사람(즉, 주체)도 없다."고 말씀하였다.19)

불교철학의 핵심 문제와 관계되는 내용인데 이런 불일치를 어떻게 설명하느냐 하는 문제로 『대지도론』의 논의가 이어진다. 『대지도론』을 중심으로 우리가 [직접적으로] 이해할 수 있는 것은, 붓다는 철학교사로서 청중에게 이론을 주입시키기보다는 고통을 치유하는 의사로서 구제될 사람의 관점에 서서 설법을 다양화시켰다는 것이다.

위에서 예로 들고 있는 경전 내용은 단멸견(斷滅見)과 상견(常見)이라는 극명하게 대립되는 견해를 가진 두 부류의 청중을 고려한 의도된 가르침의 표본이다. ①단멸견(uccheda-dṛṣṭi)에 영향을 받은 그의 제자들 중 일부는 윤회와 업설(業說)을 의심했고 선악의 과보를 믿지 않았으며 따라서 윤리적인 가치와 수행결과를 부정하는 태도를 가지고 있었다. 이들을 위해 붓다는 증지부(增支部)의 한 경에서 이렇게 가르쳤다:

---

19) 大正25, p.60a(Traité, pp.31-32).

"한 개인(attabhāva)이 태어나는 곳, 그곳에 그의 업(karma)이 성숙한다. 그 업이 성숙될 때 그는 현재, 미래 또는 그다음 생에서 그 과보를 받게 된다."고 하여 유아적(有我的) 태도를 보였다. 이 텍스트에 따르면 붓다는 업과 윤회의 주체로서 어떤 실체(attabhāva)가 있다고 가르쳤다는 것이 된다.[20]

② 한편 상견(śāśvata-dṛṣṭti)에 빠진 또 다른 제자들은 여러 생을 지나는 동안 한 몸을 버리고 또 다른 몸으로 바꾸면서 그 자신이 지은 업의 결과를 무수한 생을 통해 받게 된다고 생각했다. 이들은 윤리적 규범을 위태롭게 할 염려는 없으나 사견(邪見)과 애착의 근원인 유신견(有身見, satkāya-dṛṣṭi)의 유해한 믿음에 빠진 것이다.

이런 부류의 사람을 위해 설해진 경전들의 대표적인 것을 들면: Paramārthaśūnya-sūtra, Channa-sūtra, 그리고 여기 『대지도론』에서 예로 들고 있는 Phālguna-sūtra 등이다.[21]

이 경에 의하면, Ātman과 Puruṣa의 존재를 믿고 상견(常見)에 빠져있는 Phālguna라는 제자가 이렇게 질문을 한다. "대체 누가 접촉을 하고 누가 느끼고 누가 욕망하고 누가 집착을 하는 것입니까."하고 의문을 제기한다. 이에 대해 붓다는 누군가가 있어서 접촉하고 느끼고 욕망한다는 식의 질문 자체가 잘못되었다고 그를 꾸짖고 "무슨 연(緣)으로 접촉이 있고, 무슨 연(緣)으로 느낌

---

20) AN.Ⅰ, p.134: yatth'assa attabhāva nibbattati (…).
21) 第一義空經: 大正2, p.92c; 大正2, pp.713c-714a ; cf. 「第一義空經과 Vasubandhu」(『인도철학』 제3, 4집) ; Channa sūtra, SN.Ⅲ, p.132 ; Phālguna sūtra: 大正2, p.102a ; SN.Ⅱ, p.12.

이 있느냐(…)고 묻는다면, 나는 너에게 [연기(緣起)의 이치로써] 육입처(六入處)를 연(緣)으로 해서 접촉이 있고, 느낌이 있다고 대답했을 것이다."(SN.Ⅱ p.13-14)라고 한다.

현상적인 세계의 일체 존재와 경험들이 연기설에 의해 설명되는 무아의 입장이 강조된 설법이다. 그러나 유명한 Vatsagotra와의 대화에서는 자아(ātman)의 존재를 믿고 있던 그가 더 이상 그런 믿음을 갖지 않게 되어 다시 이런 의문을 제기한다:

> "참으로 자아가 존재하지 않는 것입니까(자아가 존재하지 않는다는 것이 진실입니까)?"하고 묻자 붓다는 긍적적 또는 부정적으로 대답하기를 거부하고 침묵한다.[22)]

이런 류의 경전을 통해서 볼 때 붓다는 자아의 존재와 비존재를 번갈아 주장함으로써 적어도 표면상으로 모순적인 태도를 취한 것처럼 보인다. 그러나 초기 경전들은 물론 부파불교의 일반적인 교설을 통해 전체적으로 볼 때, 무아의 교설이 명백하게 주축을 이루고 있으며, 유아적(有我的)인 설명은 의도적, 방편적으로 설해졌던 것이다. 부파불교(유부 등)의 관점에서 볼 때 Anātma-vāda(무아론)는 진제에, Ātma-vāda(유아론)는 단멸론의 오류를 교정하는 방편 또는 속제에 해당한다고 할 수 있다.[23)] 붓다는 양의(良醫)가 환자의 병을 치유하는 데 유익한 여러 가지 처방을 활용하듯이 청중의 심적 상태, 성향 또는 필요에 따라 설법을 다양

---

22) SN.Ⅳ, p.400; 大正2, pp.245b-c ; cf. 「『雜阿含經』에 나타난 Vatsagotra의 질문」, 『佛敎思想論叢』(1991).

23) 불요의[不了義]와 요의(neyārtha-nītārtha)의 구분 및 의도적 설법(saṃdhābhāṣya) 문제. 참고: Traité, pp.80-82; Kośa.Ⅸ, pp.246-248.

화, 차별화시켰던 것이다. 이런 설법 방식을 『대지도론』에서 각각 개별적 관점(실단)으로 정식화하고 있다.

Ⅲ. 치료학적 관점(對治悉檀, 대치실단)

치료학적인 관점(prātipakṣika-siddhānta)은 치료약으로서는 존재하지만 진성(眞性, 실성[實性], bhūtasvabhāva)으로서는 존재하지 않는 Dharma(法)들이 있다는 것이다. 예를 들면 특정한 약초와 음식물(oṣadhyāhāra)이 특정한 병에 대해서는 유용하고 효과적인 약이 되지만 다른 병에도 같은 효과가 있는 것이 아니다. 다시 말하면 병의 성질에 따라서 약초와 음식물이 다르게 처방되어야 한다는 것이다. 붓다의 설법은 마치 환자의 질병을 치유하기 위해 능숙한 의사가 조제한 약처럼 가르침을 받는 대상자의 필요에 맞도록 다양하게 조절된다는 것이다.[24] 『대지도론』의 서품(序品)에서는 이렇게 설하고 있다. 즉,

> 일체 중생들이 모두 번뇌 족쇄의 병에 오염되어 있다. 시작도 없는 윤회를 하는 동안 외도와 악사(惡師)들에 의해 항상 잘못 진단된 이 병을 그 누구도 치유하지 못했다. 그래서 오늘 나(붓다)는 대의왕(大醫王, mahāvaidya rāja)으로서 이 세상에 나왔으며, 이제 법약(法藥, dharmabhaiṣajya)을 조제하였으니 그대들은 이것을 복용해야 하리라.[25]

24) 大正25, pp.60a-b(Traité, pp.33-34).
25) 大正25, p.58c(Traité, pp.17-18).

역시 『대지도론』의 다른 곳에서 불, 법, 승(삼보)에 대해 이런 비유를 한다. 즉,

> 붓다는 의왕(vaidyarāja)과 같고 법은 양약(良藥, bhaiṣajya)과 같으며, 승가는 간병인과 같다.

초기불교의 근본교설인 '사성제(四聖諦)'는 고통을 치유하기 위한 의학 도표(圖表)와 같이 구성되었다는 것은 널리 알려져 있다. 사실상 의왕(醫王)으로서 붓다는 이 도표를 고안했고 이에 따라서 중생들의 온갖 병을 다스린 의사요 약사였던 것이다.[26]

『잡아함』에 의하면 아래와 같은 "사법(四法)을 성취하면 대의왕이라고 불려질 수 있다. 첫째 병을 잘 아는 것(善知病, 선지병), 둘째 병의 원인을 잘 아는 것(善知病源, 선지병원), 셋째 병을 잘 다스릴 줄 아는 것(善知病對治, 선지병대치), 넷째 치유된 병이 다시 재발하지 않도록 조치할 줄 아는 것(善知治病已 當來更不動發, 선지치병이 당래갱부동발)이다." 붓다도 대의왕이 되어 사덕(四德)을 성취하고 중생의 병을 치유하신다고 한다. 사덕이란 즉, "이것이 고성제(苦聖諦)라고 여실히 알고, 이것이 고집성제(苦集聖諦)라고 여실히 알고, 이것이 고멸성제(苦滅聖諦)라고 여실히 알고, 이것이 고멸도적성제(苦滅道跡聖諦)라고 여실히 아는 것이다."[27]

『대지도론』은 여기서 다양한 교설들을 구분하고 응병여약(應病

---

26) AN.Ⅲ, p.238, Ⅳ, p.340 ; 大正25, p.224a(Traité, p.1393). 불교의 치료학적인 교설과 病에 관한 자료(P. Demieville)에 대해서는 「Hobogirin」Ⅲ(p.228, pp.230-231) 참고.

27) 『良醫經』, 大正2, pp.105a-b.

與藥)적 치료방법으로 명확하게 차별화하여 설명을 하고 있다. 즉,

> 불법(佛法)에서 마음의 병(ceto-vyādhi)을 다스리는 것 또한 이와 같아서, 부정관(不淨觀, aśubhabhāvanā)은 탐욕의 병(rāgovyādhi)에 있어서는 좋은 대치법(kuśala prātipakṣadharma)이지만 진에(瞋恚)의 병(dveṣavyādhi)에는 적합하지 않으며 대치법(對治法)이 아니다. (…) 자심(慈心)의 사유(maitrīcitta-manasikāra)는 진에(瞋恚)의 병에는 좋은 대치법이지만 탐욕의 병에는 적합하지 않으며 치료약이 아니다. (…) 인연관법(因緣觀法, hetupratyayaparīkṣā)은 어리석음의 병(mohavyādhi)을 다스리는데는 좋은 대치법이지만 탐욕과 진에의 병(rāgadveṣa-vyādhi)에는 적합하지 않으며 치료약이 되지 않는다. (…)

> 또 상견(常見)의 오류(착각)에 집착하는 중생들이 있는데, 그들은 [제법의 순간적인] 상사상속(相似相續, sadṛśasaṃtāna)에 무지하다. 이런 부류의 사람들에게는 무상(無常)의 관찰이 치료학상의 실단이지만 제일의는 아니다.[28]

탐진치의 병은 불교적 윤리관에서 악의 근원(akuśalamūla)이며 근본번뇌로서 삼독이라고 불려지는데 이들 독소를 제거하기 위해서는 각각 다른 해독제가 처방되었다는 것이다. 여기 각각 다르게 제시된 대치법, 즉 부정관, 자심관, 인연관법 내지 무상(無常)의 관찰법 등은 고통에서 벗어나게 해 주는 데 유용하고 실용적이고 실천적인 교설들이다. 사실, 실용주의적 관점에서 보면 서로 모순되는 다양한 진리까지도 공존할 수가 있다. 고통을 치유하는 데 도움이 되고 유익하다면 그것이 진실 존재는 아니지만 실용적인

---

28) 大正25, pp.60a-b(Traité, pp.34-35).

진리, 특히 여기서는 치료학적 관점에서 진리가 될 수 있다는 것이다.

Ⅳ. 절대적 관점(第一義悉壇, 제일의실단)

> 일체 법성(法性), 일체 논의의 범주들, 일체 모든 법과 비법(非法)들은 모두 분리(vibhakta), 파괴(bhinna), 분산(prakīrṇa)될 수 있지만, 붓다, 벽지불, 아라한의 영역(gocara)인 진실법(bhūtadharma)은 파괴도 분산도 될 수 없다.[29)]

『대지도론』은 먼저 진실법을 제외한 모든 체계와 일체 논의들이 모두 파괴, 분산될 수 있다는 것을 지적하고 모든 주장과 논쟁의 근원인 견해(見解, dṛṣṭi)와 희론(戱論, prapañca)의 문제부터 비판하기 시작한다. 그것을 위해, 『대지도론』은 초기경전 Suttanipāta의 『중의경(衆義經, arthavargīya-sūtra)』에서 3편의 게송을 인용하여 논거로 삼는다. 즉:

> 제각기 [자기] 견해(dṛṣṭi)와
> 희론(prapañca)에 의지하여 논쟁(vivāda)을 일으키네,
> 그것이 모두 그릇된 것임을 아는 것
> 이것이 정견(正見)을 아는 것이라네.

---

29) 大正25, p.60c(Traité, p.38).

다른 체계(他法, 타법, paradharma)를 인정치 않는 것이
어리석은 사람들(bāla)의 행태라면
이들 논의를 일삼는 자들(upadeśin)은
참으로 어리석은 사람들이로다.

자기가 옳다는 견해에 의거하여
온갖 희론을 일으키는 것,
그것이 청정한 지혜(淨慧, 정혜)를 구성한다면
청정하지 못한 지혜자는 아무도 없으리라.[30)]

여기 인용된 3편의 게송은 사실상 Pāli Aṭṭhakavagga의 12번째 경인 Cūḷaviyūhasutta의 전반부 6편의 게송(Sn.V. 878-883)에 대강 해당한다.[31)] Pāli경에는 "견(見, diṭṭhi)"을 중심으로 게송이 구성되었지만, 여기서는 희론과 견이 함께 문제의 중심을 차지하고 있다. 즉, "제각기 자기 견해(dṛṣṭi)와 희론(prapañca)에 의거하여 논쟁을 일으킨다." 또는 "자기가 옳다는 견해에 의지하여 온갖 희론을 일으킨다." 식으로 문구가 재구성되어 있다.

『대지도론』은 서술적인 설명에서 "희론이 곧 논쟁의 근원인데, 희론은 견(見, dṛṣṭi)에서 생긴다(戲論卽諍競本 戲論依諸見生, 희론즉쟁경본 희론의제견생)."고 하여 견에서 희론으로 발전하는 관계를 보여주고 있다.[32)] 『중론』에서는 또한 희론의 결과로 분별심(vikalpa)이 있게 되고 이 "분별심에서 업과 번뇌가 생긴다."고 하며 분별심이 희론에 의지하여 아(我)와 아소(我所) 등의 분별과

---

30) 大正25, pp.60c-61a(Traité, pp.39-40).
31) Suttanipāta(P.T.S.), pp.171-172 ; Pāli의 Aṭṭhakavagga에 해당하는 漢譯경전의 다양한 제목에 대해, cf. Traité, p.39, n. 2 참고.
32) 大正25, p.61a(Traité, p.41).

자성이라는 표상을 만들어낸다고 한다.[33] 『대지도론』은 여기서 특히 견과 희론에 문제의 초점을 맞추고 논의를 전개시켜 간다. 견해나 체계를 받아들이기 때문에 온갖 논쟁이 발생하고 끝없는 희론이 펼쳐지게 되며 번뇌망상에서 헤어나지 못하고 고통을 받게 된다고 한다.

여기서 우선 견과 희론의 의미[34]를 좀더 살펴보기로 하자. 견(dṛṣṭi)은 어근 '√dṛś' 즉, 보는 작용에서 형성된 행동명사이며, 어떤 사물에 대한 "견(봄)", 또는 추상적인 용어로 "견해"이다. 불교용어에서 Dṛṣṭi는 일반적으로 경멸적인 의미로 쓰이고 있으며 Samyak-dṛṣṭi(正見)의 반대인 Mythyā-dṛṣṭi(邪見)의 의미를 갖게 되는 경우가 많다. 초기 경전에서는 10난(문) 또는 62견의 형태로 제기되는 형이상학적 논의 또는 사견, 편견 등의 의미로 쓰인다. 사실상, 중관사상에서 견과 희론의 문제는 끊임없이 제기되는 중심주제에 속한다. 중관철학의 기본인 "공성은 모든 견해(sarvadṛṣṭi)에서 벗어나는 것"[35]이라 할 만큼 견해가 중요한 위치를 점하고 있다. 『중론』의 결론송(結論頌)에서 나가르주나는 "모든 견해를 제거하기 위해 연민을 일으켜 정법을 가르치신 고타마(Gautama)에게 나는 경배한다."[36]고 했다.

희론(prapañca)은 초기불교에서 거의 찾아볼 수 없으나 중관학(中觀學)에서는 중요한 전문용어 가운데 하나이다. Prapañca는 p

---

33) 『中論』, Ch.18의 게송5 ; De Jong의 Cinq Chapitres de la Prasannapadā (Paris, 1949), pp.10-14.

34) 註6)의 사전류들 참고 ; J. May의 Candrakīrti Prasannapadā Madhyamakavṛti (Paris, 1959)의 note에서 "dṛṣṭi"와 "prapañca" 항목 참고.

35) 『中論』, Ch.13의 게송 8.

36) 『中論』, Ch.27의 게송 30.

añca(다섯)에 접두사 pra(앞에, 완전히)가 결합하여 형성된 단어인데, J. May에 의하면 '다섯 손가락을 펴서 앞으로 내민 벌려진 손'을 상상할 수 있다고 한다. 동사로서 Prapañcayati는 '다섯 손가락으로 세다.' 또는 '완전히 설명하다.'는 뜻이며, 명사로서 Prapañca는 '확장', '증식'의 뜻이다. 사유 언어에 의한 다양한 허구와 복잡한 확대 발전을 의미한다고 한다. 한역(漢譯)의 희론(戲論)은 '희극적인 궤변', '헛된 객설' 등등을 뜻한다.

중관철학은 핵심교설인 '연기(緣起)'와 '공성(空性)'의 역할이 바로 이 '희론의 적멸'이라고 할 만큼 희론 문제를 중심과제로 삼고 있다.[37)]

『대지도론』에서는 견해와 체계를 받아들이기 때문에 끝없는 희론과 논쟁이 펼쳐진다고 하고 그것을 여실히 알게 된 요가행자는 "어떠한 희론도 받아들이지 않고, 어떤 논쟁에도 실제로 참가하지 않으므로 능히 불법의 감로미(甘露味, amṛtarasa)를 알게 된다. 다르게 행동하는 것은 곧 법을 훼손하는 것이다."라고 한다. 일체 견해, 일체 희론이 모두 적멸하고, 심적정(心寂靜)이 이루어질 때 궁극의 진성(眞性)이 체득된다는 것이다.[38)]

『대지도론』은 이어서 당시 주목받고 있던 몇몇 체계들의 예를 기술한다. 크게 불교 외적인 체계와 내적인 체계로 구분되고 있다. 세간에서 행해지고 있는 치법(治法, daṇḍa-dharma)과 출가자(pravrajita), 외도(tīrthika)들의 다양한 행법(行法)이 있는데, 제각기 자기들의 체계를 옹호하는 반면, 다른 체계(paradharma)를 비난하고 부정하는 모순된 태도가 지적되고 있다. 이들 불교 외적인

37) 『中論』의 歸敬偈 ; Ch.18의 게송 5.
38) 大正25, p.61a(Traité, p.42).

체계들은 간단히 약술되고 있는데, 여기 거명된 학파들로는 고행(苦行)을 중요시하는 니건자(尼犍子, Nirgranthaputra) 무리, 자이나의 백의파(白衣派, Śvetāmbara), 그리고 출가자(出家者, Pravrajita) 및 브라만(Brāhmaṇa) 등등이라고만 언급되고 있다.[39] 불교내의 학파들로는, 특히 ①독자부(犢子部, Vātsīputrīya), ②설일체유부(說一切有部, Sarvāstivādin), ③방광부(方廣部, Vaipulya)들이며, 그들의 핵심교리까지 요약해서 밝히고 있다.[40]

①먼저 독자부는 부파불교사에서 Pudgala설을 주장하여 잘 알려진 학파이다. 이 학파가 주장한 Pudgala가 여기서는 실체적 뉘앙스를 가진 인격적인 실재로 기술되고 있다. 즉, "사대(四大) 요소들의 화합(caturmahābhūta-saṃyoga)에 의해 안법(眼法, cakṣus)이 있게 되는 것처럼 5온의 화합(pañcaskandha-saṃyoga)에 의해 인법(人法, pudgala)이 있게 된다." 안법과 대비되는 인법이 5온의 화합으로 발생하는 것으로 주장되고 있다. 『대지도론』은 『독자아비담(犢子阿毘曇, Vātsīputrīyābhidharma)』이라는 논서를 인용하여 다시 Pudgala의 실체를 밝히고 있다. 즉, "5온은 Pudgala(人)와 별개로 (떠나서) 있지도 않고, 또 Pudgala는 5온과 별개로 있지도 않다. 5온이 곧 Pudgala라고도 말할 수 없고, 5온과 Pudgala가 별개로 있다고도 말할 수 없다. Pudgala는 (법)장(藏, piṭaka)에 포함된 제5번째 범주로서 불가설법(不可說法, avaktavya)이다.[41] 독자부의 인설(人說)이 인격적인 어떤 실체를 인정하고 있

39) 大正25, p.61a(Traité, pp.42-43).
40) 大正25, pp.61a-b(Traité, pp.43-45) ; 부파불교의 역사와 교설에 대해: A. Bareau의 "Les Sectes Bouddhiques du Petit Vehicule" (Paris, 1955).
41) 大正25, p.61a; A. Bareau의 Les Sectes, pp.114-120.

는 것이냐, 아니냐 하는 문제는 학파들 사이에 오랜 쟁점으로 남아 있었다. 바수반두의 유명한 Kośa IX장에서는 사실상 이 Pudgala 문제가 중심주제이다. 『대지도론』은 여기서 독자부의 인설을 인격적인 어떤 실재가 안법(眼法)처럼 분명히 존재한다고 주장한 것으로 보고 있다.

②설일체유부는 부파불교 내에서 요소들의 실재를 주장한 대표적인 학파로 알려져 있다. 그들은 존재의 기본 요소로서 Dharma의 자성(自性, svabhāva) 또는 자상(自相, svalakṣaṇa)을 인정하였다. 따라서 5온, 12처, 18계 등 제법은 실제로 존재하는 실유(dravya-sat)이다. 그러나 요소들의 복합체로서 사람(人)은 부분들의 화합으로 구성된 수레나 물병의 경우처럼, 실체적인 존재가 아닌 가명유(假名有) 또는 가유(假有, prajñapti-sat)일 뿐이라고 보았다.

『대지도론』에서 '유부(有部) 도인(道人)'들의 주장은 이 점에서 상당히 분명하다. 그들은 이렇게 말한다. 즉,

> 어떤 종류에도 어떤 시간에도 어떤 법문(法門, dharma paryāya) 안에도 Pudgala(神人, 신인)는 발견되지 않는다. 비유하면, 그것은 마치 토끼 뿔이나 거북의 털처럼 [이름만 있을 뿐] 실재하지 않는다(常無, 상무). 또한 18계(dhātu), 12처(āyatana), 5온(skandha)은 실제로 존재(實有, 실유)하지만, 이들 가운데 (어디에도) Pudgala는 존재하지 않는다.[42)]

유부는 이와 같이 Pudgala의 존재를 부정하고 있지만, 요소로서 제법의 실재를 분명히 인정함으로써 실재론을 제창한 대표적

---

42) 大正25, p.61a; A. Bareau의 Les Sectes, pp.131-152.

인 학파로 간주된다.

③유부 등의 실재론적인 학파들과는 반대로, 부파불교의 일부 학파들, 특히 설가부(說假部, prajñaptivādin)는 5온, 12처 등 제법까지도 실재가 아닌 가유라고 주장했던 것으로 알려지고 있다.[43] 여기 『대지도론』에 나타나는 방광부(方廣部, Vaipulya)는 아직 그 학파의 근본이 분명치 않으나, 대승불교적인 어떤 학파일 것으로 보인다. 이 학파는 독자부나 유부와는 정반대로, "일체 법은 불생불멸이고 공(śūnya)이고 실재하지 않는다(無所有, 무소유, akiṃcana). 그것은 토끼 뿔이나 거북의 털처럼 [이름뿐이고] 실재하지 않는다(常無, 상무)."고 했다. 유부가 실재론을 주장한 대표적인 학파라면 방광부는 니힐리즘적인 무를 주장한 학파로 지목되어 여기서 대비되고 있다고 할 수 있다.[44]

세간법 및 출가자, 외도들의 체계(법)는 물론, 일부 불교학파들의 체계가 편향적이고 단편적인 관점에서 자기들의 주장만 고집하고 다른 체계를 용납하지 않으며 서로 비판하고 논쟁을 하고 있음을 『대지도론』은 폭로한다. 특히 불교 내에서는 Pudgala의 실재를 주장하는 독자부와, 요소로서 제법의 실유를 주장하는 대표적인 학파로 유부가 비판받고 있다. 한편 방광부의 경우, 대승불교의 공성(空性)을 잘못 이해하는 허무주의, 단멸론으로 편향된 일부 대승불교 학파 자체를 문제 삼고 있는 것이라고 할 수 있다. 『대지도론』은 이렇게 마무리를 한다: "이 모든 논사들(upadeśācā

---

43) A. Bareau의 Les Sectes, pp.84-86; cf. 「부파불교에 있어서 존재문제: 實有와 假有」(『인도철학』 제8집).

44) 大正25, pp.61a-b; A. Bareau의 Les Sectes, pp.254-256; 平川彰의 『インド佛教史』. 上, p.170, pp.322-323.

rya)은 모두 자기들의 체계(법)를 고집하고 다른 체계를 거부한다. 즉, '이것은 진실(진리)이고 저것(여타의 것)은 거짓이다(idam eva saccaṃ moghaṃ aññaṃ).'라고 하며, 모두가 서로 상대방의 체계를 거짓이라고 비판하고 부정한다."는 것이다.

『대지도론』은 이제 드디어 핵심문제로 질문을 좁혀서 제기하고, 집약된 대답을 내어놓는다. 즉,

> 모든 견해들(諸見, 제견, dṛṣṭi)이 모두 허위(過失, 과실)라면 제일의실단(pāramārthika-siddhānta)이란 무엇인가?
> [그것은] 일체 언어를 초월한 길이요(sarvadeśanātikrāntamārga), 마음 작용의 소멸이며(cittapravṛttisthitinirodha), 소의(所依)가 일체 없고(anāśraya), 제법의 표시가 없다(dharmāṇām anidarśanam); [그것은] 제법의 실상(dharmāṇām satyalakṣaṇam)이요, 처음도 중간도 끝도 없고(anādimadhyānta), 파괴도 변질도 없다(akṣayatva, avipariṇāmatva). 이것이 제일의 실단이다.
> 『마하연의게(摩訶衍義偈, Mahāyānārthagāthā?)』에 [이렇게] 설해져 있다:
>
> (i) 언어(語言)가 모두 끝나고
> 마음의 작용(心行) 또한 멈추었네,
> 태어남도 없고 소멸도 없으니
> 법(성)은 열반과 같도다.
> (ii) 모든 행처(行處)에 대해 설하는 것
> 그런 것들이 세간의 체계들(世間法)이요,
> 불행처(不行處)에 대해 설하는 것
> 그런 것이 제일의(第一義)이다.
> (iii) 일체는 진실이다, 일체는 진실이 아니다,
> 일체는 진실이며 동시에 비진실(非眞實)이다,
> 일체는 진실도 아니고 비진실도 아니다.

이것이 제법의 실상이다.[45]

전반부의 서술적인 내용은 절대를 지칭하는 나열식 문구들에서 쉽게 찾을 수 있는 어휘들이지만, 제일의(第一義)의 관점을 집약한 핵심적인 표현들이다.[46]

『대지도론』은 모든 견해와 희론이 소멸하고 언설과 마음의 작용이 멈추고 사라진 경계, 실상, 절대, 법성을 제법실상(sarvadhar māṇāṃ bhūtalakṣaṇam)이라고 지칭한다. 이 제법실상은 정의(定義)로서 정의할 수가 없으니 그것은 바로 언어의 기능과 생각(思惟, 사유)의 모든 범주를 초월하기 때문이다. 그럼에도 『대지도론』은 제법실상에 대해 여러 번 간접적인 언어 방식을 통해 그것을 표현하고 있다. 『대지도론』 권23에 기술된 한 예를 다시 보기로 하겠다. 즉,

> 제법실상은 불생불멸(不生不滅, anutpanna, aniruddha)이고, 불구부정(不垢不淨, asaṃkliṣṭa, avyavadāta)이고, 비유비무(naivasannāsat)이고, 취함도 버림도 없고(anupātta, parityakta), 항상 고요하고(śānta), 완전히

---

45) 大正25, p.61b(Traité, pp.45-46): "問曰 若諸見皆有過失 第一義悉檀 何者是 答曰 過一切語言道 心行處滅 遍無所衣 不示諸法 諸法實相 無初無中無後 不盡不壞 是名第一義悉檀 如摩訶衍義偈中說
(i) 語言盡竟 心行亦訖 不生不滅 法如涅槃(nivṛttam abhidhātavyaṃ nivṛtte cittagocare / anutpannāniruddhā hi nirvāṇamiva dharmatā // MK.XVIII의 7)
(ii) 說諸行處 名世界法 說不行處 名第一義
(iii) 一切實一切非實 及一切實亦非實 一切非實非不實 是名諸法之實相(sarvaṃ tathyaṃ na vātathyaṃ tathyaṃ cātathyameva ca / naivātath yaṃ naiva tathyametadbuddhānuśāsanam // MK.XVIII의 8)."

46) cf. A. Bareau의 "L'Absolu en Philosophie Bouddhique"(학위논문, Paris, 1951); Traité, p.39, n.1.

> 깨끗하고, 허공과 같고(ākāśasama), 정의할 수 없고(anirdeśya), 설명할 수 없고(不可說, 불가설, anabhilāpya), 일체 언어도의 파괴이고(sarvavādamārgoccheda), 일체 마음과 마음작용의 경계를 넘어섰으며(sarvacitta-caitasika-dharma-gocarasamatikrānta), 그것은 열반과 같다: 이것이 불법(제법의 실상)이다.[47]

"이 제법실상을 중심 축(軸)으로 『대지도론』의 철학 전체가 회전하고 있다."고 라모뜨 교수는 지적한다.[48] 그러나 어쩌면 진리의 기준처럼 되풀이되는 이 제법실상이 또다시 실상을 가리는 것은 아닐까? 생각이 지멸된 경계, 언어가 사라진 경계가 바로 제일의, 절대가 아니던가? 그렇지만 언어의 길이 끊어지고 소의(所依)가 일체 없으며 정의가 불가능하다고 단숨에 침묵으로 일관할 수는 없을 것이다. 침묵을 하기 위해서도 부당하고 허망한 방법이지만 표현을 하고 설명할 것은 모두 하고 나서 그다음에 그것을 폐지하고 지워야 할 것이다.

『대지도론』의 후반부 3편의 게송은 『마가연의게』에서 인용하고 있다. 이 『마가연의게(Mahāyānārthagāthā?)』가 바로 『중론송(中論頌)』을 지칭하는 것인지는 의문스럽지만, 여기 인용된 2편의 게송 (ⅰ)과 (ⅲ)은 『중론』의 18장 게송 7, 8과 일치하고, 중간의 게송(ⅱ)은 확인할 수 없다.

위의 두 게송 (ⅰ)과 (ⅲ)은 『중론송』에서 궁극적 의미, 제일의(第一義)로 돌입하는 핵심내용을 담은 게송이다. 마음의 경계(citt

47) 大正25, p.235a(Traité, p.1501) ; 『摩訶般若波羅密經』(pañcaviṃśati)에서 이미 '諸法實相'에 대해 여러 차례 언급하고 있다: T.223 羅什譯의 K.2, p.231b, K.3, p.234c, K.4, p.244a 등등.

48) Lamotte의 Traité(Ⅲ), p.XLⅢ: "Le vrai caractère des choses est l'axe antour duquel pivote toute la philosophie du Traité"

agocara)는 바로 희론과 분별의 경계이고 언어의 경계이다. 이 희론분별에 의해 업과 번뇌, 생사윤회의 전 과정이 전개된다. 반대로 마음(생각)의 경계, 언어의 경계가 지멸(止滅)하고, 생도 멸도 없는 경지, 그것이 법성(法性)이고 열반이다. 행위와 번뇌를 조장하는 모든 행처(行處, abhisaṃskārasthāna)가 아닌, 무위(無爲, asaṃskṛta), 불행처(不行處)에 대해 설하는 것, 그것이 제일의라고 게송은 요약한다.

마지막 게송 (iii)(즉, 『중론송』 18장의 8)은 가장 단순한 표현 형식으로 제법의 실상을 상기시키면서 끝을 맺는다. 이 게송 (iii)은 형용사 'tathya(참된, 진실의, 그러한)'을 축으로 해서 구성된 catuṣ-koti(四句, 사구)의 형식으로, 언어기능의 모든 가능성과 어떤 가정이나, 부정의 부정을 포함하는 어떤 이론의 가능성도 남김없이 구명(究明)한 것으로 간주된다. J. May 교수는 이 게송을 진제가 속제를 지우는 작용을 묘사한 것이라고 한다.[49] 게송의 마지막 부분 '비실(非實) 비부실(非不實)'에서 우리는 비유(非有) 비무(非無), 공(空) 내지 공 자체도 공한, 제일의(第一義), 궁극에 도달하게 되며, 드디어 여기서 제일의, 진제도 지워져 버린다. 언어의 작용은 더 이상 가능하지도 않고 아무런 의미도 없게 된다. 이것은 침묵 직전 언어의 마지막 순간이다. 『중론』에서는 "이것이 붓다의 가르침(buddhānuśāsanam)"이라 하고, 『대지도론』은 "이것이 제법의 실상(sarvadharmāṇām bhūtalakṣaṇam)이다."라고 한다.[50]

---

49) 앞에 인용한 J. May의 Candrakīrti (Paris, 1959), pp.15-16 ; 『中觀學硏究』 (J. May, 경서원), p.323.

50) Candrakīrti는 實相 또는 眞諦에 대한 긴 주석을 하면서 『中論』의 1

Abstract

Les Quatre Siddhānta dans le Mahāprajñāpāramitā-śāstra(I)

Seo, Sung-Won

Le présent travail consiste à étudier la théorie des quatre Siddhānta qui se trouve dans le Mahāprajñāpāramitā-śāstra (en abrégé Mppś), Commentaire important sur le Mahāprajñāpāramitā-sūtra. Dans le chapitre premier de son oeuvre, l'auteur de Mppś présente longuement ces quatre Siddhānta (ou quatre points de vue) qui sont ① le point de vue mondain (laukika siddhānta), ② le point de vue individuel (prātipauruṣika siddhānta), ③ le point de vue thérapeutique (prātipākṣika siddhānta), ④ le point de vue absolu (pāramārthika siddhānta).

Les quatre Siddhānta de Mppś apparaissent comme un développement de la théorie des deux vérités: Vérité relative(saṃvṛti satya) et vérité absolue ou vérité du sens-ultime (paramārtha satya). On sait bien que la théoire des deux vérités existe

8장 게송9를 인용한다, 즉: "他에 의하여 조건되지 않고, 寂滅이며, 戱論에 의해 희론되지 않고, 分別心이 없으며, 다양하지 않은 것, 이것이 實相이다."(cf. De Jong(Paris, 1949), p.29; J. May: Candrakīrti (Paris, 1959), p.228). Laṅkāvatāra-sūtra(pp.142-143)에 의하면, 如來는 眞諦에서 "沈默"을 지킨다.

déjà dans les écoles anciennes et qu'elle est reprise dans l'ensemble du Mahāyāna, qui en donne une interprétation plus importante et plus radicale.

Dans ce travail nous avons étudié les quatre siddhānta tels qu'ils sont dans notre texte Mppś, en interrogeant quelle est la portée exacte de ces quatre siddhānta, et s'il y aurait outre le principe des deux vérités, une nouvelle proposition (ou moyens) d'approfondir (ou interpréter) les vérités bouddhiques. Nous avons ici examiné les trois premiers siddhānta qui correspondent en gros à la vérité relative, mais nous avons à peine abordé sur le problème concernant le pāramārthika siddhānta et le "vrai caractère des dharma"(nos recherches seront continuées sur ce problème).

수필

프랑스 유학기 – 촌닭 파리에 가다*

2년간의 수도원 생활을 끝내고 우리가** Paris로 다시 나온 것은 재작년(1974) 가을이었다. 이곳에서는 9월에 신학기가 시작되기 때문이었다. Paris로 나와서 대학원에 진학하기 위해, 가장 문제가 된 것은 두말할 것도 없이 학비였다. 불란서에서는 모든 대학이 국립이므로 등록금은 믿을 수 없을 정도로 적은 액수지만(1년에 우리나라 돈으로 약 1만 원 정도) 생활비가 엄청나게 비싸기 때문에 학비라고 하면 곧 생활비를 말하게 된다. 이곳에서는 외국 학생에겐 일자리를 못 주도록 법으로 정해 놓았기 때문에 아르바이트 같은 것을 하려고 해도 불가능한 상태다. 설사 아르바이트 자리가 허용된다고 하더라도 우리와 같은 산골 중들에게 적당한 일이 무엇이겠는가?

여름방학 동안에 일손이 모자라는 농촌 같은 데 가서 석 달쯤 열심히 일을 한다고 해도(예를 들면 포도 따는 일 등) 왕복 차비, 숙식비를 제외하고 나면 겨우 두 달 생활비도 벌기 힘들다고 한다. 위에서도 말했지만, 이곳의 임금은 다른 나라에 비해 약한 편

* 『釋林』, 1976.
** 법경(法鏡) 스님과 호진(浩眞) 스님 (편집자 주).

인데 생활비는 세계에서도 선두를 달리고 있으니, 고학(苦學)하기란 거의 불가능한 일이다.

일단 등록이 되자, 이옥 교수님의 강의에(박사과정의 한국고대사) 1주일에 두 시간을 참석하는 한편, 다른 대학의 불교학 인도학 강좌를 두루 찾아보기로 했다. Paris 제3 대학 인도학과가 있지만, 여기서는 주로 인도문학과 역사가 중심인 것 같고, 불교관계 강좌는 없었다. 그런데 College de France라는 학교에 불교강좌가 있음을 알게 되었다. 여기는 좀 특수한 학교로서 모든 분야에 걸친 사계(斯界)의 저명한 교수들이 공개강좌를 하는 곳이다. 등록금도 없을 뿐 아니라 등록조차도 하지 않는 곳이다. 자기가 필요로 하는 전공분야의 강의에 언제나 자유로이 청강을 할 수 있었다. 불란서의 현역 불교학자로서 가장 유명한 Bareau 교수가 이 학교에서 두 강좌를 맡고 있었다. 불교강좌에 나오는 학생들은 20명 정도인데 태반이 나이 많은 분들이었다. 불란서의 인도학계의 거장인 J. Filliozat 교수도 이곳에서 가르치고 있다. Fillozat 교수는 전에는 불교연구도 많이 했었는데 지금은 힌두교에 관해서만 주로 연구하고 있는 것 같았다. Bareau 교수는 순수한 불교학자로서 불교학 및 불교사 등에 대해 많은 업적을 올리고 있는 분이다. 우리들은 A. Bareau, J. Fillozat 두 교수님의 강의와 인도고전을 가르치는 Malamond 교수님 강의에 참석하기로 했다. 그리고 제3 대학 인도학과의 범어 초급반에도 등록을 했다. 사실 강의 참석이라고 해야 뻔한 것이다. 강의를 거의 따라갈 수가 없었다. 특히 불교 강의는 범어를 많이 섞어서 하고 있으니 더욱 힘들었다. 우리나라 말로 강의를 해도 불교강의는 어려운 것이 아닌가. 가령 김동화 박사님의 유식론 같은 분야는 유창한 한국어 실력을 갖추고서도 알아듣기가 힘들다는 것은 우리들의 경험으로 모두 잘 알고 있는 사실이 아닌가. 하물며 숙달되지도 못한 불어 실력으로 그 어려운 불교 강의를 듣자니 고역이야 말이 아니었다. 그럼에도 불구하고, 모든 강의에 충실히 참석하고 노력도 거듭해 갔다. 이곳에서는 어떤 연구를 하기 위해서는 그 분야에 관계된 언어부터 선결해야 한다는 것이 상식으로 되어있다. 인도 관계 연구를 하려는 학생들에게는 학부과정에서 원서를 읽을 수 있도록 산스끄리뜨어나 Pāli어 공부를 철저히 시킨다. Paris 제3 대학의 산스끄리뜨 기초반에는 약 50여 명의 학생들이 참석하고 있었다. 인도의 문학, 역사, 철학 등을 공부하려는 학생들이다. 알다시피, 산스끄리뜨와 Pāli어는 인구어 계통의 언어이기 때문에 유럽 사람들은 1년만 열심히 공부하면 사전을 가지고 원서를 읽기 시작한다. 하긴 우리와 사정이 다르긴 하지만 - 하여튼 대학원에 올라오기 전에 자기 전공에 관련되는 원전언어 문제를 먼저 해결시키도록 하고 있다는 교육방침은 대단해 현명한 일이라 아니할 수 없을 것이다. 잘 갈고 닦은 농기구를 갖춘 농부가 되어야 올바른 추수를 할 수 있을 것이 아닌가. 어떤 과목의 강의에 들어가서, 그 교수와 우리들 사이에 이런 대화가 있었다.

"산스끄리뜨를 아는가?"
"모릅니다."
"Pāli어는?"
"그것도 모릅니다."
"그럼 영어는?"
"조금 알았는데 거의 잊어버렸습니다."

"그럼 무엇을 아는가?"

"한문은 좀 알고(이것도 엉터리지만), 한국어는 제법 유창하게 합니다."

여하튼 이쪽 기준으로 우리를 볼 때는, 기초공부가 거의 백지상태인 것이다. 우리 자신들이 생각해봐도 한심했다. 첫해 동안 우리들의 공부는, 학교 강의는 이해를 잘 못 해도 듣는 연습 겸해서 충실히 참석하면서, 강의시간 외에는 도서관에서 이런 정리부터 시작했다. 그리고 나머지 시간은 전공 서적을 읽는 데 주력하였다. 사실, 이곳 불란서의 대학교육은 강의실 중심이 아니고 도서관 중심인 것 같다. 강의실에서는 교수들이 그 분야에 대해 계통적으로 가르치지 않고, 교수가 원하는 어느 부분을 번역해서 그것을 교수 자신이 연구하는 동시에, 학생들에게 연구결과를 발표하는 식으로 하면서, 연구하는 방법을 가르치고 있는 것 같다. 학생들은 강의시간에 교수님으로부터 관계되는 책과 논문을 소개받고 연구방법을 배우고, 실제 공부는 도서관에서 자신들이 스스로 하고 있다. 그래서 도서관은 항상 만원이고 소르본느 같은 곳은 저녁 9시까지도 도서관 문을 열고 있다.

우리 두 사람은 서울 있을 때, 대학원에서 한국불교사를 소재로 잡아서, 거기에 관한 논문을 썼다. 이곳에 올 때도 서구식의 연구방법을 습득하여, 한국불교사를 계속 연구할 생각으로 관계 서적들과 자료를 준비해 오기까지 했었다. 그러나 여기에 와서 생각을 바꾸었던 것이다. 즉 많은 시간과 노력을 들여서 그 어려운 불어를 익혔으니, 불어를 사용해서 할 수 있는 공부를 하는 것이 우리 불교학계를 위해서도 유익할 것이고, 우리가 여기까지 와서 공부한 보람도 있을 것이 아니겠는가. 특히 불란서는 불교학을 포함해서 인도학 연구에서 세계에서 가장 역사와 전통이 깊은 곳이니까, 한국불교학계에서 아직 관심을 갖지 않은 부분, 그러면서도 가장 긴요한 분야를 공부해 가자는 것이 우리들의 생각이었다. 그래서 한 사람은 인도불교사를, 그리고 한 사람은 초기불교의 교리 방면을 공부하기로 했던 것이다. 그런데 어느덧 가진 돈은 거의 다 떨어져 가고, 미우나 고우나 하소연할 곳은 종단뿐이고 보니 또다시 비싼 우표를 써가면서 죽는 소리를 여러 부서에 올렸다. 그러나 우리들의 편지를 받았다는 답조차도 보내주지 않았다. 3대 사업의 하나로 내걸고 항상 도제 양성이니, 해외에 유학생을 파견해야 하느니 하면서도 이곳까지 와서 이렇게 자리를 잡고 공부해 보려고 안간힘을 다하는 사람들에게 조그마한 관심조차도 표시 안 하는 종단 책임자들의 처사엔 심한 분노와 환멸을 느끼지 않을 수가 없었다. 기회 있을 때마다 내거는 도제 양성의 구호는 실제는 완전히 헛구호임을 실감하게 되었다. 앞길이 막막해서 이제 막 시작한 길을 돌려 그만 귀국하느냐, 어떻게 하느냐 하고 있는데 뜻밖에 장학금을 받아가라는 통지가 왔다. 그것은 우리들의 불란서 유학을 주선하고 거의 모든 필요한 뒷바라지를 해 주었던 여동찬* 신부님의 노력의 결실이었던 것이다. 사실은 몇 달 전에 장학금을 주선해 볼 테니 서류를 구비해 보내라고 해서 회답을 했던 일은 있었지만, 장학금을 받는다는 것이 얼마나 어려운 일이라는 것을 대강 알고 있는 우리들이, 그리고 그것을 받을 수 있는 여건을 아무것도 갖추지 않은 우리들이, 어떻게 장학금을 받기를 기대하고

---

* 본명은 Roger Leverrier. 프랑스인 신부였나 환속하여 1969년부터 외대 불어학과 교수로 재직하였고, 동국대 대학원 불교학과에 진학하여 두 분 스님과 함께 공부하였다. (편집자 주)

있었겠는가? 더군다나 그동안 여 신부님께는 너무나 많은 신세를 졌기 때문에, 더 이상 그분의 힘에 의탁한다는 것은 솔직한 심정으로 그때에는 고역에 가까웠다고나 해야 할까, 만약에 우리가 이곳의 가톨릭대학 같은 곳에서 신학이나 비교종교학 분야를 공부한다고 하면, 한국불교와 가톨릭의 교류라는 정도의 명분이라도 서겠지만, 불교 공부를 주로 하기로 했으니, 명분도 서지 않을 뿐만 아니라 면목도 없었다. 그러나 사정이 급하고 보니, 염치고 무엇이고 차릴 형편이 아니었다.

그 후에 들어서 안 사실인데, 이 장학금은 신부님이 주한 불란서 대사님에게 한불문화교류 명분으로 우리 두 사람에게 불란서 정부 장학금을 주선해 보도록 부탁을 했고, 대사님이 관계 기관에 추천했는데, 다행하게 일이 성취된 것이라 한다. 이렇게 해서 우리들은 명년(1977년) 12월까지 불란서 정부 장학생이 된 것이다.

이제 남은 일은 공부에 전념하는 것뿐이다. 한 해가 흘러가고 작년 신학기가 시작되었을 때 우리들은 제7 대학의 박사과정에 등록을 했다. 제7 대학에는 우리들이 연구하고자 하는 인도학 계통의 교수가 없었지만, 아직까지 우리들을 지도해 줄 적당한 교수도 찾지 못했을 뿐만 아니라 장학금도 제7 대학 명의로 받고 있었기 때문에 다른 곳으로 옮기기에는 귀찮은 일들이 많았고, 또한 옮길 곳도 없었다. 그러던 차에 마침 소르본느 대학에서 비교철학 강좌를 맡고 있는 분이 불교 강의를 하고 있다는 소식을 듣고, 그 교수님에게 우리 자신들의 소개 편지를 보내고 면담을 신청했다. 그는 쾌히 만나자는 연락을 보내 주셨다.

이분은 G. Bougault라는 분인데, 불란서의 인도학계의 거장인 O. Lacombe 교수님이 재작년에 은퇴하자, 그분의 강의를 대신

맡은 분이었다. 그래서 새학기부터는 College de France의 Bareau 교수님의 강좌에 나가는 한편, 소르본느에서 Bugault 교수님의 세미나르(Séminaire)에 충실히 참여했다.

이 세미나르에는 우리 두 사람을 포함해서 10여 명의 학생들이 나온다. 교재로는 루벵(Louvin) 대학의 라모뜨(Lamotte) 교수가 티베트본을 저본으로 하고 지겸(支謙), 나습(羅什), 현장(玄奘) 등의 한역본(漢譯本)을 대조해 가면서 불역(佛譯)한 『유마힐경』을 사용하고 있다.

이 Text를 가지고 세미나르에서는 다시 세밀하게 비교분석을 한다. 글자 한 자, 한 자를 세다시피 하면서 꼬치꼬치 파고들고, 거기에 관계되는 원시경전 및 관련 자료들을 가능한 대로 총동원 한다.

교수가 학생들에게, 한 부분씩 연구해 오도록 지정해 주면 학생들은 제가 맡은 부분을 약 한 달간 준비를 해가지고 세미나르에서 한 시간쯤 발표를 하게 된다. 그런 다음 교수가 그 발표 내용에 대해 분석 및 비평을 가하고 보충설명을 한다. 그리고 교수나 학생들이 공동으로 질문 및 토론을 벌인다. 이런 강좌에서는 교수 역시 학생들과 함께 연구하는 자세가 된다. 교수들의 학문에 대한 겸허한 자세를 여기에서 구체적으로 이야기할 수 없는 것이 유감이다. 우리들은 이번 학년도에 이 세미나르에서 세 번씩 발표를 했다.

Bugault 교수님은 명년도 신학기에 제4 대학으로 전학 오면 받아주겠다고 했으나, 전학보다는 박사과정 1학년에 등록하겠다고 했더니 그렇게 하라고 했다.

학교 강의시간 외에는 주로 College de France 도서관에 가서 지금까지의 불란서 및 이웃 나라 학자들이 해놓은 불교연구의 실적을 탐색하고, 중요 저서 및 논문들은 어떠한 것들이 있는가, 하는 것들을 추적하는 데 몰두했다.

그동안 관계되는 중요한 저술들의 목록을 만들고 힘자라는 한 읽고 노트도 대강했다. 앞으로는 체계를 세워 좀더 깊이 있게 연구할 계획이다. 우리들의 참 공부는 이제부터 시작될 것이다.

이제 독서에는 별로 큰 지장은 없는 셈이나, 회화 문제는 외부 사람들과 접촉하는 기회가 드물고 항상 책과 씨름을 하고 있기 때문에 거의 진전이 없어 아직도 불편을 당하고 있다.

이 Paris 생활 2년 동안에 우리는 여행도, 구경도 모두 외면하고 학교와 도서관만을 왕래하면서 책과 씨름을 해온 셈이다. 그러나 둔재들인 데다가 만학이고 게다가 기초도 튼튼치 못하고 보니 노력에 비해, 그 실적은 별로 없다. 그러나 우리에겐 할 일이 너무 많다 보니, 그것만이 좌절되려는 자신들을 지탱해 주고 있다.

이상으로 좀 두서없이 장황한 이야기였지만, 우리들의 유학생활 전말을 과장 없이 경험한 그대로 대강 적어보았다.

이 글을 끝내면서 종단에 바라고 싶은 것은, 도제 양성에 진정으로 관심이 있다고 한다면, 그리고 앞을 좀 더 멀리 내다보는 안목이 있다면, 세속의 시절을 흉내 내는 것 같은 그런 구호만을 내세울 것이 아니라, 정말 머리를 싸매고 공부하려는 후학들에게 조금이라도 관심을 가져주기 바란다는 것이다.

마음과 마음이 서로 연결 지울 수 있는 진실한 도제 양성의 길을 말이다.

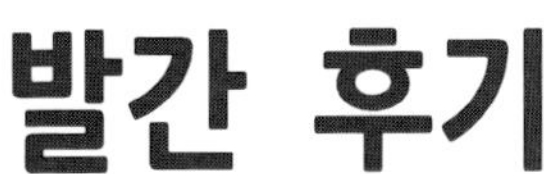

발간 후기

이 책에는 동국대학교 인도철학과 교수를 역임하신 법경(法鏡) 스님의 주옥같은 논문 여덟 편과 수필 한 편이 실려 있다.

스님께서는 1972년 봄에 도반이신 호진(浩眞) 스님과 함께 프랑스로 출국하여 가톨릭 '삐에르끼비((Pierre-qui-Vire)' 수도원에 머무시다가, 1974년부터 대학원에 진학하여 공부를 시작하셨고 1987년 파리 제Ⅳ대학(소르본느)에서 마라(Māra)에 대한 연구로 박사학위를 취득하셨다. 논문 제목은 "Étude sur Māra dans le contexte des quatre Āgama[사아함(四阿含)의 맥락에서 본 마라 연구]"였다. 그 후 곧 귀국하여 1988년부터 후학을 지도하셨다.

이 책에 실린 「『마녀경(魔女經)』과 Sattavassāni-Dhītaro에 대하여」와 「Padhānasutta와 『증일아함』의 항마전설」의 두 편의 논문 역시 박사학위논문과 마찬가지로 마라 신화의 성립 과정에 대한 텍스트 분석적 연구이지만, 그 범위가 한역 아함경을 넘어서 빠알리(Pāli) 니까야(Nikaya)까지 확장되어 있다. 독자들은 이 두 논문을 통해 철저한 텍스트 비평의 토대 위에서 객관적이고 합리적으로 연구하는 유럽의 불교학 방법론을 습득할 수 있으며, 부처님의 수행과 전법을 방해한 '악의 존재'인 마라의 성격을 파악함으로써 불교의 종교적 특징을 명료하게 알 수 있을 것이다.

나머지 여섯 편의 논문에서도 엄밀한 테스트 비평의 토대 위에서 불교사상사에서 쟁점이 되어 온 첨예한 문제들이 심도 있게 다뤄지고 있는데 각 논문의 요점은 다음과 같다.

* 『잡아함』에 나타난 Vatsagotra의 질문 – '형이상학적 난문'에 대한 부처님의 침묵, 즉 무기설(無記說)의 종류와 출전을 일목요연하게 정리한 후, 무기설과 관련된 경문들을 다시 검토하여 그 취지에 대해서 보다 정교하게 조명한다.
* 『제일의공경(第一義空經)』과 Vasubandhu – 『아비달마구사론』에서 저자 세친이, 『제일의공경』의 경문을 전거로 삼아서 설일체유부의 삼세실유설을 비판하고, 무아와 윤회의 상충을 해소하며, 주체 없는 기억과 인식의 문제를 해결하였다는 점을 밝힌다.
* 『구사론』과 『성업론』을 통해서 본 종자(bīja)설 – 설일체유부에서는 업의 획득과 유지를 설명하기 위해서 '득(prāpti)' 이론을 고안했는데, 경량부에서는 이를 비판하면서 '종자(bīja)' 이론을 제시하였고, '멸진정에 들기 전과 나온 후 마음의 상속' 등등, 여러 교학적 문제의 해결을 모색하면서 경량부 이론이 체계화되는 과정을 조명한다.
* 부파불교에 있어서 존재 문제: 실유와 가유 – 각 부파의 교리를 개아론(독자부), 실재론(상좌부, 설일체유부, 경량부), 유명론(대중부 계열의 다문부, 설가부)의 세 가지로 분류하여 각 이론의 핵심을 설명한 후, 『대비바사론』과 『성실론』의 경문에 근거하여 유명론자인 설가부의 성립과 교리에 대해 분석한다.
* 『대지도론』의 사실단(四悉壇, Siddhānta) – 『대지도론』의 독특한 교리인 사실단 가운데 '세계실단, 각각위인실단, 대치실단'은 속제에 해당하고, '제일의실단'은 진제에 해당한다고 정리한 후, 경문에 근거하여 사실단 각각에 대해 상세하게 설명한다.
* Vātsīputrīya 학파의 출현과 그 배경 – Vaiśalī결집 사건을 계기로 상좌부와 대중부의 근본분열이 일어났다거나 10사(事) 문제가 근본분열의 계기였다는 불교학계의 통설을 비판한 후, 승단의 최초 분열은 아라한(Arhat)의 권위 격하의 문제로 있었던 Pāṭaliputra에서 있었던 결집 사건이었을 것이라고 추정한다.

이 가운데 앞의 다섯 편은 교학에 대한 것이고 마지막 한 편은 교단사를 소재로 삼는다. 각 논문의 문제제기와 결론에서도 배울 점이 많지만, 이들 논문을 숙독함으로써 우리가 얻는 가장 큰 소득은, 연구의 소재로 삼은 경문의 이본(異本)들을 모두 취합하여, 공통점과 차이점을 드러내는 텍스트 비평에 근거하여 그 내용을 분석하면서 논지를 전개하는, 객관적이고 합리적인 연구방식이다.

프랑스에서 귀국하여 인도철학과 교수로 부임하신 후, 얼마 지나지 않아서 '유마의 병'을 앓으셨기에, 스님께서 발표하신 논문의 편수가 그리 많지는 않았지만, 학문적 가치가 높은 보석 같은 논문들이 학술지 여기저기에 흩어져 있는 것을 방치할 수 없어서, 스님의 정년퇴임을 기념하여, 2004년에 대학원 지도제자들이 주축이 되어서 『초기·부파불교연구』라는 제목의 '논문 모음집'을 한정판으로 발간하였다. 이번에 보급판으로 다시 발간하면서 제목은 그대로 두었으나 표기, 편집, 장정 등을 대폭 수정, 보완하였다.

먼저 한글세대를 위해서 본문의 한자를 모두 한글로 바꾸었는데, 한자 표기가 꼭 필요한 경우에 한하여 괄호 속에 넣거나 우리말 음을 병기(倂記)하였다. 또 종이책과 함께 전자책(PDF)으로도 발간하였다. 앞으로 언젠가 종이책이 완전히 사라지는 날이 오더라도 이 책은 국내 인터넷 서점의 가상 공간 속에 영원히 남아 불교학 연구에서 전범(典範)의 역할을 할 수 있을 것이다.

아무쪼록 이 책의 발간을 계기로, 스님께서 오롯이 견지해 오신, '텍스트 비평에 근거한 객관적이고 합리적인 연구방식'이 우리 불교학계에 보다 널리 보급되고 깊이 뿌리내릴 수 있기 바란다.

2023년 3월 29일
박사과정 지도제자, 동국대 명예교수 김성철 합장 정례

표지 설명

'간다라 부조'와 '유럽의 불교학자'

<table>
<tr><td>Étienne Lamotte
1903-1983</td><td>Jean Filliozat
1906-1982</td><td>André Bareau
1921-1993</td><td>Vallée Poussin
1866-1962</td></tr>
<tr><td>Alfred Foucher
1865-19532</td><td colspan="2" rowspan="2">석가모니 부처님께서 마라(Māra)를 절복시키면서 항마촉지인(降魔觸地印)을 하고 계신 모습이다. (서력기원 후 2-3세기경 쿠샨 왕조 때 제작된 간다라 미술품)</td><td>P. É. Foucaux
1811-1894</td></tr>
<tr><td>Herman Oldenberg
1854-1920</td><td>Sylvain Lévi
1863-1935</td></tr>
<tr><td>Émile Senart
1847-1928</td><td>Ernst Windisch
1844-1918</td><td>De Jong
1921-2000</td><td>Rhys Davids
1843-1922</td></tr>
</table>

초기·부파불교연구

초 판 2023년 4월 5일

지은이 서성원(법경)
펴낸이 김용범
펴낸곳 도서출판 오타쿠

주 소 (우)04374 서울특별시 용산구 이촌로18길 21-6 이촌상가 2층 203호
전 화 02-6339-5050 otakubook@naver.com www.otakubook.org

출판등록 2018.11.1 **등록번호** 2018-000093
ISBN 979-11-92723-12-9 (93220)

가격 23,000원 [eBook으로도 판매합니다(가격: 17,000원)]

이 도서의 국립중앙도서관 출판예정도서목록(CIP)은 서지정보유통지원시스템 홈페이지(http://seoji.nl.go.kr)와 국가자료종합목록 구축시스템(http://kolis-net.nl.go.kr)에서 이용하실 수 있습니다.